연구자의 탄생

연구자의 탄생

: 포스트-포스트 시대의 지식 생산과 글쓰기

김성익 · 김신식 · 김정환 · 배주연 · 안은별 · 양명지 · 오혜진 · 윤보라 · 이승철 · 천주희 지음

2022년 1월 21일 초판 1쇄 발행

펴낸이 한철희 | 펴낸곳 돌베개 | 등록 1979년 8월 25일 제406-2003-000018호
주소 (10881) 경기도 파주시 회동길 77-20 (문발동)
전화 (031) 955-5020 | 팩스 (031) 955-5050
홈페이지 www.dolbegae.co.kr | 전자우편 book@dolbegae.co.kr
블로그 blog.naver.com/imdol79 | 페이스북 /dolbegae | 트위터 @Dolbegae79

편집 김혜영
표지디자인 오새날 | 본문디자인 이은정 · 이연경
마케팅 심찬식 · 고운성 · 한광재 | 제작 · 관리 윤국중 · 이수민 · 한누리
인쇄 · 제본 한영문화사

ISBN 979-11-91438-48-2 (03300)

포스트-포스트 시대의
지식 생산과 글쓰기

연구자의 탄생

김성익 · 김신식 · 김정환 · 배주연 · 안은별 ·
양명지 · 오혜진 · 윤보라 · 이승철 · 천주희 지음

돌베
개

나는 내일도 연구자이고 싶다

천주희

천주희 : 문화연구자 겸 작가. 20대를 대학생과 대학원생으로 보냈다. 그리고 30대 중반, 다시 박사과정에 진학하면서 대학원생이 되었다. 신문방송학, 사회학, 문화연구, 여성학을 가로지르며 공부하고, 그곳에서 사회를 보는 다양한 방법을 배웠다. 몇 년 동안 주로 청년, 여성, 예술가, 연구자의 삶에 관심을 보이며, 이들의 지속 가능한 삶을 둘러싼 이슈들을 고민하고 연구해왔다. 대표 저서로 『우리는 왜 공부할수록 가난해지는가』와 『회사가 괜찮으면 누가 퇴사해』가 있다. 현재 문화사회연구소 운영위원이자 『문화/과학』 편집위원으로 활동 중이며, 연구와 저술 외에도 다양한 예술활동으로 삶을 가꿔가는 중이다.

연구자의 탄생

한 명의 연구자가 만들어지기까지 얼마나 많은 경제적 자원이 필요할까? 1억? 2억? 연구자의 기준을 어디에 두는지에 따라 답은 조금 달라지겠지만, 사립대학에서 석박사 과정을 거친 내 경우에는 약 1억 5천에서 2억 원이 들었다. 이제 막 박사과정 3학기를 마쳤으니, 앞으로 한 학기 더 학자금 대출을 받고 이자에 원금 상환까지 합하면 그 비용은 더 늘어날 것이다. 학계에서 연구자로 성장하려면 오랫동안 지식 생산을 위한 학술적 훈련 외에도 학비 등록금, 생활비, 주거비, 교통비, 연구비, 학술논문 게재비 등이 필요하다. 그런데 이상한 점은 연구자들 사이에서나 대학 문제를 꼬집는 여러 논의의 장에서 연구자들의 생계나 재생산 문제는 잘 거론되지 않는다는 것이다. 해마다 얼마나 많은 석박사 졸업자가 배출되는지 통계에는 관심을 두면서도, 정작 이들이 어떠한 조건과 환경에서 연구자가 되고, 또 얼마나 많은 비용을 필요로 하는지 관심이 없는 듯하다.

2000년대 중반 무렵, 대학 등록금 인하를 요구하고 고금리 학자금 대출을 비판하는 집회가 곳곳에서 열렸다. 당시 학자금 대출 이자는 저금리 기조에 역행하며 주택 대출 이자보다 더 높았고, 등록금은 해마다 인상되었으므로 이 문제는 사회적 이슈가 되었다. 이후 대학생 등록금은 동결되고, 국가장학금 제도도 증설되었다. 하지만 그 논의에서 대학원생 등록금 문제는 빠졌다. 대학원 등록금은 여전히 오르고 있었지만 말이다. 학자금 대출의 경우에도 대학생들은 취업 후에 상환할 방법을 선택할 수 있었고, 각 지자체에서 대학생 학자금 대출 이자 지원 정책을 시행했지만, 대학원생은 제외되었다. 대학은 이제 보편교육이 되었지만, 대학원은 개인의 선택이라는 인식이 팽배했기 때문이다. 10여 년이 지난 지금, 몇몇 지자체에서는 대학원생에게도 학자금 대출 이자 지원 정책을 시행하지만, 여전히 국가나 대학은 이 문제를 공공의 영역이 아닌 개인의 영역에서 해결해야 할 문제로 생각하고 있다. 그러면서 학문 후속세대 재생산이 어려워지고 있어

걱정이라고 말하니, 이를 어떻게 받아들여야 할까?

대학원생의 재생산 문제는 오랫동안 내 삶에서 중요한 화두였다. 20대 중후반에는 석사과정생으로, 또 30대 중반에는 박사과정생으로 살고 있기 때문이기도 하거니와 공부하는 동안 경제적으로 풍요로운 적이 없었기 때문이다. 나는 애석하게도 대학원생이 되는 것을 이해할 수 없거나 반대하는 환경에서 자랐고, 이후에도 대학에서 연구자로 성장하는 동안 가족의 지원이나 기대를 받지 못했다. 대학을 졸업할 무렵에는 진로 상담에서 '집에 돈이 없으면 대학원 가지 마라'는 조언을 빈번하게 듣기도 했다. 심지어 사회에서도 대학원 진학을 개인의 선택이라고 여기지 않는가. 교육권은 누구나 평등하게 접근할 수 있어야 할 권리임에도 불구하고, 내가 그 권리에 접근하고자 할 때 그것은 지적 사치나 개인이 감수해야 할 부담으로 나를 가로막았다.

내가 학계라는 세계로 입장할 때, 학자금 대출은 나에게 필수조건이었다. 그리고 여전히 내 삶에서 한 부분을 차지하고 있다. 단지 대학원에서 공부하고 싶었던 것뿐인데 그러기 위해서는 늘 나를 둘러싼 경제적 조건을 따져야 했다. 때로는 내가 대학원생이 되기에 충분한 경제적 조건을 갖추지 못한 것에 속상할 때가 많았다. 늘 생활비와 학업 사이에서 전전긍긍해야 했고, 너무 당연해서 아무도 언급하지 않으려고 하는 재생산 문제에 고군분투

해왔다. 하지만 지금까지 대학원에 진학한 것을 크게 후회한 적이 없다. 나에게 공부란, 내 주변에 산재한 죽음과 불평등과 배제, 소외, 부조리함을 어떻게 해석하고 또 바꿔나가야 할지 삶과 생존을 위한 가능성을 포기하지 않도록 독려하는 매개였기 때문이다.

대학원생인 나의 삶과 조건, 그리고 여기에서 비롯된 연구자의 재생산 문제는 석사학위논문 주제로 학자금 대출과 채무자가 된 대학(원)생을 연구하는 데 동력이 되었다. 또 연구 과정에서 직면해야 했던 교육과 경제 불평등, 금융화, 빈곤 등의 문제는 이후 내가 어떠한 방향으로 연구를 수행해야 할지 연구 주제와 관점, 삶의 태도에도 많은 영향을 미쳤다. 그런데 이 또한 사후적 해석일 뿐, 나는 석사학위논문을 제출할 때까지 이후에도 연구자로 살 수 있을 것이라는 기대가 없었다. 그저 스무 살 이후로 주변에는 이주노동자, 시민단체 활동가, 페미니스트, 생태주의자, 협동조합 운동을 시도하고 실험하는 이들이 가까이 있었다. 휴학과 복학을 반복하면서 비정규직 노동자나 활동가로 일하는 동안, 갑자기 강제 추방되는 동료를 보았고, 사고로 목숨을 잃은 노동자를 만났고, 회사가 다른 곳으로 매각되면서 직장을 잃어야 하는 사람들의 이야기를 들었을 뿐이다.

예기치 못한 상황이 빈번하게 일어나는 환경에서, 내가 할 수 있는 일은 이것을 어떻게 이해하고 받아들여야 할지 언어와 관점을 찾는 것이었다. 불안정하고 기이한 삶에서 시작된 궁금증과 질문들, 그리고 그것을 해결하고자 했던 마음이 매일 켜켜이 쌓여서 나는 공부하고 책 읽고 연구하는 사람이 된 것이다. 누구나 살아가면서 나름의 사회적 기술을 습득한다. 그것은 때로 돈을 벌어다주기도 하고, 개인이 사회적 존재로 성장하는 데 자양분이 되기도 한다. 나에게 공부란, 사회에서 나의 자리를 발견하는 것이었고, 곧 타인에게 다가가려는 노력이었다. 그곳에서 얻은 통찰을 다시 사회적 언어로 돌려놓는 것, 이것이 내가 공부를 계속하고 싶은 이유이자 나의 사회적 기술이라고 생각한다.

한편, 연구 생태계 또는 학계는 스스로 연구자라고 칭하더라도 엄격한 기준으로 비/연구자를 구분해왔다. 이러한 구분은, 연구자라면 응당 지식을 다루는 사람들이기 때문에 논리성과 타당성 그리고 주변 동료들의 인준과 전문적인 교육이 필요하다는 인식에서 시작한다. 그러나 그것을 객관적으로 보증하고 증명해주는 것은 대체로 학위밖에 없다고 믿는다. 그러니 이미 현장에서 경험을 쌓은 연구활동가들도 연구작업을 지속하기 위해서 대학원에 진학해야 한다고 생각하는 경우가 많다. 그런데 연구를 필요로 하는 현장이 늘어나고, 대학 밖에서 공부하거나 연구를 시작하는 사람도 늘면서 연구자 양성 과정은 더 이상 대학에서만 이루어지는 것이 아님을 인정하기도

해야 한다. 이러한 변화 시기에 연구자가 어떻게 만들어지고 어떻게 재생산되는지 묻는 일은 지식 생산 과정에서 중요하다. 이는 연구 생태계의 현재이자 미래를 가늠해볼 수 있는 조건이 되기 때문이다.

이 글이 연구자가 되기 위해 준비하는 사람들과 동료 연구자들 그리고 연구가 무엇인지 고민하는 시민들에게 읽히기를 바란다. 나의 이야기는 하나의 사례에 불과하지만 동시에 오늘날 연구 영역이 풀어야 할 과제와 문제의식을 담고 있기도 하다. 그래서 누군가에게 이 이야기는 자신의 문제가 될 수도 있고, 누군가에게는 불편한 문제일 수도 있다. 모든 연구자가 자기 자신의 문제를 연구 주제로 삼는 것은 아니지만, 자신이 처한 문제나 환경을 외면하거나 직면하지 못하는 것 또한 문제이지 않겠는가. 긴 시간 많은 자원을 들이고 또 공부하며 연구하는 이 지난한 삶을 오늘도 살아가는 이들에게 우리는 왜 연구자가 되려고 했고, 왜 이 일을 하고 싶었는지, 당신의 자리는 어디에 있는지 묻고 답하는 시간이 되기를 바라는 마음으로 쓴다.

청년 연구자의 성공기?!

4년 만에 석사학위 졸업장

을 받았다. 그런데 석사학위가 있다고 해서 바로 연구자가 될 수 있는 것은 아니었다. 적어도 박사학위는 있어야 연구자로 대우받고, 독립적으로 연구를 수행할 수 있다는 인식이 만연했기 때문이다. 그래서 졸업한 동료들은 유학을 준비하거나 취업을 했다. 그 시기에 나는 생활고와 학자금 대출 상환을 해결해야 했으므로, 취업을 준비했다. 그런데 졸업 직후, 두 가지 제안을 받아서 당장 필요한 생활비는 마련할 수 있었다. 하나는 지도교수님께서 시작한 연구 프로젝트에 보조 연구원으로 참여하는 것이었고, 다른 하나는 석사학위논문을 책으로 내는 것이었다. 대학원에 다니는 동안 보조 연구원으로 참여한 적은 있었지만, 연구 설계부터 자료 조사, 현장 인터뷰까지 프로젝트의 시작과 끝을 경험한 것은 처음이었다. 지역을 돌아다니면서 이주여성들의 동아리 활동을 기록하고 분석하는 일을 했다. 동시에 책 쓰는 일도 시작했다. 논문이나 책은 모두 언어로 타인을 설득하는 것이지만, 책의 언어는 현장이나 삶에 더 가까운 것이었다. 논문을 대중서로 다시 쓰는 일은 연구자와 다른 몸, 다른 태도를 요구했고, 감을 잡고 책이 출간되기까지 1년이 걸렸다.

졸업 후 몇 개월 동안 보조 연구원으로 일하고 책 작업을 하면서 나는 연구자로서 나의 삶을 조금씩 구체적으로 상상해볼 수 있었다. 곁에 지도교수님과 출판사 대표님이 있었고, 이들은 내가 이후에 어떤 삶을 살더라도 그

동안 배운 지식을 사회적 지식으로 바꿔가는 데 지지를 보내주셨다. 때로 학자금 대출 이자나 휴대폰 요금이 연체되는 날도 있었지만, 내가 어떤 사람으로 살고 싶은지 고민하고, 어떻게 연구하고 글을 써야 하는지 시도해볼 수 있는 시간이었다. 그러면서 동시에 청년 부채 문제를 다루는 여러 단체와 교류하며 학자금 대출 외에도 청년 빈곤 문제를 사회적 의제로 제안하고 이슈화할 방법을 모색했다. 마침 관련 단체에서 공공근로 인턴 프로그램으로 계약직 직원을 뽑았고, 그곳에서 청년 부채/재무 상담, 부채 제로 캠페인, 경제 교육 등을 기획하며 청년 부채 문제를 확장할 수 있었다.

연구할 때보다 더 많은 청년을 만났다. 청년들의 경제적 자립과 부채를 고민하는 단체의 청년 활동가들을 만나면서 청년 정책이 만들어지는 과정에도 참여할 수 있었다. 당시 서울에서는 노동·주거·경제 영역에서 청년운동이 활발하게 일어나고 있었다. 청년유니온(노동), 민달팽이유니온(주거), 청년연대은행 토닥(경제), 청년정책네트워크 등 크고 작은 단위에서 청년 모임이 생겨나고 또 자리를 잡아가고 있었다. 나는 청년 경제 문제를 다루는 곳에서 일하며, 청년정책네트워크 부채 분과에 참여했다. 이 시기는 국내 청년 정책의 역사에서도 중요한 시기였다. 특히 내가 주로 활동했던 2015년 전후로 청년들의 경제적 빈곤과 불안정한 삶이 주요한 사회 문제로 떠올랐다. 국가나 지자체에서는 청년들이 겪는 문제의 원인을 높은 실업률에서 찾았고, 이를 해소하기 위해 고안된 고용 장려 정책이 곧 청년 정책이라고 생각했다.

하지만 고용률이 높아지고 실업률이 낮아지더라도 노동 환경이 변하지 않는 한, 취업 후 청년들은 오래가지 않아 일을 그만두어야 했다. 이미 이중으로 형성된 고용 시장에서, 상당수의 청년은 불안정한 직업군이나 비정규직으로 노동시장에 들어갔고 소수만 안정적인 정규직으로 입사했다. 취업이 모든 문제를 해결할 것이라고 기대했던 청년들은 취업 후에 더 큰 문제에 직면했다. 직장 내 괴롭힘, 산업재해, 저임금, 비정규직 차별 등 일터는 청년들에게 안전한 곳이 아니었다. 이미 노동시장은 극심한 양극화와 노동 유연화로 재편되었고, 여기에서 젊은 노동자들이 자신의 미래를 꿈꾸고 안정적인 삶을 계획하기에 구조도 문화도 부재했다.

이런 와중에 노동시장의 부조리함과 모순을 간파한 이들이 청년에게는 일할 권리 외에도 시민으로 존중받고 살아갈 권리가 있다고 말하기 시작한 것이다. 당시 청년 정책과 의제를 만들고자 했던 사람들은 노동뿐만 아니라 주거, 장애, 성소수자, 환경, 부채 등 다양한 사회적 의제를 자신의 삶에 끌어들여 통합하고 정치적 주체로 목소리를 내기 시작했다. '청년'이라는 사회적 집단을 중심으로 시민단체나 네트워크를 만들고, 지자체와 거버넌스 형태로 청년 정책이나 의제를 발굴하려는 시도가 곳곳에서 이루어졌다. 그곳에서 나는 개인이 어떻게 '청년'이라는 사회적 존재로 출현할 수 있는지, 그리고 이러한 활동이 어떻게 담론, 정책, 일상에 영향을 미치는지 배웠다. 돌이켜보면, '청년'이 정책의 장에서 주체이자 집단으로 인식된 것은 근래에 일어난 일이다. 10년 전 사람들이 터무니없는 상상으로 치부했던 청년기본조례, 청년 수당, 학자금 대출 이자 지원 같은 정책은 이제 많은 지자체에서 시행하는 필수 정책으로 자리 잡았다. 이러한 변화는 다른 집단이나 영역에서는 보기 드문 현상이었다.

언론과 미디어에서는 '헬조선', '노오력', 'N포 세대'와 같은 담론을 재생산하며 청년들의 어려움을 부각하는 데 급급했다면, 다른 한편에서 어려움을 구조적 문제로 접근하며 일상 정치와 정책적 움직임을 통해 실질적으로 해결하기 위해 노력하는 사람들이 있었다. 이들은 담론에서 다루는 것처럼 자신의 삶을 비관적인 태도로 냉소하거나 조소하는 대신 비판적인 태도로 현실을 직면하고 변화시키기를 바랐다. 당시 경험은 이후에도 내가 삶과 정치를 사고하는 데 많은 영향을 미쳤다. 이러한 움직임 가운데 나의 첫 번째 책『우리는 왜 공부할수록 가난해지는가』가 2016년에 출간되었다. 책이 출판되고 얼마 후 박근혜·최순실 '국정농단 사건'이 한국사회를 휩쓸었고, 별다른 주목을 받지 못했다. 나는 공공근로 인턴 프로그램 계약 만료일도 얼마 남지 않은 상태였다. 다시 취업 준비를 했고, 다음에 일할 곳은 연구자로서 역량을 더 쌓을 수 있는 곳이면 좋겠다는 바람으로 여러 연구소에 이력서를 보냈다.

민간 연구소에서 채용이 확정되었다는 연락을 받았고, 곧이어 한국출판문화상을 받았다는 연락도 받았다. 그때부터 본격적으로 연구자이면서 저자로 활동을 시작했다. 논의에서 조금 벗어난 이야기이지만, 당시 나는 석사학위논문 심사 학기부터 극작가로 연극을 하기도 했다. 낮에는 일하고, 밤에는 강연, 인터뷰, 공연 준비 등으로 바쁜 나날을 보냈다. 정기적인 수입이 확보된 상태에서 내가 하고 싶은 일을 할 수 있다니! 꿈만 같았다. 잠자는 시간을 줄여서라도 이 생활을 지속하고 싶었고, 연구자로서 내가 조금은 사회에 쓸모 있는 사람이 된 것 같아 보람을 느끼기도 했다. 여기까지만 보면, 나는 석사학위만으로 안정적인 직장을 얻고 사회적 활동을 활발하게 하는, 나름 성공한 연구자처럼 느껴질 것이다. 실제로 당시 많은 석사과정생에게서 연구자가 다양한 사회 참여를 통해 살아갈 수 있는 사례를 본 것 같아 여러 삶의 가능성을 생각하게 되었다는 이야기를 듣기도 했다.

그런데 활동이 늘어날수록, 나는 '힘들고 불행한 청년기를 잘 극복해가는 사례'로 소비되거나 호명되고 있음을 느꼈다. 강의나 방송에서는 내가 청년 세대의 대표 발화자로 나서기를 바랐고, 청년 '당사자'로서 사회에 일침을 가하는 당당한 발언과 모습을 보여주기를 요청한 곳이 많았다. 하지만, 이제 갓 대학원을 졸업하고 사회 경험도 적은 내가 어떻게 모든 청년의 삶을 이해할 수 있겠으며 이들의 삶을 통찰할 만큼 학식을 지녔겠는가. 사회적 요구와 당시 청년 담론 사이에서 어떻게 "청년팔이"(김선기)로 소비되지 않으면서 청년들이 경험하는 사회 문제를 공유할 수 있을지 고민이 깊었다. 기회가 생길 때마다 니트NEET 상태에 있는 청년, 취업 준비 중인 청년, 고용지원 프로그램에 참여한 청년 등을 만났다. 청년을 연구하면서 나는 청년들이 직면한 문제를 세대주의로 쉽게 환원하거나 대상화하기보다, 이들이 마주한 삶의 자리와 언어에 사회가 귀 기울여주기를 바랐다.

내가 20대에서 30대를 관통하는 동안 마주한 청년 담론의 언어들[1]은 희망보다 절망의 언어에 가까웠고, 생동하는 삶보다 죽음의 자리에 가까웠다. 나의 발화가 빈곤 다큐멘터리에서 다뤄지는 청년의 모습으로만 해석되지 않기를 바랐고, 그럴수록 나는 연구자로서 한계를 직면해야 했다. 매번 새로운 숙제가 주어진 기분이었고, 마음 한편에는 다시 박사과정에 진학해서 이 문제를 해결하고 싶었다.

불안정한 프리랜서 연구자로 산다는 것

연구소에 취직한 후에는 비교적 자유로운 환경에서 다양한 활동을 시도해볼 수 있었다. 비록 월급은 적었지만 4대 보험이 적용되고 안정적인 수입이 있다는 것은 삶의 많은 부분에서 변화를 가져다주었다. 직장인에게 제공되는 전세 대출을 이용할 수 있었고, 가족 행사나 지인 경조사에 참여하는 것이 덜 부담스러웠다. 생활이 어느 정도 안정화되면서, 다시 연구자들의 생태계에 눈을 돌릴 수 있었다. 불과 몇 달 전까지만 하더라도 나는 계약직 노동자였고, 주변 연구자들도 대학이나 다른 곳에서 안정적인 직장을 얻거나 활동을 이어가는 일이 요원해 보였다. 내가 안정적인 환경에 놓여 있더라도, 사회보장제도 밖에서 겪는 불안정성의 문제는 또다시 나의 문제가 될 수 있었고 동료들의 문제이기도 했다.

2000년대 중반 무렵, 내가 대학생이 되었을 때부터, 어쩌면 훨씬 그 이전부터 '인문학의 위기', '대학 붕괴'라는 말은 인문사회계에 내려진 모종의 결말 같았다. 나는 이전 연구자들이 어떤 삶을 살았는지 모르기에, 대학의 기업화, 학문 후속세대 재생산 실패, 불안정한 고용과 성과주의로 인한 연구의 어려움 등과 같은 진단이 무엇에서 기인한 실패였는지 감조차 잡기 어려웠다. 대학원에서 만난 이들 중에 교수를 꿈꾸며 들어온 사람은 거의 없었다.

시간강사로 지내던 이가 목숨을 잃었다는 소식이 들려왔
고, '학계' 혹은 '연구 생태계'라고 불릴 만한 것이 잘 보이
지 않았다. 대학이나 국가에서는 교육이 중요하다고 말하
면서도 '글로벌' 경쟁력에만 집중했고, 연구지원 기준 또
한 높았다. 연구재단에서 제시하는 '신진연구자' 기준에
들어가려면, 조교수 이상 직급으로 임용된 지 5년 이내 교
수여야 하고, 박사학위를 취득한 지 10년 이내 연구자여
야 했다.

　대학 밖 연구자들은 상황이 더 열악했다. 대학에
있으면 학술저널에 접속해서 논문이나 전자책에 쉽게
접근할 수 있지만, 그렇지 않은 연구자들은 학술논문
1편을 보려면 4천~7천 원을 내야 했다. 연구 하나당 약
100편 이상의 논문을 검토한다고 했을 때 이 비용은 부담
이었다. 단발적인 연구지원 사업을 전전하며 생계를 해
결하는 이들도 많았다. 제도 밖에서 연구자로 산다는 것
은 더 큰 비용과 불안정성을 감수하는 일이고, 사회보장
제도의 사각지대에 놓여 있는 일이기도 했다. 노동의 관
점에서 인문사회 영역 연구자의 세계를 들여다보면, 그곳
은 과로, 착취, 열정, 불안정이 만연한 곳이다. 개인 연구
를 하기 위해 별도의 시간을 마련해야 하고, 기약 없는 일
감을 위해 늘 자기계발을 해야 한다. 자기착취, 자기계발,
각자도생의 생존방식을 신자유주의적 주체라고 비판하
는 연구자들이지만 정작 자신이 그런 삶을 체화하며 살아

갈 수밖에 없는 상황에 대해서는 속수무책이다.

　이러한 문제의식은 독립연구자에 대한 관심으로 이어졌다. 나는 일하던 연구소와 활동하던 연구자 그룹에 독립연구자를 위한 공동 프로젝트를 제안했고, 그렇게 독립연구자를 위한 무크지 『궁리』 기획이 시작됐다. '궁리'는 살 궁리, 먹을 궁리, 연구할 궁리 등 독립연구자들의 생존을 고민하면서 붙인 이름이었다. 독립연구자들은 그동안 연구용역, 연구활동가, 지식노동자 등 다양한 이름으로 존재하고 있었다. 대학원을 졸업하지 않고 비제도권 학술공동체나 비영리단체에서 독립연구자로 살아온 사람도 많았다. '독립연구자'의 정의부터 독립연구자로서 경험하는 연구 환경, 생태계에 관한 논의를 비평문, 에세이, 인터뷰, 집담회에 담아 풀어보려고 했다. 이 작업에는 열여섯 명의 연구자와 세 명의 예술가가 참여했고, 결과물로 온라인 무크지 『궁리』가 2018년에 발행되었다.

　한편, 이 프로젝트가 끝난 후로 새로운 프로젝트를 시작했다. 퇴사한 청년들에 관한 프로젝트였고, 시작할 때까지만 하더라도 이것이 직장에서 마지막 프로젝트가 될 것이라고 생각하지 못했다. 그 무렵 나는 2년차에 접어들고 있었다. 하지만 정규직이라는 고용조건 외에 내 연구 환경은 그다지 안정적이지 않았다. 입사 후 3개월이 지나 연구소는 재정난을 겪었고, 선배들이 퇴사했다. 결국 몇 차례 부침을 겪은 후에 정규직은 나 혼자 남게 되었다. 연구소는 새로운 운영방식을 도입하지 않으면 안 되는 상황이었고 나는 여러 프로젝트를 기획했다. 그 와중에 독립연구자를 위한 프로젝트와 청년 퇴사자 연구가 나온 것이다. 그런데 아무리 좋은 기획이라도 혼자서 진행하기에 모두 버겁고 큰 연구 프로젝트였다. 연구비도 많이 들고, 함께 할 사람이 필요했다. 우여곡절 끝에 연구비 예산을 배정받았고, 또래 연구자 두 명이 공동연구자로 참여했다. 우리는 연구 설계 과정에서부터 퇴사에 관한 세미나, 연구 참여자 모집, 퇴사자 참여 프로그램의 참여 관찰까지 분주하게 여름과 가을을 보냈다.

청년 퇴사자들을 만나서 인터뷰할수록 나의 일터와 조건이 여느 퇴사자가 일했던 환경과 별반 다르지 않다는 것을 깨달았다. 나는 연구 참여자들에게 많은 영향을 받고 있었다. 아무리 연구자로서 객관적으로 퇴사라는 현상에 주목하더라도, 그들과 나는 상당 부분 불안정한 노동 환경에서 발생하는 감정, 미래에 대한 불투명함, 소진이라는 증상 등을 공유하고 있었다. 내 삶을 반추하게 되었고, 이 연구를 마지막으로 퇴사를 결정했다. 퇴사의 이유는 이뿐만이 아니었다. 연구자로서 감당할 수 없는 주제를 직면해야 했던 또 다른 계기도 있었다. 그 이야기는 뒤에서 다루려고 한다. 어쨌든 연구에 의욕이 사라지고, 활력이 떨어진 상태가 지속되었다. 우울증으로 일상이 흔들렸다. 일상을 빨리 회복하고 싶다는 마음이 컸고, 이러다가 연구자로 사는 삶을 포기할 수도 있을 것 같은 불안감을 느끼기도 했다.

다시 프리랜서 연구자가 된다는 것, 그것도 석사학위만으로 매번 일시적 프로젝트를 전전하며 생계를 유지해야 한다는 것은 쉬운 일이 아니었다. 휴식기를 보낸 후에 다른 연구소에 취업한다고 하더라도, 석사학위자에게 개별 연구를 맡기는 일은 드물었다. 특히 나의 이력은 어느덧 보조적인 역할이나 행정 업무를 맡기기에 부담스럽고, 그렇다고 단독 연구를 맡기기에 부족한, 애매한 상태였다. 이는 실제로 어느 연구소 면접관이 한 말이기도 했다. 또래 연구자들은 이 애매한 상태에서 벗어나기 위해 박사과정에 진학했다. 박사학위가 있으면, 다양한 연구 프로젝트에 참여할 수 있고 연구자로서 한 사람 몫을 할 수 있는 존재로 대우받을 수 있기 때문이다. 예를 들면, 내가 어떤 프로젝트에 지원하려고 할 때 그 프로젝트 연구원은 박사학위자 몇 명 이상이 의무적으로 포함되어 있어야 하고, 석사학위자는 책임연구를 맡을 수 없다는 규정이 있다. 최근에는 개별 연구자의 경력에 따라서 규정을 달리 적용하는 움직임이 있지만, 대개 연구 위탁처의 재량과 기준에 달려 있기 때문에 개별 연구자가 연구 직위와 조건을 협상하기란 쉽지 않다. 나의 경우, 석사학위자 신분으로 공동연구원으로 참여하고 종종 책임연구원으로 프로젝트를 맡지만, 이런 경우는 드문 편에 속한다.

프리랜서 연구자로 사는 삶은 불안정한 상태의 연속이다. 올해 연구 프로젝트를 얼마나 맡을 수 있는지 알 수 없기도 하거니와 계약 직전까지 논의되던 프로젝트가 갑자기 무산될 수도 있다. 수입이 불규칙하고, 잦은 단기 프로젝트로 체력이 빠르게 소모된다. 또 계속 프로젝트에만 참여하다 보면 개별 연구 시간이 줄어드는데 그러면 연구 용역 보고서는 잘 쓸 수 있게 될지라도 학술지 논문으로 전환이 쉽지 않게 된다. 둘 다 연구에 기반한 결과물이지만, 용역 보고서와 학술지 논문 사이에는 사용하는 언어, 목차 구성, 연구 질문까지 간극이 존재했다. 퇴사 후 프리랜서 연구자로 지내는 동안 조바심이 생기기도 했다. 이러다가 학술적 언어를 잃어버리는 것은 아닌지, 나의 사고가 행정 보고서에만 머물러 있는 것은 아닌지 걱정이 됐다. 가장 큰 걱정은 어떻게 하나의 현장을 두고 문화연구자로서 문제를 제기해야 하는지 그 감각을 점점 잃어간다는 데서 오는 불안감이었다.

휴식기를 마칠 때쯤, 박사과정 진학을 결정했다. 30대 중반에 박사과정에 진학하는 일은 쉬운 결정이 아니었다. 함께 사는 이와 경제 공동체를 형성하고 있었기 때문에 연구 프로젝트로 생계를 해결한다고 하더라도 이전보다 일하는 양을 줄여야 해서 경제적 부담을 느꼈다. 반려인도 프리랜서인 탓에 우리는 월 200~250만 원의 수입으로 생활을 유지하고 있었다. 생활비로 쓰기에도 빠듯한 수입에 매 학기 700만 원에 달하는 등록금을 마련하기란 요원했다. 더욱이 아버지는 내가 박사과정에 진학하는 것을 강하게 반대했고, 나는 등록금 내달라는 것도 아닌데 응원은 못 해줄망정 왜 반대만 하시냐고 다투기도 했다. 공교롭게도 그 시기에 전 법무부장관이었던 조국의 자녀 부정입학 논란이 불거지면서 내 심정은 더 복잡해졌다. 대학원에서 공부하려는 욕심이 누군가에게는 당연하지만, 누군가에게는 철없는 짓이라고 여겨지기 때문에 거기에서 오는 박탈감은 꽤 오래갔다. 반려인의 부모 또한 나보다 본인의 자식이 대학원 공부를 해야 한다고 생각했다. 이렇듯 나의 박사과정 진학은 순탄하지 않았다.

연애 시절부터 우리는 출산을 하지 않기로 합의했지만, 해를 거듭할수록 주변에서 자녀 계획을 묻는 횟수가 늘었다. 여자가 35세를 넘기면 노산이다, 체력이 더 떨어지면 아이 키우는 일도 힘들다, 더 늦기 전에 한 살이라도 어릴 때 준비하는 것이 좋다 등등 훈수를 두는 말도 늘었다. 아이 없이 살자고 합의를 했음에도 나는 조금씩 흔들리고 있었다. 어느 순간 내 나이를 계산하고 있었던 것이다. 지금 입학해서 박사과정을 마친다면 빨라야 마흔일 텐데 '혹시라도' 나중에 출산을 고민하게 된다면 가능할까. 나는 연구활동과 육아를 동시에 감당할 수 있을지 가늠하기 어려웠다. 몇 년 전 동생은 출산 후에 육아휴직이 끝나면서 회사로 복귀했지만 이내 퇴사했다. 공대를 졸업하고 엔지니어로 일했던 동생은 경력을 더 쌓고 싶었지만, 아이가 잘 자랄 수 있는 환경을 만들어주는 것도 중요하다고 여겼다. 나는 프리랜서이므로, 이런 동생의 선택을 존중하며 동생이 퇴사하기 전까지 어린이집에서 조카를 하원시키고 돌보는 일을 했다. 최근에는 다시 일주일에 한 번씩 조카를 돌본다. 주변에 함께 육아를 분담할 이가 없기 때문이다.

여성 연구자들의 경우에는 결혼하지 않거나, 출산 후에 공백기를 보내고 복귀하거나, 다른 일을 했다. 출산 후에 육아를 하면서 논문을 쓰고 강의를 하더라도 한동안 아이가 자랄 때까지 학술활동이나 모임에 참여하지 못한다. 대학원생에게 어린이집이나 보육시설을 무상으로 제공하는 대학은 드물기 때문이다. 그렇게 학위를 마친다고 하더라도 여성 연구자가 강의자로 강단에 서는 비율은 남성 연구자에 비해 낮았다. 취업하면 육아휴직을 쓸 수 있지만, 프리랜서 연구자는 일의 특성상 비정기적이고 일터의 제약을 받지 않는다는 이유로 홀로 육아를 감당하는 경우가 많다. 여성 연구자를 위한 정책 지원이 있지만, 대부분 공과계열에 한정되어 있다. 그리고 그 정책이란 출산이나 육아로 연구활동을 잠시 중단한 연구자를 위해 인건비 일부를 보전해주는 방식이다. 인문사회계열 연구자들에게는 이러한 정책마저 없는 실정이다.

생계든 가족이든 어느 하나 명확하게 해결하지 못하

고 박사과정에 진학했다. 더 유예하다가는 영영 박사과정을 시작할 수 없을 것 같았기 때문이다. 스스로 온갖 이유를 붙이며 나를 설득했다. '박사학위가 중요하지 않지만, 오랫동안 바라던 일이 눈앞에 있다. 대학 밖에서 느꼈던 어려움과 한계를 이번 기회에 다시 채울 수 있다. 훌륭한 연구자가 되지는 못하더라도, 나 같은 연구자 하나쯤은 있어도 괜찮다. 그나마 체력이 남아 있고, 의지가 있을 때 해야 한다' 등등. 이렇게 다시, 나는 박사과정생으로 대학원에 들어갔다.

연구자도 때로 연구가 버겁다. 그럼에도 나는

연구자 말고 다른 삶을 살아보고 싶다는 생각을 한 적이 있다. 퇴사 후에 안식월을 보내는 동안 그 생각은 강해졌다. 연구소에 있을 때, 청년퇴사 외에도 과로자살 연구 프로젝트에 참여했다. 서로 소속은 다르지만 여러 분야에서 활동하는 연구자들과 함께할 기회가 생겨 들뜨기도 했다. 우리는 '과로자살'의 정의를 만들고 각 노동 현장의 사례를 찾았다. 나는 사회복지사를 시작으로, 공무원 집단의 과로자살을 연구했다. 이들이 어떤 환경에서 일하고 그것이 어떻게 죽음으로 이어지는지 밝히는 것이 목적이었다. 자살이나 죽음에 관한 연구는 처음이었고, 그래서 더욱 조심스러웠다. 인터뷰하기 전에는 혹시라도 연구 참여자가 인터뷰 이후에 겪을 상황을 고려해서, 여러 차례 연구 주제와 목적을 설명하고 섭외했다.

두 명의 동료를 잃은 공무원을 만났다. 인터뷰는 두 시간 정도 진행되었고, 그는 공무원을 준비했던 과정부터 현재 일터 환경, 업무 강도, 동료 관계까지 차분하게 이야기를 들려주었다. 나는 집에 돌아와서 인터뷰를 복기하며 간단하게 내용을 정리하고 녹취를 풀기 시작했다. 그런데 며칠 후, 좋지 않은 변화가 생겼다. 연구 참여자에게 들었던 이야기가 수시로 떠올랐고, 악몽에 시달렸다. 혼자 있을 때는 갑자기 눈물이 쏟아지거나 불안감을 느끼기도 했다. 뉴스에서 죽음과 자살 소식을 들으면 심장이 크게 뛰었고 온몸이 아팠다. 몇 달이 지나도록 내 상태는 나아지지 않았다. 나는 평소처럼 연구소에 출근해서 퇴사 연구도 동시에 진행했다. 사람들과 만날 때는 평소와 다를 바 없었지만, 혼자 있을 때는 우울증이 심해졌다. 자살충동을 느꼈을 때, 이러다가 정말 큰일 나겠다 싶었다. 결국 나는 과로자살 연구팀에서 하차했다. 연구소 원장님은 심리상담센터를 소개해주셨다. 일주일에 한 번씩 상담을 받았고, 상담이 끝날 때쯤 퇴사 연구 보고서도 발행되었다. 그것이 내가 퇴사한 또 다른 이유였다.

학자금 대출 연구를 시작으로, 퇴사 연구, 미취업 청

년 연구 등 지난 몇 년 동안 쉼 없이 많은 연구를 해왔다. 여건이 안 되더라도 늘 새로운 주제를 찾았고, 연구를 시작하면 결론을 맺어야 끝난다고 생각했다. 그것이 연구 참여자에 대한 예의라고 생각했다. 힘들면 잠시 중단할 수도 있고 다른 주제를 찾을 수도 있는 건데, 스스로 엄격했다. 연구 앞에서 늘 절박했고, 늘 마지막이라는 마음으로 연구를 대하고 있었다. 그러다가 연구자로서 내 삶이 위태로워졌을 때, 나는 그것으로부터 도망가고 싶었다. 연구에서 멀어지면 괜찮아질 거라는 생각에 3개월 동안 한국을 떠나 있기도 했다. 한국에 돌아와서도 한동안 연구나 원고 청탁을 멀리했다. 다시 연구하는 것보다 다른 일을 찾는 것이 좋을 수도 있겠다 싶었다.

연구자로서 나는 그동안 타인의 삶과 말이 어렵고 버거울 때에도 그것을 버텨 듣는 태도가 연구 윤리라고 배웠다. 흘러가는 말에서도 의미를 발견하고, 그것을 사회적인 맥락에서 다시 해석하는 일이 연구자로서 나의 역할이라고 생각했다. 그런데 나 또한 불안정한 인간이고, 모든 일을 감당할 수 있는 사람이 아니었다. 사람을 만나고 그 삶을 연구로 전환하는 훈련을 받았지만, 연구 도중에 연구자에게도 발생할 수 있는 문제에 대해서는 어떻게 대비하고 왜 안전장치가 필요한지 잘 알지 못했다. 좋은 연구자가 되어야 한다는 말은 많이 들었지만, 연구자가 위태로운 상태에 놓였을 때 어떻게 해야 하는지 가르쳐주는 이는 없었고 제도 밖 연구자들은 여기에 속수무책이었다. 그로부터 오는 허망함, 아무도 나를 지켜줄 수 없다는 소외감을 어떻게 극복해야 할지 잘 몰랐다.

다른 진로를 고민할 때, 내가 즐겁게 잘할 수 있는 일이 무엇인지 떠올려보곤 했다. 그때마다 힘들었지만 연구하던 때가 떠올랐다. 그리고 잠시 연구와 글 쓰는 일에서 벗어나 있는 동안, 안부를 물어오는 동료들과 이따금 책을 보내주는 사람들 덕분에 다시 돌아올 용기를 얻을 수 있었다. 마음이 한결 가벼워질 무렵, 박사과정 진학을 다시 준비했다. 지금은 대학원에서 기술, 플랫폼, 정보자본주의 분야를 공부하고 있다. 동시에 기후변화와 환경 문제에도 관심이 부쩍 늘었다. 다소 상반된 주제처럼 보이지만, 두 영역 모두 미래와 내일을 상상하는 데 중요한 분야라고 생각하기 때문에 관심을 두고 있다. 요즘도 나는 어떤 연구자가 되고 싶은지, 나의 역할은 무엇인지 생각한다. 내가 어떤 주제를 연구해야 할지, 무엇에 관심이 있는지 여전히 불투명하다. 또 나는 모순된 관점에 서보기도 한다. 구체적인 삶의 자리에서, 그 자리에 스민 권력, 배치, 사람, 여러 존재들의 관계에 주목하는 사람. 때로 섬세하고, 날카롭고, 따뜻한 연구자. 이런 상(像)은 나를 염세주의로 이끄는 대신 지금보다 더 나은 사회와 미래를 위한 존재로 향하게 한다.

나에게 연구란, 닫힌 문을 두드리는 일이다. 문 너머

에 누가 있는지 있기는 한 건지 알 수 없지만, 그 시간을 기다리고 배회하는 일이다. 그러다가 문이 열리면, 낯선 이에게 나를 소개하거나 낯선 주제에 다가가 말을 건다. 나에게 연구란, 타인의 문으로 향하기 위해 먼저 내 문을 열고 나가는 법을 배우는 것이었다. 그런 후에야 내가 살던 세계가 지상인지 반지하인지 알았다. 내 주변에 어떤 사람들이 사는지 이곳의 풍경은 어떤지 깨닫기 시작한 것이다. 앞으로 나와 동료들이 마주할 풍경은 낙원이 아닐 수 있다. 또 연구자가 아닌 다른 일을 택하며 각자의 삶을 이어갈 수도 있다. 그럼에도 불구하고, 나는 내일도 연구자이고 싶다. 이런 바람이 나뿐만 아니라 동료 연구자와 독자들에게도 내일을 그리고 상상하는 데 동력이 되기를 소망해본다. 쉽지 않겠지만, 우리의 삶이 낙관으로 향하는 그 자리에 당신도 함께 있으면 좋겠다.

[1] 88만원 세대, 이태백, 루저, N포 세대, 열정페이, 잉여 세대, 헬조선, 금수
저/흙수저, 이명박, 박근혜, 대학 거부 선언, 세월호, 구의역 스크린도어
노동자 사망, 강남역 살인, 대통령 탄핵, LG유플러스 콜센터 현장실습생
사망, 제주도 현장실습생 사망, 태안화력발전소 하청 노동자 사망, 그리
고 밀레니얼 세대.

이동 중에, 글쓰기의 자리에 대한 생각들

안은별

안은별 : 대학에서 언론정보학을 전공했고, 인터넷신문 『프레시안』에서 국제팀·서평팀 기자로 일했다. 현재 일본에 거주하며 도쿄대학교 학제정보학부 박사과정에서 일본 전후의 철도 관광 모빌리티를 상상과 상연이라는 모델로 분석하는 박사논문을 쓰고 있다. 한국에서는 다양한 지면에 일본사회에 대한 글을 쓰고, 일본에서는 관광학 저널에 논문을 쓰며 고등학교에서 사회학을 가르친다. 현대 사회의 다양한 이동 경험에 관여하는 지리적·사회적 상상력과 사물의 매개, 그것이 다시 어떤 사회상을 창출하게 하는지에 관심을 두고 있다. 쓴 책으로 『IMF 키즈의 생애』, 『확장도시 인천』(공저) 등이 있다.

어쩌면 나는 기자였던 적이 없을지도 모른다

오슨 웰스Orson Welles는 해피엔딩인지 아닌지는 이야기를 어디서 끊느냐에 달려 있다고 말했다. 앞으로 이어질 내 이야기는 불행히도 끊어야 할 지점은 정해져 있고 박사'과정'은 어떻게 보아도 해피도 엔딩도 아닐 것이다. 그리고 보면 세상에 '과정'이 호칭으로 쓰이는 직업은 별로 없는 것으로 안다. 이 글을 쓰면서 깨달은 것 중 하나는, 과정이란 말이 아우르는 미완료되고 불안정한 상태, 혹은 어떤 것과 다른 어떤 것 '사이'에 있는 상태, 하나에서 다른 하나로 건너가려는 양태가 그 자체로 내 정체성이 아닐까 하는 것이었다.

어쨌든 완료되지 않은 일에 대해 쓴다고 하더라도 이야기의 시작점은 찾아야 한다. 글 쓰는 일과 관련해 내가 기억하는 첫 번째 기로에서 시작해봐도 좋을 것 같다. 2009년 10월 첫 출장이었던 부산영화제로 향하던 길에 모르는 번호로 걸려온 전화를 받았다. 그때 나는 첫 직장인 영화잡지사의 2개월차 수습기자였고, 전화를 건 것은 『프레시안』의 한 기자였다. 인원 보충이 필요해져 그해 봄에 내가 냈던 자기소개서를 다시 봤고, 한번 만나보고 싶다고 했다. 간단한 면접을 보고 입사 제안을 받았다. 월급은 적었지만 어쨌든 대기업 귀퉁이를 차지하는 종이 매체이자 잘하면 '영화인'이 될 수도 있는 곳에 남을 것인가, 그 이름을 말하면 사람들이 어쩐지 움찔하는(혹은 걱정스러운 표정을 짓는) 좌파 인터넷 매체로 옮길 것인가. 오랜 고민 끝에 영화잡지사를 나왔다.

대학 졸업이 다가와 취직을 생각해야 할 즈음에 단기 아르바이트를 해서 번 돈으로 한겨레문화센터에서 기자 글쓰기 강의를 들었고 봄이 되어서는 대학 언론고시반에 들어갔다. 거기에서 같이 언론사 취업을 준비하는 친구 중에 애초에 이런 고민(영화지냐, 좌파 인터넷 매체냐)에 이르게 될 취업 청사진을 그리는 사람은 없었다. 그 친구들이 되고 싶은 건 큰 회사의 직원이자 우리가 기자라고 말했을 때 머릿속에 떠오르는 그 이미지의 기자였다. 그러니 가장 높게 쳐주는 건 '방송3사'에 들어가는 것이고 그

다음이 주요 일간지였다. 내가 영화잡지사에 들어갔을 때 고시반 친구들이 당시의 취업난을 감안해 '그래. 그런 데라도 먼저 들어가는 게 좋을 거야'라는 식으로 말했던 기억이 난다.

그런 의미에서 나는 처음부터 '기자'가 되고 싶었던 적은 없는 게 아닐까. 부모님이 좋아할 만한 이른바 번듯한 세계에 들어갈 자신은 없지만 직장은 필요했고, 가능하면 영화나 사회운동과 관련한 세계에 있고 싶었다. 확실하고 상징적인 장면은 없지만, 2009년 졸업을 앞둔 대학생이던 나는 용산 참사에서 드러났던 자본-공권력의 폭력, 미디어나 대학을 둘러싼 신자유주의적 논리의 격화 같은 흐름들에 꽤 민감한 상태였던 것 같다. 분명히 내가 어떤 선택을 하게 되면 세계와의 비판적인 거리를 취하는 일은 어려워질 것이고, 그런 말 자체가 우스워질 것이며, 평범한 욕망을 좇게 될 것이고, 결국 어느 순간 삶에 대해 변명하는 느낌을 받지 않을까 하는 예감이 있었다. 그런 삶에 대한 불안을 덜 느끼면서도 세상과 직업적으로 관계할 수 있는 방법이 글쓰기라고 생각했다. 글쓰기는 종종 좋은 평가를 받곤 했던 일이었다. 학교에서 논리적인 글쓰기나 저널리즘 글쓰기는 배우거나 연습했지만 서사 창작은 아니었으므로 결국 기자 정도가 상정 가능한 직업이었다.

『프레시안』에서 처음 들어간 곳은 국제팀이었는데,

정부청사 통일부에 출입하며 부처 브리핑을 듣고 팀장에게 그날의 사안을 보고한 뒤 북한의 동향에 대한 해석 기사를 쓰는 게 주업무였다. 이 일은 기자실이라는 안온한 공간에서 한반도를 둘러싼 냉전구조와 군사적 대치 상황을 상상하고 생산하는 일이었다. 당시 국제팀장은 한반도 문제를 어떻게 인식하고 해결해나갈 것인가에 관한 신념이 무척 뚜렷한 사람이었고 그의 생각은 팀에서 생산된 모든 기사에 고스란히 반영되어야 했는데, 이 무리한 관점의 이식은 문제를 일으켰다. 나는 팀장이 생각하는 것처럼 생각할 수는 없었고 팀장은 내 관점이 무르익지 않는 데 초조해했다.

서평 섹션 '프레시안 북스'로 옮긴 건 입사로부터 8, 9개월쯤 지난 후였다. 프레시안 북스는 기존의 신문 책·지성란이 그 주에 나온 책을 소개한다는 속보의 원칙이나 지면 폭의 제한으로 하기 어려웠던 전공자의 본격적인 비평을 주로 싣고, 책을 매개로 비평적인 토론을 불러일으키겠다는 의도로 기획된 주간 웹진이었다. 이 페이지를 만든 건 지금은 TBS에 있는 과학 저널리스트 강양구 선배였다. 그는 기자의 학술적인 역할에 관심을 가졌던 사람이었다. 학술장에서 생산된 과학을 비평하고 시민들과 토론할 수 있게 만드는 일종의 지식 번역자로서의 역할 말이다. 나는 프레시안 북스가 그런 기자의 역할, 특히 작은 언론사 기자의 변별점에 대한 그의 고민의 산물이었다고 생각한다.

또 한 가지 중요한 배경은, 사실 광고였다. 언론사를 유지하기 위해서는 돈이 필요하다. 그러나 우리는 안 그래도 매체 영향력이 작은 데다가 반기업적인 언론사였기에 늘 광고 영업에 허덕였다. 『프레시안』의 색깔을 지키면서도 연합할 수 있는 '업계'가 출판계였던 것이다.

프레시안 북스의 전략은 책을 좀 읽는다 하는 사람들 사이에서 서평이나 인터뷰 기사를 흥행시키는 것이었다. 책을 통해 지적으로 재미있는 대화를 만들고, 그걸 통해 다시 그 책에 대한 주목도를 높이는 순환 만들기. 팀장이 바뀐 이후에도, 우리 팀은 책과 출판의 세계를 더 많은 논점과 토론이 발생하는 매력적인 것으로 만들기 위해 노력했다. 하지만 주목하는 출판사나 열정적인 독자들이 생기기는 해도 이 매체의 지속 가능성에는 한계가 있었다. 여기엔 또다시 광고 문제가 있다. 대규모 유통업체도 아닌 우리가 책 광고를 싣는다고, 혹은 광고를 받아 그 출판사에서 미는 책을 콘텐츠화한 기사를 메인으로 싣는다고 책이 갑자기 날개 돋친 듯 팔리진 않을 것이다. 게다가 편집부나 독자들이 재미있어하는 책을 내는 출판사 가운데서는 자그마한 광고도 진행하기 어려운 곳이 많다.

『프레시안』은 이즈음 협동조합으로 전환하기도 했지만, 그 시작부터 언론운동이었다고 생각한다. 처음엔 등장만으로 기존 언론권력에 대항하는 중요한 선언이었을 것이다. 하지만 내가 입사했을 때는 인터넷이라는 '새로운' 환경이 보장했던 기대감과 가능성이 작동하던 시기는 지나 있었고, 기사 쓰기와 읽기를 둘러싼 조건은 더욱 나빠지고 있었다. 당시 우리는 다른 언론사들과 마찬가지로, 독자 유입의 중요한 창구로 대형 포털 사이트의 기사 노출 시스템에 종속되어 있었는데 이는 기사와 독자의 만남을 우려스러운 방식으로 매개하고 있었다. 누군가 오래 고민해 내놓은 진지한 의견도, 인기 검색어를 조합해 양산된 어뷰징 기사들과 똑같이 클릭 수를 둘러싸고 과도한 경쟁에 휘말릴 수밖에 없는 환경이었다. 서평 기사에 내용과 무관한 자극적인 낚시성 제목을 달고, 이에 불만을 말하는 필자들에게 '어쩔 수 없다'고 이해를 구하는 일이 여러 번 반복되었고, 이런 좌절이 일에 대한 마음을 어지럽히곤 했다.

이즈음부터 글쓰기에 대한 고민도 들기 시작했다. 아니 사실은, 기자 글쓰기에 대한 위화감은 기자로 일하는 내내 있었다고 해야 맞을 것 같다. 2011년 3월, 동일본대지진 현장에 파견된 적이 있다. 이런저런 고생과 갈등을 겪으며 현장에서 기사를 몇 편 쓰고 무사히 돌아오긴 했지만, 이때 내가 기자로서 제 역할을 못 했으며, 그 역할을 받아들이지 못하고 있음을 깨달았다. 대학 때 들은 기자 글쓰기 수업에서, 강사였던 베테랑 기자가 저널리스트의 글쓰기를 고깃덩어리의 단면을 보여주는 일로 비유한

적이 있다. 사안은 입체적일지라도, 저널리스트는 사진을 찍듯이 단면만을 보여준다고. 이 단면을 보여주는 일은 기자가 어떤 현장과 조건에 있든지 기자라는 변신 수트를 입고 마치 '객관적'인 사진 기계가 된 것처럼 행세를 해야 더 수월하게 이루어진다. 그런데 이때 나는 얼른 그렇게 변신해 더 좋은 단면을 채취하는 일보다 도대체 저널리즘 은 무엇일까를 회의하는 데 더 많은 에너지를 쓴 것 같다.

물론 이런 현장 취재 경험은 단 몇 번 뿐이었고 대개 의 시간 나는 서평 섹션의 에디터였지만, 그렇다고 저널 리즘 글쓰기가 공유하는 규범과 신념이 크게 달라지는 것 은 아니다. 거기에 사뿐히 올라탈 수 없다는 사실이 때로 는 죄책감마저 갖게 했다. 기자 직함을 달고 있는 내내 그 곤란을 어떻게든 해결해야 한다는 위기감이 있었다.

새로운 글쓰기를 위한 구상

프레시안 북스에서 일하는 동 안 원고 청탁과 편집을 기본으로 하면서 많은 기사를 썼 다. 주로 저자 인터뷰 기사, 대담과 강연의 정리 기사였 다. 다른 사람의 이야기를 정리하는 역할이었지만 그것들 이 대개 지적·문화적 활동을 하는 사람들의 흥미를 자극 하는 주제였기 때문인지 때때로 다른 매체에서 글 청탁이

오곤 했다. 그중 하나가 비정기 문화잡지 『도미노』DOMINO
였다. 2011년 말에 1호가 나온 뒤 7호까지 발행되었으나
2016년 '그 사건'으로 더는 발행하지 않게 되었고 이름을
말하는 것조차 터부시된 잡지다.

　'그 사건'이란 편집동인 중 한 명인 함영준이 미술계
에서 지속적으로 성적·언어적 폭력을 저질러왔다는 사실
이 잇달아 폭로되어 그에게 주어졌던 모든 권한이 박탈되
고 그가 참여해왔던 다른 일에도 영향을 미친 일이다. 고
발에 나서준 이들 덕에 상당 기간 지속되어온, 그러나 말
해지지 않았을 뿐인 폭력이 드러났고, 그는 말하자면, 그
의 힘이 미쳤던 장의 구성원들로부터 만장일치에 가까운
퇴장 처분을 받았다. 그러나 그 퇴장은 문제의 종료가 아
니라 문제 인식이라는 시작이었다. 무엇이 그와 같은 사
람을 활약할 수 있게 만들었는가를 반성적으로 사고해야
했다. 미술평론가 윤원화는 「함영준의 폐허: 생존 경쟁을
넘어서」(『미술세계』 2016년 11월호)라는 글에서 2010년대 젊
은 미술인들에게 최소한의 생존 활로이기도 했고 수평적
인 연합이 도모되기도 했던, 내부적으로는 '모두의 운동
장'으로 상상되었던 '신생공간'이 그 가능성들과 동시에
갖고 있었던 연약함과 맹점을 지적하고 있다. 그가 말하
길, "신생공간의 활동은 오늘날 미술과 미술 제도가 처한
문제적 상황에 대한 비평적 논평으로 접수되기보다, 결국
은 제도의 관점에서 개개인의 접수가 채점되고 등수가 매

겨지는 경연 무대처럼 소비되었다." 그리고 이런 양가적 상황을 아주 효과적으로 활용하여 다양한 위치의 사람들을 하나의 흐름으로 묶어 팔아 승승장구하던 것이 함영준이었으며 그 성공은 "신생공간의 움직임에 잠재했던 다른 가능성들을 고갈"시키면서 모든 것을 "그의 무대를 위한 또 하나의 무대 뒤로" 만들어버렸다고 그는 지적한다.

5년이 지나 뒤늦게 읽은 이 글에서 내게 가장 절실하게 다가오는 것은 다음과 같은 대목이다. "(폭력을 통해 '아랫사람'을 만드는 것이) 그가 열악한 환경에서 대형 전시를 만들 수 있었던 유능함의 비결이었다면, (…) 많은 여성들을 성추행할 수 있었던 자신감의 원천이었다면, 여태까지 '우리'의 성취로 이야기하던 아무것도 그와 무관할 수 없다."『도미노』가 당시 재미있는 흐름을 만들었다면 그건 동시에 그가 미술계에서 '유능'할 수 있었던 조건을 만드는 일이기도 했을 것이다. 내가 이 잡지에 참여한 것도 그의 장기인 '흐름으로 묶어 팔기'에 의한 것이기도 했다. 즉, 나는 그에게서 직접 폭력을 경험한 적은 없지만, 그의 제안으로『도미노』에 참여했으므로 그의 상징적 권위와 결코 무관하지 않으며, 한편으론 그의 '자신감의 원천'이 되었을 어떤 환경을 구성하고 있기도 했던 것이다.

굳이『도미노』이야기를 하는 이유는 이 잡지에 글을 쓴 경험이 내게 영향을 미쳤고 그걸 부정할 수 없기 때문이다. 잡지는 매호 전체를 포괄하는 콘셉트나 특집이 있는 것이 아니라, 먼저 필진을 구성한 뒤 각자가 원하는 주제를 회의에 가져와 이야기를 나누고 느슨하게 자기 원고를 완성해나가는 형태의 동인지였다. 나는 1호에서 원폭 투하로 시작된 일본의 전후에서 원자력에 대한 믿음이 형성되어간 문화적 경위에 대해, 2호에 하라 켄야原研哉의 디자인론에 대해, 3호에서 1986년생인 나의 일본 대중문화 수용에 대해, 6호에서는 이후에 석사논문의 주제가 되기도 한, 일본의 철도 여행이 만들어내는 국토 감각에 대해 썼다.

이 지면을 통해 내가 쓰려던 건 전후 일본에 대한 비판적 논평이었다. 그렇지만 그 근저에 공통되는 확고한 문제의식이 먼저 있는 건 아니었다. 우선은 학술적인 글쓰기를 흉내 내고 싶어했고, 그 재료로 전후 일본사회를 끌어왔다. 아마도 내가 남들보다 조금은 더 아는 분야, 변별점을 내세울 수 있는 분야라고 생각했던 것 같다. 문제의식은 부실하고 '이렇게 쓰고 싶다' 하는 모델만 있는 상황이다 보니 대체 어떤 이야기를 하고 싶은 건지 알 수 없는, 그저 관련 문헌을 얼기설기 기워내서 말이 되게 이어붙였을 뿐인 누더기가 나왔다. 글을 쓰면서, 서평지 기자라는 직업이 무색하게, 실은 책을 읽을 줄도 모르는 게 아닌가 하는 위기감을 느꼈다.

그때 글을 재미있게 읽어준 사람들이 있고 그 평가를 모두 소중히 생각한다. 그러나 그와 동시에 소가 뒷걸

음질 치다가 쥐를 잡은 상황일 뿐이란 느낌도 가시지 않았다. 글쓰기, 적어도 내가 하려던 글쓰기에는 생각을 밀고 나가는 과정을 어느 것 하나 얼버무리지 않고 전체를 장악하고 총괄하는 힘이 필요한데, 쓰면 쓸수록 장악은커녕 정말로 내가 이렇게 생각하는 게 맞는지 불확실해지는 기분이었다. 또한 내가 이미 일본에 오고 난 뒤인 2016년 가을에 일어난 '그 사건' 이전부터, 그러니까 이 잡지에 참여하는 동안에도 어떤 아슬아슬함을 느끼고 있었다. 따로 본업이 있는 사람들이 재미로 내는 느슨한 동인체제의 잡지이므로, 글에 대한 심사나 검증 같은 과정은 거의 없었다. 그런데 그런 느슨하게 생산된 의견들과 그 필자들이, 트위터를 중심으로 기묘한 영향력을 행사하고 있었다. 이는 미술계에서 함영준의 '장기'가 발휘될 수 있었던 것과 무관하지 않았으리라 생각한다.

통일부 기자실에 있을 때, 잠시 이쪽, 그러니까 한반도 정치·외교 분야 취재의 전문성을 위해 관련 대학원에 진학해볼까 생각한 적이 있다. 취재 분야에서 학위를 따고 전문기자가 되는 것이 기자로서 그릴 수 있는 커리어 패스 중 하나다. 그런데 서평 기자로 일하면서 들었던 생각은 '전문성을 갖고 싶다'와는 조금 다른 것이었다. 하나는 텍스트를 좀 더 제대로 읽고 어떠한 규칙 안에서 써보고 싶다는 것이었고, 또 하나는 그때까지의 글쓰기의 조건과 환경에서 멀리 떨어져서 그와는 호환이 되지 않는 다른 평가의 세계로 이동해야겠다는 의지였다.

일본과 나

그것이 유학, 그것도 일본 유학으로 이어진 건 나에게는 비교적 자연스러운 일이었다. 가장 중요한 건 언어부터 평가의 체계까지 글쓰기의 조건을 재설정하는 일, 생활과 인간관계의 무대를 옮기는 일이라고 생각했고, 준비에 너무 오랜 시간과 많은 돈을 요구하지 않을 외국은 일본 하나였다.

그러나 이런 건 전부 지어낸 이야기이기도 하다. 조금 더 사실에 가깝게 말하면, 회사를 그만둘 핑계를 찾고 있을 때 문부과학성 국비유학 제도 요강을 읽고 여기에서 30대 중반까지의 생존 방법을 발견한 나는 서류를 내보기로 했다. 지금까지 해온 일의 대부분은 적절한 제출의 형식을 발견하면 거기에 맞춰 목표를 설정해 나를 설명하고 지원하여 떨어지거나 붙음으로써 결정된 결과들이었는데, 이것도 마찬가지였다.

물론 이 시험에 붙을 가능성이 높다고 판단한 건 내가 일본과 일본어에 친숙했기 때문이다. 1990년대 말 2000년대 초, 중고등학교 때 나는 용산에서 제이록J-rock 해적판 시디를 구매해 망가질 때까지 듣거나 일본 출판

만화의 문법과 스타일에 빠져 있던 '일본 대중문화 키드'
였고 그 영향으로 일본어를 익혔다. 20대 때, 그러니까
2000년대 말에서 2010년대 중반까지는 10대 때와 달리 일
본문화의 팬이라기보다 일본에 자주 가는 사람이었다. 대
학 때 교환학생으로 도쿄에 1년간 체류한 적이 있고, 이
경험이 기자 시절의 다양한 일본 취재로 이어졌다. 그렇
지만 이때 무엇보다 일본은 쉽게 '놀러' 가는 나라였다.

　나의 10대 때는 해적판이나 인터넷의 확대, 일본 대
중문화 해금 등이 상상적인 이동을 촉진하고 있었다면,
20대 때는 일본의 관광입국 정책, 한일 간 단기체류 사증
면제 조치, LCC 노선의 증가 등이 물리적인 이동을 확대
시키고 있었다. 말하자면 내게 일본은 상징적으로나 물
리적으로나 쉽게 건너갈 수 있는 다른 세계였다. 그건 동
경도 아니었고, '이국'을 발견할 필요도, 진정한 경험이라
는 강박에 사로잡힐 필요도 없는 다소 가벼운 건너감이었
다. 그런데 이것이 내게 허락하는 약간의 해방감이 있었
다. 한국에 뭔가 벗어나고 싶은 관계가 있었던 게 아니다.
다만 두 세계를 왕복함으로써 비교의 시야를 얻고 사회를
바라보는, 혹은 사회의 매개물들 그 자체에 대한 보다 복
잡한 사고의 기회를 얻을 수 있었던 것이다.

　얼마 전, 한 또래 여성 소설가의 작업에서 내가 일본
과 맺어온 관계에 대해 생각해볼 여지를 발견한 일이 있
다. 한정현의 장편 『줄리아나 도쿄』와 단편 「과학하는 마

음: 관광하는 모던 걸에 대하여」다. 두 작품에는 한국에서 일본으로 건너간, 혹은 건너가는 여성 연구자가 나온다. 『줄리아나 도쿄』의 주인공 한주는 심각한 데이트 폭력의 충격으로 모국어인 한국어로 매개된 세계의 무너짐을 경험하고 한국어를 완전히 상실한 채 일본으로 온다(배워둔 일본어는 남아 있었기 때문이다). 그는 한국에서 7~80년대 여공들과 프롤레타리아 문학에 관한 석사논문을 썼는데, 이 연구의 동기에서도, 한주 자신의 모습에서도, 한주가 만나거나 연결 짓는 과거와 현재의 다양한 인물들에게서도, 한 번도 역사의 주인공이 되어본 적 없는, 폭력 앞에 목소리를 박탈당한 존재라는 공통의 상징이 발견된다. 이 사람들을 모두 단상^{壇上} 앞에 세우기 위해 픽션은 요청되고 있는데, 재미있게도 그 안에서 주인공들을 만나게 하는 매개는 연구, 즉 학술 행위다.

　여기엔 연구한다는 행위, 혹은 연구자로 살아가는 것에 대한 작가의 생각이 스며들어 있다. 혹은 작가가 앞으로 나아가려는 세계를 묘사하기 위해 연구라는 은유가 사용되고 있다. 내 생각에 그것은 나에게서 타자로 건너가는 방법이다. 타자를 부감하고 해석하면서 가장 바람직한 표상을 발견하려는 것도 아니고, 타자가 처한 현실을 물리적으로 변화시키려는 것도 아니다. 그들과 동화되어 스스로를 근본적으로 변화시키려는 모델도 아닌, 그러나 그 모든 것의 출발점이라고 할 수 있는, 내게서 그들로 건너가려는 이동 혹은 횡단의 모델이다. 여기에서 저기로 건너가는 연구자의 모습은 작가의 단편「과학하는 마음: 관광하는 모던 걸에 대하여」에서도 반복되는데, 『줄리아나 도쿄』의 한주가 시민권은 아니지만 언어를 박탈당한 추방자에 가깝다면 이 단편의 경아는 부제에 나오는 대로 관광객이다. 연구자인 경아는 사랑하는 사람을 만나기 위해, 아니 그 사람을 사랑하는 '나'를 위해 언제까지고 관광객의 가벼운 발걸음으로 일본에 건너가겠다고 말한다. 코로나의 유행 이후 여실히 드러났듯 관광은 무척 계급화된 영역이지만 이 소설에서 관광객은 '불필요하고 우연적인' 이동과 만남을 통해 연대의 가능성을 모색하는, 아즈마 히로키東浩紀가 사용하는 메타포로서의 관광객이다.

내게 흥미로운 건 건너가는 주체가 한국인 '여성', 건너가는 장소가 일본이라는 점이다. 이런 이야기는, 혹은 이런 연구자의 묘사나 사용 방식은 남성을 주인공으로 또 미국이나 서유럽의 어느 곳을 배경으로 성립하기는 어려울 것 같다. 그 이동은 출발지와 도착지의 위상이 다르다. 로컬 학술장에서 글로벌 학술장으로의 이동이다. 작가는 그와 같은 계층적인, 혹은 범주화된 가정 속 상위의 세계에 접속하는 동선이 아니라, 하나의 레퍼토리에서 또 다른 레퍼토리로 건너가는 것과 그 두 레퍼토리 사이의 수평적 왕복을 보여주기에 적합한 거리이자 관계의 형식을 일본에서 찾을 수 있었던 게 아니었을까. 남성이 아니라 여성인 것은 후자가 여전히 '상위'의 혹은 '진정한 학문'의 세계에서 표준적인 학문의 언어를 이식받아 수직적으로 이동하는 모델로서 덜 적합하다는 데서 오는, 그래서 상대화의 가능성이나 위화감을 조성할 수 있다는 힘 때문일 것이다.

사실은 잘 모르겠다. 이런 이야기는 어디까지나 내가 영어권이 아니라 일본에 유학을 와서, 그것도 애초에는 터무니없이 가벼운 마음으로 왔다가 나중에서야 생긴 콤플렉스에 대한 합리화일 뿐일 수도 있다. 하지만 진지하게 생각하기 시작한 시점이 언제였건 간에 나는 계속해서 내가 일본에서 유학을 하는 것의 '위치 에너지'를 찾으려 노력하고 있다. 이렇게 의미를 발견해내려고 애쓰는 것 또한 표준이 아니기 때문이라는 자의식과 함께 말이다. '보편적'인 글로벌 학술장으로 접속하지 않는 유학, '특수'에서 또 다른 '특수'로, 로컬한 언어에서 또 다른 로컬한 언어로, 또한 같은 인식론적 위기(危機, 위험과 기회)를 공유하는 '비서구' 내에서의 이동이라는 점에서. 한편으로, 누군가는 내가 이 이동에 대해 계속해서 지나치게 수평적이고 평평한 이미지를 전제하고 있다는 사실을 지적할 수도 있다. 한국과 일본을 오가는 길은 보이는 것보다 훨씬 더 울퉁불퉁한 게 아닐까? 무엇이 그걸 평평하고 가벼운 왕복으로 상상하게 하는지를, 또한 그런 상상이 어떤 효과를 가질지를 물어야 하는 게 아닐까. 예컨대 나와 일본의 관계에도, 한정현의 소설 속 인물 설정에도, 관광객이라는 그 비진정성 때문에 오히려 가능성으로 소환되는 표상에도 이동이 환영받는 '정상 외국인'과 그렇지 않은 이들을 구별하는 체계가 작동하고 있다. 이들은 국적이 확실한, 고등교육을 받은, 비자가 설정하는 이동의 규범을 흔들지 않는 사람들로서, 2000년대 이후 일본이 국제 이동을 조정하기 위해 펼쳐온 계획 속에 자리한다. 그러나 포섭이 작동하는 곳에 배제도 있다는 것이 경계의 원리이다.

일본과 한국을 오가면서 그 이동에서 두 세계에 대한 비판적인 시야와 힘을 확보했다고 느낄 때, 그러한 감각은 바로 이렇게 '마련된' 자리 위에 성립하고 있으며 이 자리가 안내하는 맹점이 있을 것이다. 이 사실을 놓쳐선 안 되며 무엇이 그걸 잊게 만드는지도 끊임없이 되물어야 한다.

'연구 주제'라는 어려운 대화 주제에 대하여

『줄리아나 도쿄』의 한주와 내가 가장 다른 점이 있다면, 한주의 연구 주제는 그야말로 자기 삶의 문제에서 나왔다는 것이다. 이러한 연구자와 연구 주제 사이의 관계는 규범적으로, 혹은 진정성이 있는 것으로 여겨지는 것 같다. 그러나 나는 학술적 글쓰기 훈련으로서 유학을 기획했고, 말하자면 합격을 위해 연구 주제를 만들어낸 것이기 때문에 이른바 삶의 문제의식과 연구 주제를 결부시켜 설명하는 게 좀처럼 쉽지 않다. 그러나 이 둘을 무관하다고 말하고 싶지는 않으며 실제로도 무관하지 않다. 비록 삶에서 힘껏 끄집어냈다기보다 마치 바람이 불어 손 안에 떨어진 나무 열매를 형식에 맞추어 변형한 것에 가까웠지만, 이 테마를 어떻게 내게도 다른 사람들에게도 납득 가능하고 의의가 있는 것으로 만들 것인가가 지난 몇 년간 삶의 중요한 과제였기 때문이다. 어쩌면 연구자와 연구 주제는 한쪽이 어느 한쪽을 일방적으로 산출하는 것이라기보다, 내 경우처럼 우연한 결합에서 시작되어 서로를 형성해가는 것에 가까울지도 모른다.

앞서 『도미노』에 글을 쓸 때 '전후 일본'을 스스로의 변별점으로 삼으려 했다고 썼다. 그때 도움을 받은 것이 지금의 지도교수인 요시미 슌야吉見俊哉의 책이었다. 대학원에서 하는 일에도 들어가는 일에도 감이 전혀 없던 상황에서 처음 연구계획서를 써야 했을 때, 번역된 그의 책에서 아이디어를 얻었다. 『만국 박람회 환상』이라는 책의 서장은 야마다 요지山田洋次 감독의 영화 〈가족〉에 등장하는 가난한 가족이 바라본 1970년 오사카 만국박람회 모습으로 시작한다. 가족은 규슈의 폐광 직전의 탄광촌에서 홋카이도의 개척촌으로 험난한 이주의 여정 한가운데에 있다. 오사카에 당도한 그들은 환승 시간에 이 고도경제성장의 축제에 가보기로 하는데, 엄청난 인파에 휩쓸려 박람회장 입구 부근에서 기웃거리다가 결국 열차 시간이 다가와 그곳을 떠난다. 이 여행이 얼마나 험난했던지, 어린 아이는 도쿄에 도착해 숨을 거두고 만다. 저자는 '우리'의 관점이 그들, 즉 변화하는 산업구조 속에서 생존을 위해 험난한 이동 중인, 결코 축제가 포섭하는 '우리 일본인'이 될 수 없었던 그들을 통해 볼 수 있는 역사의 위상에 다다라야 한다고 강조한다. 그 관점에 공감했음은 물론이고, 이 글이(아니, 이 영화가) 철도로 이동하는 사람들을 주인공으로 하며 차창을 통해 보이는 국토의 '풍경'을 반성적으로 그리고 있다는 점이 인상적이었다.

한편, 1970년대부터 2000년대 초반까지의 일본사회를 포괄적으로 다룬 『포스트 전후 사회』라는 책이 있다. 이것도 『만국 박람회 환상』과 마찬가지로 원서는 신서로 나온 책이다. 여기엔 다양한 사건들과 함께 관련 연구나 분석이 소개되어 있다. 그중 1983년 개원한 도쿄 디즈니랜드 및 당시 번화가의 공간 문법을 '후기 고도경제성장기 젊은이들의 자기의식을 보증할 수 있는 무대 장치'로 분석한 대목과 과거 탄광촌으로 번성했던 홋카이도 유바리시가 무리한 관광화의 결과 지자체 파산을 맞게 되었다는 이야기가 흥미롭게 다가왔다. 거칠게 말해, 두 사례는 고도경제성장기 이후, 기존 국토계획의 논리가 와해되고 나카소네 야스히로中曾根康弘로 대표되는 신자유주의적 전환이 공간을 변화시키던 당시 도쿄와 지방의 공간 변화를 그 안에서 살아가는 사람들의 시선(전망)의 측면에서 다루고 있다.

내가 연구계획서에 쓴 건 철도, 그중에서도 철도망을 혈관에 비유하자면 모세혈관에 해당하는 '지역철도'의 관광 운행에 관한 것이었다. 일본의 철도에 대해선 예전부터 관심을 갖고 있었다. 앞에서 말한 대로 2000년대 말과 2010년대 초반 일본과의 관계를 맺는 중요한 형식이 관광이었는데, 그 관광의 경험은 다시 철도라는 지리이자 기술 시스템에 강력히 매개되고 있었다. 아마 그것은 너른 권역을 커버하는 철도회사가 외국인 관광객을 위해 특별히 고안한 서비스나 상품을 이용했기 때문일 것이다.

철도는 단순히 관광 목적지에 도착하게 하는 이동수단 그 이상이다. 볼프강 시벨부시Wolfgang Schivelbusch는 『철도 여행의 역사』에서 철도 공간과 열차의 운행에 의해 인간이 이전과는 근본적으로 다른 시간과 공간 감각, 시지각을 획득하게 되었음을 19세기의 문헌들을 통해 우리에게 보여주고 있다. 책, 그림엽서, 사회 조사 등을 테마로 일본의 근대를 연구해온 사회학자 사토 켄지佐藤健二 또한 『풍경의 생산, 풍경의 해방』에서 철도 여행의 경험이 인간의 감각, 나아가 지식을 생산하는 힘에 가져온 변용을 언급한다. 물론 관광여행자로서의 내가 처음 관심을 가진 건 이런 '근대적 감각을 상대화하기' 유의 철도 미디어론은 아니었다. 그저 여행의 감각이, 나의 이동과 마주치는 풍경과 인식되는 현실이 특별히 기획된 열차나 승차권, 열차 시각의 배열(그리고 이를 한눈에 읽을 수 있는 『시각표』라는 책) 등에 의해 주조되고 있다는 단순한 사실들에 관심을 가졌다.

이러한 철도 미디어론을 전개하기 더 적합한 대상은 감각의 '당연함'을 문제시할 수 있는 철도 초기의 철도, 혹은 도시철도나 고속철도일지도 모른다. 도시철도는 매일의 반복적인 실천을 매개하며 사회 질서를 구성하는, 그러나 그 자체의 존재는 잊혀지는 무엇이다. 또한 고속철도는 비록 그 경험은 비일상적일지라도 일상적 지리와 이동의 감각, 의심할 바 없는 출발과 도착이라는 상과 관련된다. 그러나 나는 초점을 끊임없이 폐지가 거론되는, 즉 교통기관으로서 기능이 쇠퇴하는 지역철도에 맞추었다.

일본의 많은 지역철도 노선들, 특히 구 국철 노선들은 '우리 마을도 도쿄(중심)와 이어진다. 그렇게 함으로써 도쿄와 같은 '미래'로 나아간다'는 지리적 상상력과 함께 확산된 경위가 있다. 이런 노선들은 1964년부터 시작된 국철의 적자 경영 속에서, 일본의 고도경제성장의 종결과 함께, 말하자면 방기되기 시작했다. 1980년대 초 수송밀도가 낮은 노선들이 일괄적으로 폐지 대상이 되었고 1987년 국철의 분할 민영화와 2000년의 철도사업법 개정 이후 철도는 완전히 채산성의 논리가 지배하는 영역이 되었다. 그리고 2000년대 중반 이후, 국토교통성이 지역 교통 사업자에 강조한 것이 자조自助 노력과 그 방법으로서의 관광자원화였다. 나는 이러한 상황 속에서 만들어지는, 어딘가에 도착하기 위한 이동이 아닌 이동 그 자체가 목적화된, 느리고 무용한 관광 이동을 분석하겠다는 계획서를 쓴 것이다. 별 뜻 없이 만들어지고 소비되는 관광상품일 수도 있지만, 일본 전후를 떠받쳐온 사회와 미래에 대한 상상력이 어떻게 오/작동하고 있는지를 볼 수 있는, 의미로 가득 찬 커뮤니케이션일 수도 있다. 후자로 보이게끔 설명하는 것이 그 논문의 목표였다고 할 수 있었다.

이것이 국비유학 연구계획서가 되고, 다시 학과의 석사 입시에 제출할 연구계획서가 된 뒤에 지역철도 노선 몇 곳에서 필드워크를 거쳐 석사논문이 되었다. 한 가지 분명한 건 글쓰기 훈련으로서의 유학을 기획할 때 막연히 기대했던 것처럼, 마치 어딘가 높은 탑에 올라와 있는 양 모든 것을 한눈에 내려다보면서 뭔가를 장악하고 확신하면서 쓰는 건 불가능했다는 것이다. 오히려 훨씬 더 깜깜한 어둠 속에서 여전히 버거운 외국어에 끌려다니고 사고를 시험받으면서 최악의 평가를 내리는 목소리를 상상하면서 식은땀을 흘리며 한 발씩 내딛어야 했다. 조금의 시원스러움도 없었다.

박사과정 진학 후에는 한동안 아노미 상태에 빠져 있었다. 학계 진입을 목표로 박사과정을 밟는다는 건 삶의 경로 하나의 현실성을 높이는 대신 그 밖의 경로의 가능성을 낮춘다. 진지하게 할 게 아니라면 빨리 그만두는 게 낫고, 진지하게 하자니 무섭다고 생각했다. 결국 언제나처럼 남들이 다 하는 걸 하려는 관성적인 움직임이 이겼다. 많이들 그러는 대로, 첫 학기 여름방학에 석사논문을 고쳐서 학술지에 투고했다. 만지기도 싫은 석사논문이었기에 다시 쓰는 과정 또한 힘들었지만, 그래도 '다시 쓰기'는 스스로의 오해와 무지에 직면할 수 있는 기회였고 익명의 심사자를 설득시키는 학술적 커뮤니케이션에도 감을 익힐 수 있었다. 그런데 논문이 실린 저널이 집에 도착했을 때, 조금은 감격적이어도 좋았을 그때에 우편물을 열어보고 기분이 그야말로 더러워졌던 순간을 잊을 수가 없다. 정확히 왜인지는 모르겠지만 정말로 본격적인 평가의 격자 속으로 들어왔다는 느낌('이제 이 세계의 말을 더욱 잘 들어야 하는구나')과 여러 번 다시 써도 여전히 불완전한 무엇을 세상에 남기고 말았다는 찝찝함의 혼합이었던 것 같다.

이후 거기서 가지를 뻗은, 철도 시각표의 독서를 모빌리티 경험으로 논한 연구가 최근에 두 번째 사독査読논문이 되었고, 그것들은 앞으로도 여러 번 다시 쓰이게 될 것이다. 논문이 두 개가 생기니 둘을 잇는 '선'이 생겨 내가 움직이고 있다는 느낌이 들기는 했다. 연결은 바깥으로도 발생하여, 얼마 전에는 이 논문을 계기로 한 대학에서 수업을 맡아달라는 제안이 오기도 했다. 하지만 논문의 최종 수정을 마쳤을 때 일기에는 이제 겨우 쌓여간다는 느낌과 정말 허무하다는 생각이 동시에 든다고 적혀 있었다. 이런 허무함은 논문으로 대표되는 지식 생산이 기존의 연구라는 방대한 맥락 위에다가 그것을 올려놓는 일에 긴 시간과 많은 공을 들여야 한다는 점, 그 과정에서 반드시 새로운 것을 만들어내야 하는데 그것이 대개 초라할 만큼 작다는 점에서 기인하는 것 같다. 지금까지 많은 연구자들이 묵묵히 그래온 것처럼 작은 발걸음이 모여 지식 풀pool은 확장되고 또 갱신되어왔겠지만 그 과정을 조망하는 시선보다 리얼한 것은 스스로의 무지에 붙들려 있는 무거운 발이다. 얼마 전 "연구란 늘 굴욕적인 것이다"라는 트윗을 봤고 정말로 그렇다고 생각했다. 그러나 굴욕을 감내하는 데서 멈추는 것만큼 허무한 일은 없을 것이다. 나 자신의 별 볼 일 없음을 감당하면서도 꿋꿋하게 조금씩 걸어나갈 수밖에 없다.

이 두 편의 논문을 일부 포함하게 될 박사논문은 '일본 철도'라는 대상 자체에 대한 해명이라기보다 그것을 하나의 사례로 하는 모빌리티 현상으로서의 관광 연구에 가까워져 있다. 1980년대의 '공간적 전환'의 확장으로 등장한 '새 모빌리티 패러다임'new mobilities paradigm이라는 개념 혹은 학제적 연구 분야에 대해 지리학자 데이비드 비셸 David Bissell은 이렇게 말한다. 오랫동안 사회과학에서 간과되었던 이동 경험의 편린들을 중시하고 그러한 여정이 우리의 정체성과 역량을 조형하는 방식을 탐색한다고. 이는 모빌리티 연구의 중요한 문제의식 중 하나로, 관광이라는 특정한 방식의 신체 이동에 대한 내 관심의 초점도 여기에 있다. 전후 일본의 철도 관광을 소재로 내가 정교화하려는 인간의 모빌리티에 대한 이해의 모델은, 우리가 어딘가에 간다는 것이 상상하는 것과 그것을 실현하는 것의 상호 규정적인 행위이며 그 실현, 즉 이동이 시간과 공간, 사회관계를 생산한다는 것이다. 지난 도쿄 올림픽 당시 가장 인상적이었던 장면 중 하나는 스포츠 클라이밍 경기가 시작되기 전에 주어진 과제를 어떻게 해결할지, 즉 벽에서 어떻게 움직일지를 머릿속에 그려보면서 의논하는 차례가 함께 중계된 것이었는데, 이는 신체 모빌리티가 상상을 매개하여 이루어진다는 것의 예가 될 수 있다. 이때 상상은 이 스포츠의 규칙, 올림픽이라는 무대, 그날 주어진 과제라는 구체적이고 물리적인 조건들이 유도하는 것이다. 또한 무엇보다 이제까지 수많은 벽을 각자의 방식으로 경험해본 선수들 각각의 신체에 아로새겨져 있는 것이기도 하다. 관광을 이런 순환 과정으로 보았을 때 중요한 특징은 이러한 부동적 상상이 구체적인 형태로, 반드시 '선행'한다는 데 있을 텐데, 이것은 관광이라는 이동이 너무나도 확실한 돌아올 곳, 즉 홈home을 전제로 하는 행위라는 사실과 연관된다. 이 특징에 주목하면서 모빌리티를 상상과 구현을 오가는 과정으로, 마치 텍스트를 신

61

체로 일으키는 상연으로 파악하는 것이 앞으로 하려는 작업의 대략적인 얼개다.

지금은 철도와 일본 전후의 국내 이동을 소재로 하고 있지만, 박사논문을 마친 뒤에는 더 다양한 형태의 상상적인 경계가 복잡하게 작동하는 국제 관광으로, 또는 비반성적이 되기 마련인 도시 내에서의 일상적인 교통, 특히 소수자의 모빌리티에 눈을 돌리고 싶다. 모빌리티 연구가 공유하는 중요한 문제의식은 존 어리John Urry가 '네트워크 자본'network capital이라 부른 역량의 불균등한 배분, 또한 어떤 이들의 모빌리티가 다른 이들의 모빌리티를 대가로 하거나 제한할 수 있다는 데 있다. 이 불균등성에 주목하며 모빌리티를 둘러싼 상상, 특히 자유라는 관념을 문제시하는 데까지 나아가보고 싶다. 물론 내가 그렇게 나아갈 수 있다면, 그렇게 만드는 탈것들은 무엇이며 무엇으로 만들어져 있는지 살피면서 말이다.

작가이면서 연구자이기

유학 중에도 한국에서 일을 의뢰받으면 종종, 아니 자주 그 일을 했다. 주로 어떤 잡지나 온라인 지면, 기획 출판물에 이러저러한 글을 쓰는 일이었는데, 처음에는 무척 자연스럽게 받아들였지만, 점점 그게 내게 어떤 의미인지 묻지 않을 수 없게 되었다. 메일 속에서 나는 '기자님'이나 '작가님'으로 지칭되었다. '작가'라는 호칭은 2017년에 『IMF 키즈의 생애』를 내고 나서, 내게도 사람들에게도 비교적 자연스러워졌다. 그렇지만 여전히 떳떳하지 못한 게 있다. 작가라는 이름을 어떤 자격으로 보거나 특권화해선 아니다. 오히려 그것을 경력적인 성격과 무관한 읽고 쓰는 자세나 태도로 보았을 때, 스스로가 거기에 못 미친다는 생각을 하게 된다.

　내게는 『IMF 키즈의 생애』 이전에 쓰고 있던 책이 있었다. 세대별 여성 구술사 시리즈 중 한 권으로 『프레시안』 퇴사 이후 일본에 가기 전까지 인터뷰를 상당히 진행했지만, 막상 원고를 정리하는 과정에서 도저히 잘 쓸 자신이 없어서 포기하고 계약을 해지했다. 『IMF 키즈의 생애』 또한 그런 기분 속에서 겨우겨우 완성한 책이다. 책이 4년간 생각보다 많은 사람들에게 읽히고, 여전히 내 프로필에 포함시키는 마당에 상당히 뻔뻔한 얘기란 걸 알지만, 나는 이 작업을 통해 아무리 좋은 기획이라고 해도 나 스스로의 문제의식에서 시작하지 않으면 안 된다는 걸 배웠다. 혹은 그 문제의식을 완전히 내 걸로 만들기 위한 시간을 거쳐야 한다는 것을.

　이 책은 당시 『프레시안』에서 저자 인터뷰나 대담 등 '다른 사람의 이야기' 정리를 잘했던 기자 안은별에 주어진 사회적 쓰임새에 대한 응답이었다. 물론 이 책을 결국 완성해낸 데에는 우리가 어릴 때 언젠가 자연스럽게 될 줄 알았던 '어른'이 될 수도 없고, 다른 전망을 갖기엔 너무 늦었거나 그런 기회가 주어진 적 없는, 물질적으로는 풍요롭고 문화적으로는 과잉 상태이지만 정신적으론 '되지 못했다'는 불안에 시달리는 내 세대 사람들의 모습을 (혹은 그저 내 모습을), 한국의 '정신사적 사건으로서의 IMF'를 경유해 붙잡아두려는 동기가 작용했다. 그러나 이 책이 'IMF가 작가 세대의 삶에 무슨 궤적을 남겼는지 구조적인 분석이 없다' 같은 아쉬움 가득한 평가를 받게 된 것은 작가 스스로의 문제설정에서 출발하지 않았다는 분열과도 관련이 있다. 무책임한 말로 들리겠지만 나는 이를 솔직히 시인하고, 다음의 글쓰기는 여기에서 출발할 수밖에 없다고 생각한다.

　이 외에 작가로서의 경력은 불분명하지만 작가로서 처리해야 하는 빚이 많이 남아 있는 나는 종종 이 처지에 대해 생각해보게 된다. 작가란 물론 어제도 썼고 오늘도 쓰고 내일도 쓰는, 쓰는 걸 계속하는 사람일 것이다. 이런 정의라면 연구자와 작가의 구분은 크게 의미가 없는 것이 된다. 다만 여기에서는 그런 본질적인 차원이 아니라, 지난 5년 반, 일본 대학원생 세계의 경쟁을 구성하는 일원이 되어가면서 생겨난 현실적인 갈등을 이야기하기 위한 구도로 둘을 구별해보려 한다.

　언젠가 들었던 아주 인상적이고 서로 대조적인 두 개

의 '말'이 있다. 하나는 일본으로 떠나기 전 A선생님이 했던 말이다. 최초의 연구계획서를 초고 단계에서 첨삭해주는 등 내 유학 계획을 많이 도와주었던 A선생님은 내 합격 소식을 듣고 활짝 웃으며 "은별 씨, 축하해요. 6년이나 돈 걱정 없이 원하는 글을 마음껏 쓸 수 있겠네요!"라고 말했다. 연구실에서는 있는 듯 없는 듯 중간만 하라는 말도 했던 것 같다. 당시 그는 박사논문 제출을 앞둔 사회학도이자 몇 권의 책을 낸 작가였는데, 학계 안의 생존과 지속에 필요한 모든 형식적인 글을 상당히 기계적으로 해내는 데 비해 '작가'로서 쓰는 글은 이와 완전히 분리해 무척이나 흔들리며 고심하는 사람으로 보였다. 내가 회사 안팎에서 썼던 글 일부를 인상적으로 읽어줬던 그는 나를 그러한 동지로 생각했던 것 같다.

그렇지만 당시 그와 나의 글쓰기엔 큰 차이가 있었다. 나는 청탁을 받으면 해당 지면이 원하는 글을 납품해 그 대가로 원고료를 지급받았다. 그는 하고 싶은 말이 생기면 적당한 지면을 찾아 투고를 하고 원고료는 따로 받지 않는다고 했다. 이 말을 들었을 땐 적잖이 놀랐는데, 시간이 흐른 뒤에야 그렇게 하는 이유를 조금은 알 것 같았다. 자신의 글쓰기가 원고-원고료 교환 모델을 따르는 걸 원치 않았던 것이다. 그는 자신의 중요한 스승이 해줬다는 "잘 팔리는 사람이 되지 말라"売れっ子にならないで는 말도 들려줬는데 이 두 가지는 글 쓰는 자신을 가능하면 시장

에 두지 말라는 메시지로 해석된다. 그가 말하는 '마음껏'이란, 체류비 지원을 받는 대학원생이라는 지위를 사용해, 즉 그것을 일종의 후원 제도로서 기대어 하고 싶은 말을 마음껏 하라는 의미였을 것이다. 그렇지만 나는 그때까지 원고료와 청탁 등 무대의 조건이 갖춰지면 그 역할에 적합한 말을 생각해내는 방식으로 글을 써왔다. 앞서 책을 요청된 사회적 역할에 응답해서 썼다고 말한 것처럼. 할 말이 솟아나거나 쓰지 않으면 안 될 것 같은 느낌엔 사로잡힌 적이 없었다.

또 다른 하나는 B선생님의 말이다. 2016년 여름 첫 번째 일시 귀국을 했을 때였다. 한 모임에서 영향력 있는 학자이자 대학교수인 B선생님이 갑자기, 앞으로 어쩔 생각이냐는 질문을 했다. 나는 당황해서, 잘 모르겠다고, 공부를 더 하고 싶을지는 석사논문을 써봐야 알겠고, 이게 꼭 학계에서 자리를 잡을 생각으로 하는 건 아니라는 식으로 두서없이 대답했다. 그랬더니 그가 한심하다는 듯, 지금부터 "깃발을 꽂을 데를 잘 찾아서" 꾸준히 해나가면 되는데, 열심히 해도 모자랄 판에 어째서 그런 미지근한 태도냐며 꾸중을 했다. 대학원 공부를 시작한다는 게 제한된 직업 기회를 둘러싼 경쟁에 참여하는 일이기도 하다는 것을 모르는 건 아니었다. 다만 당시로선, 학계에서의 실적을 만들어나가는 게 무엇인지 이미지가 잘 그려지지 않았을 뿐이었다.

　어쨌든 이후의 유학생활은 A선생님이 말한, 연구유학을 일종의 후원 제도(?)로 삼은 '작가'의 모습을 한쪽 끝으로 하고, 나머지 한쪽 끝은 B선생님이 강조한, 직업세계로서의 일본 학계에 문을 두드리는 구직자의 모습으로 한 연속체에서 진동하는 시간으로 표현해볼 수 있다. 물론 전체적으로 보면, 전자에서 후자로 서서히 이동해나간 시간이었다고 할 수 있다. 일본 대학원생들이 대학 교원으로 취직을 하기 위해 미리미리 취하는 전략과 태도들에 익숙해지고, 무엇이 카운트되는 실적 혹은 우수함의 증거인가를 알게 되고, 그러한 기준을 내면화하고, 더 값진 상징자본을 획득하기 위해 경쟁에 참여하게 되는 것. 확실히 그렇게 함으로써, 애초에 쓰고 싶었던 '체계적인 글쓰기', 즉 학계에서 통용되는 논문 쓰기는 할 수 있게 되었다. 그러나 그것이 지금까지와는 근본적으로 다른 앎이나 시야를 가능케 했다고는 느껴지지 않고, 다만 연구의 언어를 초보적으로 구사하게 되었을 뿐이라고 느낀다.

　한번은 이런 질문을 들은 적이 있다. 한창 석사논문을 쓰기 시작해 마음이 가장 불안했던 시기에, 한 술자리에서 만난 선배 학자로부터였다. 당시 그와 나는 10년 가까이 알고 지낸 사이로, 그사이 나는 기자에서 대학원생이, 그는 대학원생에서 대학교수가 되었다. 그날 밤, 내가 스스로의 불안과 자신 없음을 솔직히 드러냈던 탓이었는지, 그는 다소 공격적인 어조로 "대체 뭘 하고 싶은 거냐"

고 질문했다. 망설이다 나 자신에게 떳떳할 수 있는 좋은 책을 쓰고 싶다고 대답했더니 그가 어이가 없다는 표정을 하며 "뭐야. 작가가 되고 싶은 거야?"라고 되물었다. 아마 그는 내가 학술적이지 않은 책을 낸 사실을 상기하면서, 지루한 학자로서의 글쓰기보다 출판시장에서의 작가 대접에 더욱 관심을 갖는다고 보고, 한심하게 여긴 모양이었다.

나는 이후 몇 번 그날 밤 그 시간으로 되돌아갔다. 이 질문인지 비판인지 모를 말은 오해를 낳고 싸움으로 번지고 말았으며 우리는 이후 연락을 주고받지 않게 되었다. 처음에는 하나의 인간관계가 어긋난 안타까운 사건에 대한 복기라고 생각했는데, 시간이 흐르면서 감정은 증발하고 그 질문 자체만이 건조하게 남았다. 나는 정말 작가가 되고 싶은 게 아닐까?

작가가 되고 싶다는 건, 지금 좀 더 한국의 출판시장 쪽으로 기운 작업을 하고 싶다는 이야기는 아니다. 이미 수많은 학자들이 그렇게 하고 있는 것처럼, '자리를 잡으면' 자신의 분야에 대한 전문성을 바탕으로 대중과 소통하는 책도 써야겠다는 얘기도 아니다. 내가 작가가 되고 싶다고 말하는 것의 의미는, '연구자가 아닌 나'를 품고 살아야 한다는 것이다. 남들보다 늦게 참여했기에 그 룰을 더욱 존중하고 준수하는 데 최선을 다하게 된, 그래서 절대화되기 쉬운 지식 생산의 장을 내부에서 상대화할 수 있는 긴장감을 만들어야 한다는 의미다. 그리고 앞으로 무슨 일을 하든, '그걸 하는 나'를 의식하고 관찰하겠다는 의지이기도 하다. 또한 보다 중요하게는, 학술장에서 쓰는 논문 또한 자신에 대한 성찰을 수반하는 하나의 '작품' 이어야 한다는 의견이기도 하다.

좋아하는 친구 중에 소설을 쓰는 C가 있다. 그땐 서로 알지도 못했지만, 내가 기자가 된 해에 그는 등단을 했다. 얼마 전, 13년 전에 그가 쓴 '수상 소감'을 읽었다. 이 글에는 서로 무관해 보이는 소식이나 이동 등 전달의 연쇄가 일어나는데, 수상했다는 소식도 그렇게 불현듯 전해진다. 여기에 그가 하는 말. "정말 이상한 것을 써야지, 예쁨받을 수 없는 것을 써야지, 대부분이 읽고 괴로워할지도 모를, 경멸받고 핀잔받을 것을 써야지." 그리고 놀랍게도 그는 그동안 이런 태도를 지켜왔다. 작가가 된다는 것은 분야나 장르의 문제라기보다, 글을 쓰는 일과 관련해 이 각오가 있는가 없는가의 문제이기도 하다고 생각한다.

몇 달 전, 무척 유명한 어느 학자가 페이스북에 일본의 방사능 오염수 방류에 대해 "(일본이) 사람들의 건강을 해칠 걸 알면서도 강이나 바다에 오수를 흘려보내는 파렴치한 공장주 같은 나라가 아니라는 걸 알기 때문에 그러려니 한다"라는 말을 적어 대중과 동료 학자들에게 비판을 받은 적이 있다. 그런데 많은 비판 중에서도 친구 C가

했던 이 말처럼 산뜻하면서도 잔혹한 코멘트가 없었다. "그런데 이분은 유학 가서 만난 일본 리버럴들, 일본사회가 정말 좋았나 봐요. 정말 진심으로 보이거든요." 예를 들어 이런 경우, 자신을 지식 생산의 주체로 있게 한/하는 조건들에 대한 반성이나 상대화의 능력이 없어져버린, 거기에 콱 눌어붙어 하나가 되어버린 지식 생산자의 모습을 보면 이 거리 두기나 반성의 능력이나 감각을 구분해 부르고 싶어진다. 내게 작가가 되고 싶은가를 묻는다면 그렇다고 대답할 것이고, 그 의미는 여기에 있다고 말하고 싶다.

불투명한 언어로 말하기

포스트페미니즘 시대의 소수자정치와 재현

오혜진

오혜진 : 문학평론가. 성균관대학교 국어국문학과에서 근현대 문학·문화론을 전공하고 박사과정을 수료했다. 서사·표상·담론의 성정치를 분석하고 역사화하는 일에 관심 있다. 저서 『지극히 문학적인 취향』에서 한국문학의 정상성을 심문하고, 새 세대가 선보이는 서사실험의 성격과 민주주의적 상상력을 분석했다. 『원본 없는 판타지』, 『문학을 부수는 문학들』, 『그런 남자는 없다』, 『을들의 당나귀 귀』, 『민주주의, 증언, 인문학』, 『저수하의 시간, 염상섭을 읽다』 등의 책을 함께 썼고, 『한겨레신문』과 『씨네21』, 웹진 『핀치』 등에 칼럼을 연재했다.

'포스트-포스트'의 감각

2000년대 이후 학술장에 진입한 인문학 연구자들 중 자신의 지적 기원을 확언할 수 있고, 그 계보를 선연히 그려 보일 수 있는 이의 수는 얼마나 될까. 모더니즘과 포스트모더니즘을 별 시차 없이 접한, 이른바 '포스트-포스트모던 시대의 지식노동자'라고 호명되곤 하는 동시대 젊은 연구자들은 자신의 지적 좌표와 궤적을 묻는 질문 앞에서 때때로 불안해진다. 그럴듯한 답변을 내놓지 못하면 연구자로서의 정체성이 설명되지 않으리라는 두려움 때문이기도 하고, 산발적·우연적·임의적인 것처럼 보이는 관심사와 연구자로서의 존재방식을 일관된 서사로 요령 있게 재현할 도리가 좀처럼 없기 때문이기도 하다.

2011년에 출간된 『인터뷰 한국 인문학 지각변동』이 라는 책을 떠올려보자. 이 책은 지난 20년간 한국 인문학 계에 주요 의제들을 제기해온 서로 다른 전공의 연구자들 을 인터뷰해 그 내용을 묶은 것이다. 그런데 이 책이 당대 인문학자들의 작업을 서사화하는 방식은 내가 속한 세대 의 연구자들의 그것과 아주 다르다. 이를테면, 동세대에 속하기도 하고 세대를 격하기도 하는 이 책의 인터뷰어 와 인터뷰이들은 적어도 하나의 전제로부터 대화를 시작 할 수 있었다. "소련 및 동구권의 붕괴, 맑스주의의 위기, 포스트 담론의 창궐"[1]이 정치적·사회적·지적 결절점이자 분기점이었다는 명제 말이다. 게다가 "한국 인문학 지각 변동"이라는 이 책의 인상적인 표현에서 보듯, 이들은 당 시 '인문학계의 현재'를 "지각변동"이라는 예외적인 술어 를 사용해 묘사할 만큼 특별한 시간의식을 공유하고 있었 다. 그 자신이 인문학계의 "지각변동"을 촉발했으면서 또 한 스스로 그 영향 아래 있음을 말하는 이들의 연구는 대 체로 대문자 역사의 진행과 나란히 전개되며, 그 향방에 따라 비교적 인과적으로 설명될 수 있다.

그렇다면 오늘날은 어떨까. 과연 나와 같은 세대의 연구자들이 우리의 '지적 분기점'이라고 합의할 만한 공 통의 역사적 경험은 도출될 수 있을까. "지각변동"이 이미 예전에 일어나버린 일이라면, 지금의 인문학계는 그것의 후과에 속해 있는 것일까, 아니면 벌써 다른 "지각변동"이 준비되고 있는 것일까. 대체 "지각변동"이라는 것은 얼마나 자주 (안) 일어나야 그 말의 무게에 값하는 것일까.

내가 경험해온 '지식 생산의 조건'을 서술해보면 어떻겠냐는 제안을 받고, 십여 년 전 대학원에 입학할 때의 풍경을 잠시 떠올려보았다. 문자언어로써 수행되는 서사적 실험과 그 상상력의 문화정치에 관심 있었기에 '국어국문학'이라는 분과학문을 선택할 때 망설임은 없었다. 마침 '문화론적 문학 연구'[2]라는 새로운 연구 경향이 부상하던 시기이기도 했다. '문학'을 당대의 사회적 맥락과 분리된 텍스트로 간주하던 구래의 관점을 상대화하고, 제도·매체·상품·운동·문화·지식으로서 재정위하려는 이 역동적인 움직임은 젊은 연구자들에게 다채로운 영감을 불어넣었다. 국어국문학과에 속한 채로 한국 근현대의 영화, 광고, 잡지, 출판 등을 공부하는 동학들은 얼마든지 있었고, 나 역시 '정통' 문학사에 결코 나오지 않는, '문학'이라고 아직 불려본 적 없는 온갖 잡다한 언설들의 향연에 마음을 빼앗겼다. 물론 혹자는 시·소설뿐 아니라 신문·잡지를 비롯한 당대의 온갖 아카이브를 끝없이 뒤적여야 하는 이 새로운 '문학학'의 도래를 매우 고통스러운 것으로 묘사하기도 했다. 하지만 적어도 내게 문학의 외연과

내포를 보다 민주적으로 확장한 이 시도는 텍스트와 세계에 대한 기존의 경직된 사고를 놀라울 정도로 유연하게 만들었다. 이미 정전의 반열에 오른 작품들만 연구할 가치가 있는 게 아니라는 사실, 문학의 세계는 그보다 훨씬 더 넓고 깊다는 깨달음이 연구자에게 엄청난 자유를 선사한 것이다. 이제 내게 '문학 연구'는 그저 천재 작가들의 발자취를 더듬는 훈고학이 아니라, 매혹적인 사회비판 작업이자 치열한 인식론적 실천이 되었다.

번민은 2000년대 후반, 박사과정 진학을 앞뒀을 즈음 찾아왔다. 석사과정 때 학계의 언어를 익히고자 부지런히 찾아다닌 학술대회 제목에는 유독 '트랜스네이션', '동아시아', '글로컬' 같은 단어들이 자주 포함되곤 했다. 바야흐로 국어국문학 수업도 영어로 진행해야 한다는 대학 당국의 압박이 거세지던 때였고, '국문학'은 더 이상 자국민의 문학적 흥취와 교양의 자양분을 제공하는 데에만 만족해서는 안 된다는 지령이 학계 안팎으로부터 빈번히 들려왔다. 일본과 미국 등지로 유학을 떠나는 동료들도 꽤 많아졌다. 특정 국가의 문화정치가 결코 일국주의적 관점만으로 설명될 수 없다는 사실은 이미 명백했고, 그러므로 '트랜스내셔널'한 지평에서 '국문학' 역시 '한국학'으로, '동아시아학'이라는 '지역학'의 한 부분으로 긴급히 재배치되고 있었다. 과연 고색창연한 근대 조선어로 집필된 식민지기 장편소설을 너끈히 읽어내는 다양한 국적의 동학들을 보니, 그간 '한국문학'을 설명하기 위해 동원돼 온 민족주의적·국가주의적·국민주의적 분석틀이 그 설득력을 빠르게 상실하고 있음을 실감할 수 있었다. 그들은 결코 '한국적인 것'이나 '위대한 민족정신의 정수' 따위를 배우기 위해 한국문학을 공부하는 것은 아니었다.

박사과정을 마친 후 나는 '국어국문학과'가 아닌 다소 생경한 이름의 학부 혹은 학과에서 종종 강의했다. 비수도권에 위치한 대학들의 국어국문학과는 '낮은 취업률' 등을 이유로 이미 없어졌거나 다른 과와 통합된 상태였다. 이제 내가 학습·축적해온 국어국문학적 지식은 일종의 '콘텐츠'로 간주돼 미디어문화학, 문화콘텐츠학, 스토리텔링학 등으로부터 호출된다. 불행인지 다행인지 '취업을 위한 자기소개서 쓰기'부터 '블로그 포스팅을 위한 독후감'이나 '영화 리뷰', '유튜브 콘텐츠 기획안 작성'까지, 읽기와 쓰기 능력을 요하는 거의 모든 일에 국어국문학 전공자는 아직 쓸모가 있다. 이것이 국어국문학의 위상이 격상된 결과인지 그 반대인지는 여전히 혼란스럽다.

국어국문학과의 이런 위태로운 지위와는 별도로, 한국 수도권 내 대학들은 여전히 '교육의 미래' 같은 것을 믿는 척하며 '일류'나 '첨단', '경쟁력' 같은 수사를 즐긴다. '글로벌 인재 양성'은 의심할 바 없는 대학의 사명으로 간주되며, 세계 각국의 학생들에게 자교 입학을 호소하기 위한 '인터내셔널 캠퍼스'가 온라인·오프라인 공간에 급

조된다. 마치 'K-팝'이나 'K-뷰티'처럼, 'K-대학'을 대한민국의 대표상품으로 브랜딩하기 위한 전략들이 가열차게 시도된다.

그런데 어떨까. 'K-드라마'를 통해 한국에 관심 갖게 됐다는 우즈베키스탄 출신의 한 학생은 내가 강의하는 '현대여성문학론' 수업에서 아랍의 여성문학에 대해 발표하겠다고 말했다. 그는 한국인 학생들과 공유할 자료로서, 한국어로 발간된 아랍 여성문학 앤솔로지 한 권을 가까스로 찾아냈다. 거기에는 각기 다른 정치사회적 배경과 문학적 이력을 지녔을 아랍 각국의 작가와 작품들이 별다른 정보 없이 투박하게 나열돼 있었다. 물론, 아랍 여성문학에 대한 지식이 일천한 나 역시 'K-대학'에서 수업을 진행할 준비가 돼 있지 않았다. 그렇다면 이처럼 다국적·다문화 학생들의 지적·문화적 자원을 사회화하기 위한 인프라가 현저히 부족한 상황에서, 그저 '한국'문학에 대한 지식만을 일방적으로 전달하는 나의 역할은 '대한민국'이라는 문화제국의 동화주의적 통치를 수행하는 에이전시 외에 다른 것일 수 있을까.

이런 상황에서 보듯, 2000년대 이후 '국어국문학'이라는 분과학문의 외연과 내포는 '혼돈'이라 해도 좋을 만큼 격렬하게 변했다. 여기서 연구자들의 경험을 아우를 만한 공통조건을 발견하기는 쉽지 않다. 아마 우리는 '국어국문학'이라는, 역사가 꽤 오래된 학제에 속해 있으면서 어떤 '기본'을 훈련하긴 했겠지만, 세계에 대한 공통된 비전을 간직하거나 1980년대에 '마르크스'라는 기표가 담당했던 것과 같은 앎의 절대적 기준을 공유하는 것 같지는 않다. 국어국문학의 대상과 범주가 더는 자명하지 않은 상황에서, 각자의 관심사에 따라 서로 다른 연구 방법론과 레퍼런스를 축적해왔다는 것이 사실에 가깝지 않을까.

돌이켜보면, 젊은 연구자들이 연구를 지속하기 위해 고려할 수 있는 선택지는 저마다 달랐다. 누군가는 국가가 주도하는 'BK·HK 키드'로 성실하게 성장하며 자의 반 타의 반으로 학제의 전통적인 규범에 부응하는 논문을 꾸준히 작성했는가 하면, 또 누군가는 동료들과 대안공동체를 만들어 '체제 밖 연구'를 도모[3]하는 낯선 시도를 하기도 했다. 다만 분명한 것은, '모든 단단한 것들은 대기 중에 녹아버렸고', 이제 우리는 광활하고도 혹독한 지식/교육'시장'에 맨몸으로 내던져졌다는 것. 그렇게 가까스로 우리는 '연구자'인지 '콘텐츠 제공사'인지 '덕후'인지 모를 무언가가 되고 있는 중이다.

새롭고도 익숙한 지옥에서

2000년대 이후 학술장에 속해 있는 동안 줄곧 감지된 유별난 사회적 공기를 기억한다. 그러니까, 나는 내가 '이명박근혜' 정부와 '촛불' 정부를 관통하는 엄혹한 신자유주의 시대의 연구노동자로 성장했다는 사실을 의식하지 않을 수 없다. 이 기간 동안 목도한 몇몇 장면들은 나로 하여금 한국사회에서 말과 글을 생산하는 연구자로 산다는 게 어떤 의미인지 거듭 추궁하게 만들었다. '지식인의 사회적 역할' 따위의 젠체하는 말을 별로 믿지는 않지만, 학술장 안팎에서 생산·축적되는 앎과 교양이 사회적 상식과 공통감각을 만들어내는 데 어떻게 영향을 미치거나 혹은 그러지 못하는지 기민하게 관찰하게 됐다. 아, 방금 과거형 문장으로 말했지만, 이 모든 건 다 '현재진행형'으로 읽혀야 한다.

이를테면, 오래된 과거의 기표인 줄만 알았던 '박정희'가 '박근혜 대통령 당선'이라는 현실로 기어이 도래했을 때, 폭력적인 개발독재체제에 대한 역사의 준엄한 판단이 무색해졌고, 지금껏 내가 학습해온 인문학적 지식이 이 사회의 공통감각을 갱신하는 데 별로 유효하지 않았다는 점을 인정해야만 했다. 세월호 참사 정국에서 '단식하는 유가족'과 '폭식하는 일베'의 경악할 만한 투샷을 목격했을 때는 한국사회에서 그나마 통용되던 '상식'의 마지노선조차 붕괴된 듯했다. 고인과 유가족에 대한 모욕이 만연했고, 정치인들은 추모의례를 거짓으로 연출했으며, 망자에 대한 공적 애도를 중지하자는 주장이 정치세력화했다. 공감과 연민, 환대와 연대, 윤리와 정의 같은, '공동

체'를 지탱하기 위한 언어들은 들어설 여지가 없어 보였다.[4]

　그뿐인가. 시내 한복판에서 한 여성이 단지 '여성'이라는 이유만으로 살해당했고, '촛불'을 참칭하며 등장한 새 정권의 대통령은 이미 후보 시절부터 공식 토론석상에서 '동성애를 반대한다'라며 소수자에 대한 차별을 조장했다. 노동자는 매일같이 기계에 끼거나 공사장 건물 위에서 떨어져 죽었고, 유력 정치인들은 직장동료를 상습적으로 성추행했다. '나라를 계속 지킬 수 있게 해달라'고 외치던 군인은 성별을 바꿨다는 이유만으로 강제전역 당했고,[5] 전염병이 창궐하자 장애인과 노인, 비정규직과 노숙인, 성소수자 등 사회적 취약계층에 대한 배제와 혐오는 한층 극심해졌다. 인권국가로서 기본적으로 갖춰야 할 '차별금지법' 역시 발의된 지 15년이 지난 지금까지 국회에서 논의 한 번 제대로 되지 않은 채 여전히 계류 중이다. 이처럼 다른 어떤 말보다 우선 '사람을 죽이지 마, 때리지 마' 같은 절규가 긴급한 시절에 어떤 고담준론인들 와닿을까. 결국 '퇴행', '반동', '백래시' 등의 용어들이 학술장과 비평계의 지배적인 화두가 됐고, 혹자는 '음모론'과 '반지성주의의 득세'라는 개념으로 이 상황을 설명하고자 했다. '파국', '아포칼립스' 같은 종말론적 수사도 횡행했다.

　비평언어가 무력해지고 사회적으로 합의된 진리체

계가 더는 제대로 작동하지 않는 듯 보일 때, 글쓰기는 천형처럼 괴롭다. 하지만 이 모든 사태를 '퇴행', '백래시', '반지성주의' 같은 말로 일축하는 것은 손쉬운 현실도피이자 연구자의 직무유기 아닐까. 예컨대, 탁월한 연구들이 잘 지적했듯, '박근혜'로 상징되는 수구세력의 득세는 단지 구체제에 대한 향수의 산물만은 아니었다. 그건 신자유주의 시대에 더욱 공고해진 시장논리와 능력주의의 영향이기도 했고, '박근혜'라는 기표에 의탁해 자기 목소리를 낼 수 있다고 판단한 소수자와 하층민의 기대가 투영된 결과이기도 했다.[6] '일베'(온라인 커뮤니티 '일간베스트')의 출현 또한 온라인에 서식하는 소수의 악당이 암약한 데 불과한 것이 아니라, 한층 우경화된 세계에서 '팩트'라는 물신화된 인식론을 바탕으로 '합리성'이라는 가치가 새롭게 재구성되고 있다는 의미심장한 징후였다.

이런 현상들을 단지 '퇴행'이라고 부른다면, 그건 역사를 선형적이고 발전론적인 방식으로만 상상하던 관성을 지속한다는 점에서 문제적이다. 또한 이를 '반지성주의의 득세'라고 보는 입장도 '지성'을 사회적·역사적 경합과 협상의 영역으로 이해하는 것이 아니라, 만고불변의 지위와 위상을 점하는 독점적이고 배타적인 가치로 전제한다는 점에서 그간 관철돼온 앎의 위계를 반복 재생산한다.[7] 그러므로 지금 긴요한 것은, 내가 속한 '현재'를 이미 규범화·질서화된 가치를 기준으로 재단하는 것이 아니라, '동시대'의 문제계로서 새롭게 구성·재현하기 위한 관점과 언어다.

일본의 소장 비평가 사사키 아타루佐々木中[8]는 자신이 속한 시대를 '세계의 끝', '파국', '종말의 시대' 등으로 정의하는 일군의 철학을 가리켜 '자기 시대의 특권화'라고 신랄하게 비판한 바 있다. 자신의 시대를 '태평천하'로 감각하는 연구자는 드물겠으나, 적어도 자기야말로 '세계의 끝'을 목격하고 있다는 판단은 실제에 가깝다기보다는, 그저 연구자 자신의 발화를 좀 더 드라마틱하게 만들려는 자의식의 산물일 수도 있다는 것이다. 그렇다면 질문을 바꿔봐야 하지 않을까. 지금 연구자로서 비판적으로 대면해야 하는 문제적 현상은 '퇴행'이나 '복고'적 경향 그 자체가 아니라, 오히려 세계의 변화를 손쉽게 '퇴행'이나 '복고'라고 단정하게 만드는 선형적이고 발전론적인 시간관, 그리고 '정상', '발전', '합리' 등의 허구적 개념을 토대로 구성된 '정상성'normality이라는 규범적 가치일지 모른다고 말이다.

국문학자 권명아는 2012년에 출간한 자신의 책에서, "여성이 싱글 라이프를 선택하는 것이 하나의 정치적 결단이었던 1980년대와 싱글 여성의 미래가 고작 "구호대상"으로 간주되는 2011년의 낙차"[9]에 대한 날카로운 통찰을 서술한다. 1981년에 시인 최승자가 어떤 신비화나 낭만화의 혐의도 없이 '잠실 독신자 아파트 방에 놓인 맨

발의 시체'[10] 이미지를 기꺼이 감당하며 '여성-단독자-되기'를 선언했다면, 그로부터 30년이 지난 2011년에 '싱글여성'은 소비력과 성적 자유를 다 가진 〈섹스 앤 더 시티〉의 주인공들, 아니면 그저 "구호대상"에 불과한 독거노인, 즉 '실패한 인생'의 한 표상으로 통용된다는 것이다.

　흥미롭게도, 2015년 소위 '페미니즘 리부트' 이후 등장한 새로운 여성 담론은 1980년대에 감행된 '정치적 선언으로서의 싱글 되기'와 2000년대에 대중화된 '신자유주의적 여성 성공 모델'을 모두 흡수·반영한다. '래디컬 페미니스트'(렘펨)를 자처하는 '포스트-포스트페미니즘' 시대[11]의 일부 여성들은 이른바 '4비非(비연애·비섹스·비결혼·비출산) 운동'을 전략화해 '여성-단독자-되기'를 추구하면서도, '가난하고 나이 든 싱글 여성'을 '젊은 날 옷과 화장품 등 소비에 올인했다가 옷장에 옷만 가득 찬' "거지 할머니"[12]로 호명하는 등 자본의 질서와 정상가족 규범으로부터 벗어난 여성에 대한 노골적인 혐오를 표한다. 여성의 새로운 덕목으로서 펀드와 주식 투자를 권하는 이들의 주장은 '가난'을 사회적 부의 불균등한 분배에 따른 구조적 현상이 아니라 개인의 허영과 나태의 결과로 본다는 점에서 수구세력의 시장지상주의적 언설과 상통한다. 남성과 분리되기 위해 '4비'를 주장하면서도, 가부장제를 근간으로 한 자본주의 질서에 누구보다 강력하게 안착하기를 열망하는 이 역설을 어떻게 이해해야 할까.

또한, 이들은 '생물학적 여성만이 진정한 여성'이라는 부주의한 본질주의적 수사와 인식론을 동원해 트랜스젠더와 난민, 조선족과 중국인, 외국인노동자 등 사회적 약자와 이방인에 대한 차별과 배제를 정당화하기도 한다.[13] 과거에 페미니즘이 연대와 환대를 바탕으로 한 '소수자의 정치학'이기를 소망했다면, 오늘날 페미니즘은 차별과 불평등을 고착화하는 신자유주의 시대의 지배규범과 재빠르게 공모하고 그에 편승하기 위한 효과적인 알리바이로 사용된다. 페미니즘 정치학의 퇴행이라고만 볼 수도 없고, 전적으로 새로운 현상이라고 할 수도 없는 이 익숙하고도 낯선 곤경. 이 사태를 '반지성주의'라는 엘리티즘의 언어나 '파국'이라는 탈역사적 인식에 기대지 않고 묘파할 수 있을까.

'정상시민'이라는 복된 자리

최근 한 시사잡지는 20대 여성의 현실 인식과 정치적 성향을 가늠하기 위한 흥미로운 통계분석[14] 결과를 발표했다. 이 기사에 따르면, 20대 여성은 대개 초·중·고 교육 과정과 대학 입시 과정, 취업 후 업무 능력 면에서 남녀 간의 차이가 거의 없다고 인식하는데, 다만 결혼과 출산 및 육아 등이 자신의 사회적 성취를 저해한다고 답했다. 20대 여성 응답자의 절반 이상은 '디지털 성범죄 처벌, 미투운동, 낙태죄 폐지' 같은 이슈에 의해 '페미니즘과 성평등 의식에 긍정 영향을 받았다'고 답했으며, '다문화주의' 혹은 '뉴레프트'new left로 분류되는 정치적 성향을 띤 것으로 나타났다. 그런데 '페미니즘은 다양한 소수자와 더 폭넓게 연대해야 한다'고 주장하는 이 여성들의 70퍼센트 이상은 역설적이게도 '페미니즘은 남성에서 여성으로 성전환한 트랜스젠더를 배제해서는 안 된다'라는 명제에는 부정적인 반응을 보이거나 판단을 유보한다. 사회적 소수자 집단 중에서도 레즈비언에게는 비교적 따뜻한 반면, 게이·트랜스젠더·난민·조선족에 대한 감정온도는 다른 인구집단의 그것과 비슷하거나 낮았다.

요컨대, '(포스트-)포스트페미니즘 세대'로 분류되는 오늘날의 20대 여성은 '능력' 면에서 더 이상 여성을 '약자' 혹은 '소수자'로 인식하지 않는다. 이들이 페미니즘과 친연성을 갖게 된 계기는 주로 여성의 '안전'과 관련된 이슈였으며, '소수자와의 연대'라는 가치를 원칙적으로는 지지하지만, 소수자를 가족이나 친구, 이웃으로 받아들이는 데에는 심리적 거부감을 표한다(물론 다른 인구집단에 비해서는 나은 편이다). 이렇게 볼 때, 현재 젊은 여성들에게 페미니즘은 사회적 약자를 만들어내는 구조화된 힘에 대해 질문하는 '소수자minority의 정치학'으로 이해되기보다,

여성의 생명과 안전 및 재산의 확보를 위한 보호 장치 혹은 정치적·사회적·경제적으로 남성과 동등한 몫과 지위를 획득하기 위해 '공정한 경쟁'을 요구하는 언어로 간주되고 있음을 짐작할 수 있다.

또 눈여겨볼 것은 최근 주류 질서 및 규범과 부합하지 않는 마이너리티의 존재방식이 '권리'라는 이름으로 주장되는 현상이다. 인간이 아닌 존재를 권리의 당사자로 소환하는 '동물권'animal rights 같은 개념도 있거니와, '잊힐 권리', '외롭지 않을 권리', '환대받을 권리', '게으를 수 있는 권리', '(동성끼리) 결혼할 권리' 등 '~할 권리'라는 방식으로 소수자의 사회적 몫을 환기하는 사회비평 서적들이 부쩍 늘었다. 이는 물론, 만인에게 적용되는 '인권' 개념, 즉 '사람이 개인 또는 나라의 구성원으로서 마땅히 누리고 행사하는 기본적인 자유와 권리'라는 개념이 대중화된 결과일 테다. 그러나 다른 한편으로는, 지배적인 사회 규범을 따르지 않거나 못하는 누군가가 그 자신의 존재방식을 주장하기 위해서는 '권리'라는 '계약'의 수사학과 그것이 요구하는 모종의 '자격'을 갖춰야만 한다는 아이러니를 함축하고 있기도 하다. 즉 이런 인식론에는 "'권리를 가질 권리"는 어떻게 보장되는가'[15]라는 질문이 누락돼 있다. 거칠게 정리해보자면, 현재 페미니즘을 비롯한 소수자정치의 주요 전략은 '소수자(성)'를 '열등한 지위'로 간주해 탈피의 대상으로 여기는 것, 그리고 소수자의 존재

를 드러내고 존중받기 위해 소수자 역시 '권리'를 가진 주
체임을 입증하는 것이다.

참으로 얄궂은 역설paradox 아닌가. '소수자(성)'가 단지
수적·양적 열위에 있는 존재를 가리키는 것이 아님은 소
수자정치가 오랫동안 공들여 정립해온 기본 전제다. 소수
언어minority language의 모순적이면서도 해방적인 역능에 주
목한 질 들뢰즈Gilles Deleuze와 펠릭스 가타리Félix Guattari는 '소
수문학'minority literature을 '기성의 거대한 문학 안에서 만들
어지는 모든 문학의 혁명적 조건'[16]이라고 설명한다. 나
치 정권 치하에서 체코의 유대인이 독일어로 글을 써야
했듯, 거대한 문학이 지배하는 나라에서 겪는 불행조차
그 나라의 언어로 써야 한다는 이중구속이야말로 소수문
학의 존재조건이자 그것이 처한 세계의 질서를 내파할 수
있는 혁명적 조건이라는 뜻이다. 그렇다면 여성의 소수
자성 또한 그저 여성이 남성과 동등한 학력이나 임금 수
준을 확보하는 것만으로 희석되지 않는다. 오히려 여성의
'능력'을 단지 학력, 경제력, 취업률 등과 같은 분절화·가
시화·규범화된 지표를 통해서만 사고하도록 만드는 이 사
회의 통치체제와 지배질서 자체를 심문해야 한다는 점에
서 여성은 여전히 '소수자'라는 정치화된 주체성을 자신
의 존재조건으로 삼을 필요가 있다.

한편, 이 사회의 권력을 분배받지 못한 마이너리티
를 여성, 성소수자, 장애인, 난민, 외국인 이주노동자, 노

숙인 등과 같은 허구의 범주를 통해 분류한 후, 마치 '쿼터제'처럼 각 범주에 제한된 자원을 할당·배치하는 방식도 문제적이다. 이는 쉬이 분류되거나 유형화되지 않는, 비규범적·가변적·임의적인 소수자의 존재방식을 손쉽고 안전하게 통치하려는 전략의 일환이다. 이 통치체제가 만들어낸 가상의 범주를 별 의심 없이 자신의 '정체성'으로 갈음하고, 이를 각본 삼아 자신의 존재를 사회에 설득하며 그 몫을 주장하는 방식은 소수자의 해방 및 지배질서의 변혁과는 거리가 멀다. 오히려 소수자의 존재를 '자격'이나 '권리'의 주체, 또는 쉬이 식별 가능하도록 분절·범주화된 '정체성'으로만 환원함으로써 이를 생명정치 biopolitics[17]의 대상인 '인구'의 일부로 포섭하려는 통치전략에 대해 질문해야 한다. 소수자정치가 하는 것은 "'시민'이나 '국민', 혹은 어떤 여타 공동체의 '성원'member이라는 안정된 지위가 얼마나 임의적이고 선별적인 작업의 결과인지를 드러내는 일, '정상시민'으로 호명된 이들의 욕망과 실천에서 반본질적이고 번역 불가능한 것들을 포착하는 일"[18]이기 때문이다.

여기까지 적고 보니, 떠오르는 장면이 있다. 만 17세가 되던 해, 생일이 늦은 편인 나는 나보다 먼저 주민등록증을 발급받은 친구들을 내심 부러워하고 있었다. 그런데 드디어 내 차례가 되자, 내가 느낀 것은 당혹스러움이었다. 동사무소 직원은 내 두 손바닥 전체에 까맣게 먹을 칠

했고, '민증'에 들어갈 지문이 또렷하게 찍히도록 내 손가락 끝을 잡고 여러 방향으로 비틀었다. 그때 나도 모르게 반사적으로 손을 움츠렸던 기억, 거기 있는지도 몰랐던 손가락뼈에 타인의 둔중한 힘이 실리던 감각, 먹이 잘 지워지지 않을 테니 치약으로 여러 번 손을 닦으라는 직원의 당부가 아직도 생생하다.

　주민등록증을 손에 쥔 나는 기뻤던가. '민증' 없이 할 수 없는 많은 일들을 할 '자격' 혹은 '자유'를 얻었다는 사실에 조금 고무됐던 것 같기는 하다. 하지만 그 카드 한 장이 다른 어떤 것보다도 더 확실하게 '나'를 증명하는 강력한 장치라는 걸 받아들이기는 쉽지 않았다. 그날 이후, 내가 아주 작은 범법 행위라도 저지른다면 누군가 조용히 내 지문정보를 조회해 순식간에 내 인신身을 포획할 것이라는 다소 활극적인 상상을 하곤 한다.

　대학에 들어와서야, 주민등록제도와 지문 날인을 거부하는 시민운동[19]이 있다는 사실을 처음 접했다. 한국의 주민등록제도처럼 모든 국민에게 일련번호를 부과하는 것이 전 세계적으로 매우 드문 경우라는 것도 그때 알았다. 선물 혹은 숙명처럼 받아들였던 주민등록번호가 실은 1968년 병역법 개정 과정에서 인구 파악 및 관리의 필요에 의해 자의적으로 만든 제도[20]임을 알았을 때, 나는 누구에게인지 모를 엷은 배신감과 허탈함을 느꼈다.

　이후 나는 주민등록증을 분실하고도 재발급 신청을

하지 않는 등의 소심한 반항을 해봤지만, 각종 공기관 업무나 원고료 지급 등을 위해 수시로 요청되는 '신원 증빙'에의 요구를 거절한 일은 없다. 이제는 휴대폰 번호가 곧 신원정보이자 시민권의 필수요소로 활용되고, 심지어 코로나19 시대를 맞아 만인의 생체정보가 마구 수집·배포되는 형국이니 이런 고민은 꽤 시대착오적인 것일지도 모른다. 그럼에도 누군가가 내 인신에 자의적으로 부과한 열세 개의 숫자들이 나의 '건전'하고 '선량'한 시민성을 증빙한다고 간주되는 것은 여전히 음험하게 느껴진다. 게다가 주민등록번호가 '진짜 여성'을 식별하기 위한 수단으로서 주장되는 장면을 볼 때는 간절히 묻고 싶다. 주민등록번호 뒷자리가 1과 2(2000년 이후 출생자의 경우는 3과 4) 중 무엇으로 시작하는지에 따라 그 사람의 성별이 결정된다는 믿음은 뭔가 주객이 전도된 것 아니냐고. 이런 세계에서 안정적인 권리와 자격을 가진, 명명백백한 사법적·정치적 '주체'가 된다는 것은 어떤 의미일까. 이런 임의적인 사회적 각본social script에 의거해 '시민'이나 '국민' 같은 성원으로 '공인'된다는 것은 정말 나와 타자를 엄격히 구분하게 할 만큼 합리적이고 신뢰할 만한 기준일까. 그것은 왜 좀처럼 질문되지 않을까.

　명문화된 기록에 결코 흔적을 드러내지 않는 수많은 무명과 익명의 존재들, 근대 사법질서와 행정체계가 부여한 일련번호에 자신의 신체와 욕망을 저당 잡히지 않은 채 그저 '나 자신'으로 살기 위해 기투하는 존재들, '국민'이라는 안전하고도 편협한 자리가 충분히 복되다고 여기지 않는 사람들. 이들의 아슬아슬하고도 오연한 삶과 죽음을 목도할 때마다 생각한다. 내가 '나'로 패싱되는 것의 지독한 우연에 대해. 벽인 줄 알았던 것이 계속 노려보면 문으로 보이기도 하는 기이한 마법에 대해.

'무해한 예술'과 사랑의 방식

언제부턴가 수업시간에 학생들과 함께 소설이나 영화를 감상하는 일이 조금 부담스러워졌다. 소위 '트리거 워닝'trigger warning이라는 단어를 접하면서부터다. 국어사전에도 등재된 이 단어의 정의는 "해당 콘텐츠가 불건전한 소재를 담고 있어서 트라우마를 유발하거나 자극할 수 있기 때문에 주의하라는 뜻으로 매체 서두에 띄우는 일종의 경고문"이다. 최근 몇몇 학생들은 특정 소설의 내용이 과거 자신이 겪은 고통을 떠오르게 한다며 읽기를 거절하거나, 폭력이 묘사되는 특정 장면을 이유로 해당 영화를 보고 싶지 않다는 의사를 넌지시 혹은 단호하게 밝혀왔다. 그런 의사 표명에는 어떤 사전 경고도 없이 자신을 이런 '폭력적이고 불편한 상황'에 놓이게 한 강사에 대한 원망도 함께 전해졌다.

소수자정치와 '재현의 윤리'에 민감한 이들이 예술 앞에서 보이는 이런 방어적인 태도를 접한 후, 나는 수업 때 다룰 텍스트의 문면을 좀 더 유심히 관찰하고 점검한다. 동물을 살처분하는 장면, 여성이나 어린이에게 언어적·물리적 폭력이 가해지는 장면, 성행위를 지시하거나 묘사하는 장면, 자해나 자살이 암시되는 장면…. 하지만 정확히 어떤 장면이 누구의 어떤 기억을 건드릴지 모르므로 무엇을 미리 검토해야 하는지 확신하기란 어렵다. 아니, 애초에 폭력의 재현에 의한 트라우마 자극을 방지하는 단어가 어째서 '트리거'(방아쇠)라는 폭력의 비유를 경유하는지도 납득하지 못한다(분명히 해두자. 이 글에서 문제적으로 인식하는 '트리거 워닝'의 핵심적 내용은 '고통' 혹은 '폭력'의 재현에 관한 것이다. 번쩍거리거나 흔들리는 화면, 암전 또는 굉음 등 특정 질환이나 질병을 자극할 만한 시청각적 요소에 대한 사전 고지의 필요성까지 부인하는 것은 아니다.).

물론, 종차별적이고 가부장적인 이 세계의 '미학'이 종종 타자의 고통을 도구화하거나 스펙터클로서 소비하는 경향이 있다는 점은 나 역시 문제적으로 인식해왔다. 그런 게으르고 반민주적인 재현의 관성을 분석하고 극복하는 일은 분명 비평이 천착해야 할 중요한 과제다. 다만, 이때 '폭력의 재현'과 '재현의 폭력'의 상관관계는 보다 깊이 사유될 필요가 있다. 프랑스의 철학자 조르주 디디 위베르만Georges Didi-Huberman은 1944년 아우슈비츠로부터 전해진 네 장의 사진을 아주 오랫동안 바라보며 이렇게 썼다. "'모든 것을 무릅쓰고 상상하는 것', 우리에게 이미지에 대한 어려운 윤리를 요구하는 것. (…) 볼 수 있게 만들려는 그 끈질긴 사명."[21]

그 사진들은 한 시민운동가가 몰래 들여보낸 사진기로 신원불명의 한 존더코만도가 촬영한 것이다. '존더코만도'는 동료 유대인들을 감시하고 가스실로 이끄는 역할을 맡도록 나치에 의해 강제된 유대인 출신 관리자이자 현장의 '증인'이다. 나치는 두 가지를 확신했다. 존더코만도들은 결국 다른 유대인들과 함께 '제거'될 것이라는 점(증인의 실종), 그러므로 아우슈비츠에서 있었던 일들은 결코 증언, 즉 재현될 수 없으리라는 점(증언의 재현 불가능성). 스스로 '재현의 윤리'에 민감하다고 믿는 어떤 이들은 '아우슈비츠의 고통은 너무 끔찍해서 재현할 수 없다'라고 단정한다. 하지만 아이러니컬하게도 그 판단은 자신이 한 일이 '비밀'에 부쳐지고 '침묵' 속에 잠기기를 바란 나치의 기획을 고스란히 승인하고 유지시킨다. 반면, 아우슈비츠로부터 전해진 사진들의 존재는 바로 그 두 가지 '부재'에 관한 나치의 기획을 보란 듯이 증언하고 그것에 저항한다.

아우슈비츠로부터 전해진 사진들을 보는 사람들의 태도는 양가적이다. 사람들은 그 사진들에 홀로코스트의 '전체적 진실'이 담겨 있어야 한다며 사진에 대해 너무 '많은' 것을 주장하는가 하면, 또 혹자는 그 사진들이 아우슈비츠의 진실로부터 분리된, 그저 '파편적인 기록'에 불과하다며 사진의 역량을 너무 '작게' 평가하기도 한다. 그리고 사진에 대한 이런 너무 많거나 적은 요구들은 사진을 형식적·윤리적·존재론적으로 조작·변형시키기에 이른다. 사진에 포함된, 사진이 탄생할 수 있었던 긴박한 상황을 증언하는 흔적들은 부수적인 것으로 여겨져 의도적으로 절단되는가 하면, 사진의 특정 부분은 사람들이 '아우슈비츠의 고통'이라고 이미 상상해온 장면을 효과적으로 입증하도록 확대·보정된다. 이런 상황을 목도하며, 디디 위베르만은 '재현의 윤리'란, 우선 '재현'이 하는 일을 과소평가하거나 과대평가하지 않는 것, 즉 재현을 물신화하지 않는 것에서부터 출발해야 한다고 쓴다.

결국 '재현'은 대상과 세계를 이해하는 방식, 인식론의 문제다. '재현'再現은 '재연'再演과 구분된다. 어떤 문장 혹은 이미지에 포함된 '폭력'에 대한 묘사가 현실의 폭력을 연상하도록 만드는 기술이 '재연'의 문제라면, 그 '재연'이 어떤 맥락에서 무엇을 위해 시도되는지 사유하도록 만드는 것은 '재현'의 일이다. 폭력의 묘사는 폭력을 자연화·정당화하는 일에 쓰일 수도 있고, 폭력이 무엇인지 독자·관객으로 하여금 심문하도록 이끌 수도 있다. 이처럼 예술은 현실의 세계를 경유해 미지의 세계를 탐구한다. 예술작품을 감상하는 일은 바로 그 미지의 세계를 기꺼이 모험하는 일이다. 재현 없이 세계를 이해하는 일이 가능할까. 우리는 재현을 통해 비로소 우리가 세계를 이해해온 방식, 그것에 대해 질문하는 법을 배운다.

최근 소수자정치와 재현의 윤리를 생각하는 이들이 합의한 슬로건으로서 '모두에게 안전한 예술', '모두에게 무해한 예술'이라는 명제가 자주 회자된다. 이는 물론, 이 사회의 성차별적·소수자혐오적인 정치·역사·문화와 질기게 연루된 재현의 관성을 끊어내려는 진지하고도 성실한 고민의 일환이다. 하지만 그 '안전'과 '무해'는 어떤 방식으로 달성될 수 있을까. 아니, 우리는 '안전'과 '무해'의 의미를 어떻게 상상하고 있을까. 과연 그것은 섹스, 폭력, 약물, 죽음 같은 부정적 기표로 간주되는 것들을 문면에서 모조리 몰아냄으로써 도래하는 것일까. 하지만 그 모든 것이 표백된 문장으로 세계를 묘사하는 일이 가능하기나 할까. 과연 언어란, 그토록 투명한 것일까.

잘 알려졌듯, 언어는 현실의 온갖 권력구조와 욕망들이 각인된 불투명한 매체다. 언어를 질료로 삼는 예술은 바로 그 언어의 불투명성이 지닌 가능성과 한계를 가장 흥미로운 방식으로 활용함으로써 쉬이 언어화되지 않는 모호한 욕망과 아직 도래하지 않은 세계를 펼쳐내 보이려는 실험이다. 예술은 독자/관객에게 '위험하고 불편한' 현실을 기피하기 위한 도피처를 제공하는 데에만 목적이 있지는 않다. 예술이 우리에게 보장하는 '안전'이 있다면, 그것은 우리가 비록 오염된 언어로 사유할지라도 그것에 전적으로 지배되지는 않는다는 점, 바로 그 오염되고 불투명한 언어를 통해 비로소 '침묵'에 잠겨 있던 것들, 언어 바깥에 있던 것들과 '조우'하고 '접촉'할 수 있는 가능성이 약속된다는 데에서 비롯될 것이다. 기꺼이 오염되고 오염시키기도 하는 언어의 역능을 통해 우리는 오히려 세계를 우리가 욕망하는 바대로 '오염'시킬 수도 있다는 것이다. 그러니 어떤 흠결도 없는, '정치적으로 올바르고' '투명한' 언어로만 페미니스트 유토피아를 재현할 수 있다고 주장하는 이들에게 이렇게 반문해보면 어떨까. "접촉의 방법이요? 분명 셀 수 없이 많아요. 쓰다듬기에서부터 할퀴기까지. 입맞춤부터 타인을 내리치는 것까지. 어떻게 상처를 입히지 않고 접촉할 수 있습니까? 반대로 어떻게 위선 없이 접촉할 수 있습니까, 거슬림 없는 표현으로 만족하는 데 그치지 않을 수 있습니까?"[22]

그러므로 타인의 고통을 '소비'하지 않겠다는, 짐짓 윤리적인 명분을 내세우며 재현을 포기하는 관성에 대해 집요하게 질문해야 한다. 특히 어떤 고통은 오직 '당사자'만이 온전하게 이해할 수 있다고 주장하면서, 특정 고통에 대한 재현과 해석의 과제를 '당사자'의 몫으로만 전가하는 경향은 결국 고통이 함의하는 '사회적인 것'에 대한 상상을 기각함으로써 '시민으로서의 책무'를 외면한다. 이때 '당사자성'은 불가역한 고통의 경험을 통해 형성되는 모종의 주체성으로서 사유되기보다는, 해당 고통을 사회로부터 분리함으로써 성립하는 수동적이고 불변하는 범주인 '피해자성'으로 규범화된다. 최근 '당사자의 목소리를 충실히 대변한다'고 주장하면서 '주술'이나 '빙의' 같은 장치들을 주된 재현전략으로 손쉽게 채택하는 몇몇 사례들은 당사자성에 대한 이 같은 편협한 이해를 반복·강화한다.[23]

루소가 제안한 사고실험을 떠올려보자. '야수에게 물어뜯기는 아이'와 '아이 옆에서 울부짖는 어머니', 그리고 '감옥에 갇힌 채 창문을 통해 그 광경을 바라보는 수인囚人'의 이야기. 여기에는 세 개의 고통이 있다. "찢기는 아이의 죽음에 이르는 고통"과 "자식이 짐승에게 물어뜯기는 것을 보고 있는 어머니의 비탄에 찬 고통", 그리고 "그것을 목격하면서도 아무 도움도 줄 수 없는 죄수의 고통". 과연 여기서 누가 고통의 '당사자'일까. 아랍 페미니즘을 연구하는 오카 마리岡真理[24]는 '아이'와 '어머니'는 물론, '죄수' 또한 고통과 강력하게 연루된 당사자임을 사려 깊게 설득한다. '죄수'는 '야수에게 물어뜯기는 고통'을 함께 체험하지는 않았지만 그것을 목격한 증인이 됨으로써 고통을 분유分有하는 존재이기 때문이다.

'고통'과 '당사자성'에 대한 오카 마리의 이해는 '재현'이라는 행위에 잠재된 급진적 정치성을 상기시킨다. 요컨대, 재현은 고통을 직접적으로 경험한 사람만이 거주하는 게토로서 '당사자성'을 사유하려는 폭력적인 의지와 싸운다. 재현은 고통을 사회적으로 번역 가능한 것으로 만듦으로써, 고통 및 그것을 경험하는 이들과 더불어 살 방법을 모색할 의무가 있는 시민-주체 모두를 '당사자'로서 소환한다. 노동문학이 노동자만 읽고 쓰는 문학이 아니라, 노동자를 억압하는 자본주의 지배질서에 속한 모든 이를 향해 발신되듯, 고통을 재현하는 행위는 '고통'과 '당사자'에 대한 물신화를 지양하고, 고통이 놓인 사회에 속한 모든 사람을 고통에 대해 사유할 필요가 있는 '당사자'로서 소환한다.[25]

　여성문학과 퀴어문학, 일본군 '위안부' 서사와 '세월호 문학' 등으로 불리는 온갖 소수자 재현 또한 단지 '소수자'로 호명되는 이들에게만 읽히고 쓰이는 것을 목표로 하지 않는다. 그것은 여성과 성소수자 및 사회적 약자에 대한 구조적 차별을 승인함으로써 시민권을 위계화하는 지배규범, 그리고 그 규범을 합의하고 조절할 책임이 있는 이 사회의 모든 구성원들, 고통과 폭력의 역사를 공공의 기억과 유산으로 물려받은 이들 모두를 '당사자'로서 소환하려는 시도다. 다양하고 이질적인 존재들이 혼거하는 공동체에 속한 '시민'이라는 이름의 당사자.

*

　김초엽의 소설 「순례자들은 왜 돌아오지 않는가」[26]

에서, 엘리트 과학자이자 바이오해커인 '릴리'는 사람들을 차별하거나 혐오하지 않는 "신인류"들만의 거주지를 '지구 밖 마을'에 마련한다. 그곳은 "얼굴에 흉측한 얼룩을 가지고 태어나도, 질병이 있어도, 팔 하나가 없어도 불행하지 않은 세계"이고, 아무도 "서로를 밟고 그 위에 서지 않는" 세계다. 하지만 그 마을에 사는 "신인류"들은 누구든 한 번은 그곳을 떠나 '지구'를 순례해야 한다. 그들은 자신들이 "우리만의 아름다운 마을에서 살아가는 동안", '지구'라는 행성에서 여전히 지속되고 있는 차별과 혐오를 목격하고 경악한다. 그런데 바로 그때, 흥미로운 '사고'가 발생한다. 순례자들 중 누군가가 지구에서 자신과 완전히 다른 존재를 만나 충격을 받고 사랑에 빠진 것이다. 그는 "신인류"들의 "마을"로 돌아가지 않는다.

이처럼 김초엽 소설에서 '사랑'은, 완벽하게 아름답고 정의로운 "신인류"들만의 동족공간에서 벌어지지 않는다. 오히려, 어떤 '순례자'들에게 사랑이란, 타인이 자신과 "충격적으로" 다르다는 점을 깨닫고서야 가능해진 일이다. 그리고 사랑이란, '자신과 다른' 바로 그 존재가 맞서고 있는, 온갖 "고통"과 "비탄"으로 가득 찬 세계에 함께 맞서는 일이다.

차별과 혐오가 말끔하게 소거된 유토피아에의 꿈은 매혹적이다. 하지만 이미 차별과 혐오가 극복된 세계라면, 그곳에서는 차별과 혐오가 무엇인지 생각할 필요도,

그것을 재현할 필요도 없을 것이다. 언어에 각인된 폭력을 묘사할 수 있는 것은 폭력이 각인된 바로 그 언어뿐이라는 점. 이 사실은 절망스러운가? 예술은 바로 그 불투명성을 '무릅쓰고' 기어이 시도되는 '사랑' 혹은 '책임'의 방식이다.

[1]   김항·이혜령, 『인터뷰 한국 인문학 지각변동』, 그린비, 2011, 6쪽.

[2]   천정환, 「문화론적 연구의 현실 인식과 전망」, 『상허학보』 19, 상허학회, 2007; 박헌호, 「'문화연구'의 정치성과 역사성: 근대문학 연구의 현황과 반성」, 『민족문화연구』 53, 고려대학교 민족문화연구원, 2010; 전우형, 「한국 현대문학 텍스트의 확장과 "문화론적 연구"」, 『겨레어문학』 51, 겨레어문학회, 2013.

[3]   김봉억, 「박사수료생 3명이 '대학 밖에서' 연구공간을 마련한 이유」, 『교수신문』, 2014. 5. 7.

[4]   강경석·오혜진·정용택·윤여일, 「대한민국은 과연 세월호 이전과 이후로 나뉘고 있는가」, 『말과활』 8, 2015.

[5]   이후 법원은 육군의 이 조치가 부당하다고 판단해, 고 변희수 하사의 전역 취소 판결을 내렸다. 「성소수자 인권 확장한 고 변희수 하사 전역취소 판결」, 『경향신문』, 2021. 10. 7.

[6]   『말과활』 13호(일곱번째숲, 2017) 특집 '최초의, 박근혜를 사유하다' 참조.

[7]   최근 전개된 '반지성주의' 담론과 그에 대한 비판적 통찰은 천정환의 『촛불 이후, K-민주주의와 문화정치』(역사비평사, 2020)에 수록된 두 글 「촛불항쟁 이후의 대중민주주의와 포퓰리즘 문제」와 「촛불항쟁 이후 시민정치와 공론장의 변화: 팬덤정치와 반지성주의」 참조.

[8]   사사키 아타루, 『잘라라, 기도하는 그 손을: 책과 혁명에 관한 닷새 밤의 기록』, 송태욱 옮김, 자음과모음, 2012.

[9]   권명아, 「불/가능한 싱글 라이프: 연민과 정치적 주체성」, 『무한히 정치적인 외로움: 한국사회의 정동을 묻다』, 갈무리, 2012, 40쪽.

[10]   최승자, 「어느 여인의 종말」, 『이 시대의 사랑』, 문학과지성사, 1981.

[11]   영문학자 조선정은 영미권에서 제기된 '포스트페미니즘' 개념이 '세대'를 단위로 페미니즘의 역사를 순차적으로 파악하는 기획의 산물이라고 지적하면서, '세대' 범주는 언제든 '정체성'과 맞바꿔 사용됨으로써 페미니즘이 1990년대 정체성정치가 노정했던 한계에 고착된 것으로 오해될 수 있다고 우려를 표한다. 이 통찰에 주의를 기울이면서, 이 글에서는 '포스

트페미니즘'을 세대 범주가 아닌, 특정 시대의 공통적 경험과 정동을 공유하는 주체들의 기획으로 이해하고자 한다. 조선정, 「포스트페미니즘과 그 불만: 영미권 페미니즘 담론에 나타난 세대론과 역사 쓰기」, 『한국여성학』 30-4, 한국여성학회, 2014. 그 외 '포스트페미니즘' 담론의 이론적·문화적 배경에 대해서는, 박이은실, 「포스트페미니즘(들)」, 『여/성이론』 22, 여이연, 2010; 손희정, 「페미니즘 리부트: 한국영화를 통해 본 포스트페미니즘과 그 이후」, 『페미니즘 리부트: 혐오의 시대를 뚫고 나온 목소리들』, 나무연필, 2017.

[12] 이유진, 「탈코르셋, 선을 넘어야 알 수 있는 것들」, 『한겨레』, 2019. 8. 23.

[13] 백승찬, 「페미니즘, 그들 안의 '렌펨'을 들추다」, 『경향신문』, 2021. 8. 31.

[14] 김은지, 「[20대 여자 현상] "약자는 아니지만 우리는 차별받고 있다"」, 『시사IN』 728, 2021. 8. 30; 「[20대 여자 현상] 강한 페미니즘 집단, 새 정치세력 되다」, 『시사IN』 729, 2021. 9. 6.

[15] 조경희, 「자기증명의 정치학: 근대국가에서의 국적·여권·등록」, 이정은·조경희 편, 『'나'를 증명하기: 아시아에서의 국적·여권·등록』, 한울아카데미, 2017, 33쪽.

[16] 질 들뢰즈·펠릭스 가타리, 「소수적인 문학이란 무엇인가?: 언어-정치-집합적인 것」, 『카프카: 소수적인 문학을 위하여』, 이진경 옮김, 동문선, 2001.

[17] 미셸 푸코, 『안전, 영토, 인구』, 오트르망(심세광·전혜리·조성은) 옮김, 난장, 2011.

[18] 오혜진, 「구겨버린 입장권: 소수자의 존재론과 역사적 아카이브, 그리고 퀴어링」, 『문화과학』 100, 2019.

[19] 「"국민의 손가락을 탐하지 말라"」, 『한겨레』, 1999. 7. 13; 「박정희 주민등록법 제정 50년!, "이제는 손봐야"」, 『미디어스』, 2012. 2. 16; 「주민등록제도 근본적으로 재검토해야」, 『경향신문』 2014. 1. 29.

[20] 「주민등록증 발급 시작 연말까지 4단계로」, 『경향신문』, 1968. 11. 21; 「박대통령 내외도 발급받아」, 『동아일보』, 1968. 11. 21. 주민등록제도와 병역법 개정 과정에 대해서는, 김청강, 「국가를 위해 죽을 '권리': 병역법과 '성

聖/性스러운' 국민 만들기」, 홍양희 편, 『'성'스러운 국민: 젠더와 섹슈얼리티를 둘러싼 근대 국가의 법과 과학』, 서해문집, 2017. 각종 신분증 및 이동허가증을 비롯한 '자기증명' 장치의 역사와 그 효과에 대해서는, 조경희, 앞의 책.

[21] 조르주 디디 위베르만, 『모든 것을 무릅쓴 이미지들: 아우슈비츠에서 온 네 장의 사진』, 오윤성 옮김, 레베카, 2017.

[22] 조르주 디디 위베르만, 앞의 책, 38~39쪽.

[23] 허윤, 「일본군 '위안부' 재현과 진정성의 곤경: 소녀와 할머니 표상을 중심으로」, 『여성과 역사』 29, 한국여성사학회, 2018.

[24] 오카 마리, 『그녀의 진정한 이름은 무엇인가: 제3세계 페미니즘 사상에 대한 대담하고 섬세한 문화의 정치학』, 이재봉·사이키 가쓰히로 옮김, 현암사, 2016, 216~218쪽; 허윤·권은선·오혜진·김청강, 「대중매체를 통해 바라본 일본군'위안부'의 재현」, 『웹진 결』, 일본군'위안부'문제연구소, 2019. 3. 19.

[25] 오혜진, 「지금 한국문학장에서 '퀴어한 것'은 무엇인가: 한국 퀴어서사의 퀴어 시민권/성원권에 대한 상상과 임계」, 『지극히 문학적인 취향: 한국문학의 정상성을 묻다』, 오월의봄, 2019.

[26] 김초엽, 「순례자들은 왜 돌아오지 않는가」, 『우리가 빛의 속도로 갈 수 없다면』, 허블, 2019.

그것

감정사회학, 내 삶의 가망[1]이 되다

김신식

김신식 : 감정사회학 연구를 재료 삼아 글말을 나누는 작가. 한국사회의 감정문화와 시각
문화에 대한 비평 및 강의를 수행 중이다. 인문사회비평지 『말과활』, 문예지 『문학과사회』,
사진잡지 『보스토크』 편집위원으로 활동했다. 2020년 첫 개인 저서인 『다소 곤란한 감정』
을 냈고 이 책은 같은 해 세종도서 교양 부문 우수도서에 선정됐다. 인스타그램에 종종 풀
죽은 문화예술 작업자를 독려하는 기록을 올린다. @shakshak01

"지금 생각해보면,
나는 사랑 후에 어질러진 풍경의 상像을
항상 보존하고 싶어했던 것 같다."

아니 에르노, 『사진의 용도』[2]

시도

나는 2020년 감정사회학을 벗 삼아 글말을 나누는 작가로 데뷔했다. 긴 시간 동안 이 분야 저 분야에서 작업하다 사회 현실 속 감정, 마음, 심리, 정서를 들여다보는 데 정착 중이다. 왜일까. 돌이켜보면 나의 종교적 경험을 빼놓을 수 없을 듯하다. 내게 종교는 특정한 감정을 유발하는 공동체이자 문화였다. 동시에 감정은 종교 그 자체가 되어 날 엄습하고 지배했다. 전자는 훗날 탐구 대상으로 자리 잡았다. 후자는 탐구 대상이자 내 정신착란의 원인이었다.

나는 1982년 목사인 아버지와 학원 강사인 어머니 밑에서 외동아들로 태어났다. 누구나 자신의 초창기를 이렇게 표현하겠지만 눈을 떠보니 이미 목회자 자식으로 살아가고 있었다. 목회자 자식이란 위치에서 이야기를 풀면 걱정되는 부분이 한둘이 아니다. 흔히 볼 수 있는 것처럼, 부족한 익살을 만회하고자 종교적 엄숙함을 희화화하는 에세이스트 흉내를 내는 건 아닐까 의심해보았다. 한편으론 특색 있는 직업을 거친 작가의 산문이라든지 인상적인 질병 경험을 지닌 연구자의 기록물이 각광받는 근래 인문·사회과학 출판 경향을 의식한 나머지, 종교적 경험을 빌미 삼아 내가 살아온 과정을 눈에 띄는 서사로 부각시키려는 건 아닐까 의심해보기도 했다.

하지만 나에 대해 오래 톺아보면서 어린 시절부터 겪어온 종교적 경험을 부인할 순 없었다. 그렇다면 이 사회에서 목회자 자식으로 살아감이란 무엇일까. 부모에게 물려받은 신앙심을 생활 곳곳에 드러냄을 뜻할까. 내가 목회자 자식임을 확인하는 경우는, 외려 목회자 자식의 모범 상像과 먼 삶을 사는 것 같다는 이야기를 들을 때였다. 이는 어빙 고프만Erving Goffman의 '역할 거리'론과 '부차적 적응'론을 확인하는 시간이었다. 사람들은 살면서 일정한 역할을 부여받지만, 그 역할대로만 살지 않는다(역할 거리). 주어진 역할에서 벗어나 행동하면서 역할 때문에 쌓인 억압을 실감하며, 주어진 역할에 순응하는 일상과 거기서 벗어나려는 일상을 오간다(부차적 적응).

　　대학생 시절 교회 바깥에서 지인과 친구들을 사귀면서 내 인상을 들을 기회가 있었다. 내 인상은 독실함과 거리가 멀었다. 그들은 이야기할 때 대단한 발견을 한 듯 유세를 떨진 않았다. 사는 게 다 그렇지 않느냐는 부연을 달아줬다. 다만 그들이 들려준 목회자 자식의 삶엔 빠진 게 있었다. 어떤 장면이 떠오른다. 여기 정신병원이 주무대로 등장하는 영화가 상영 중이다. 부모의 근심 속에 정신병원에 들어가게 된 청년이 주인공으로 나온다. 청년은 입원 전 자신이 일탈의 우등생이며 방황의 우등생이자 우울의 우등생이라 여겨왔다. 그런데 병원생활을 시작하면서 자신을 능가하는 이를 만난다. 청년은 그이를 시기하다 점점 흠모하게 된다. 청년과 그이는 우정을 키워나간다. 그렇게만 시간이 흐르면 좋은데, 청년은 그이가 조금씩 달라짐을 느낀다. 그이는 청년에게 예전처럼 세상을 향한 독설도 야한 농담도 던지지 않는다. 언제부터 외따로 창밖을 멍하니 보다가 고요히 방으로 들어가는 일이 잦다. 하루는 청년이 답답한 나머지 그이에게 묻는다. 왜 이리 고분고분해졌냐고. 그이는 본인을 위한 변론을 꺼내지 않고 그저 창밖을 멍하니 볼 뿐이다.

　　사람들이 이야기해준 목회자 자식의 삶은 대개 앞선 예화 속 청년의 모습에서 그쳤다. 허나 난 그이와 똑 닮은 목회자 자녀들과 교류하게 되었다. 이들과의 만남을 통해 청년의 모습인 줄 알았던 내가 바로 그이임을 직시해야 했다. 고로 이렇게 말할 수 있을 것 같다. 나는 청년의 단계에서 그이의 단계로 넘어갔다고. 그이는 회심回心하여 부모가 원하는 신자상을 따르기로 한 걸까. 그이는 종교에서 부과하는 규칙, 규칙을 에워싼 감정규범, 그 규범을 지켜야지 성장할 수 있다는 훈육의 관점으로 자신을 괴롭히지 말라고 항변 중인 건 아닐까. 있는 힘을 다해 온화한 표정을 짓지만 실은 가장 무기력하고 침울한 상태로 말이다. 나는 그이의 단계를 떠올리며 '우울의 사회학'을 메모하기 시작했다. 나를 되찾기 위한 시도이자 나를 떠나보내기 위한 시도였다.

탐색

초등학생 땐 하교하고 나서 집에 들어와 꼭 잠을 청했다. 눈을 뜨면 컴컴하면서도 불그스름한 색조가 방 안으로 들어왔다. 어머니는 날 깨운 뒤 새벽기도에 늦었다며 채비를 서두르자고 말했다. 이내 어머니는 특유의 건치를 드러낸 채 당황하는 날 보며 지금이 새벽일까 저녁일까 농을 던졌다. 숙제를 하지 않은 난 안도의 한숨을 쉬었다. 그러면서도 웃는 어머니를 쳐다보며 내가 친자식이 맞을까 가끔씩 불안해했다. 이 역시 누구나 한 번쯤 거치지만, 어른이 툭 던진 우스갯소리에 괜히 마음이 동요해 내가 정말 다리 밑에서 주워온 자식은 아닐까 농익게 상상하는 날이 많았다. 하지만 그 같은 불안감을 뛰어넘는 불안이 찾아왔다. 목회자 가족으로서 맞닥뜨릴 수밖에 없는 열악한 경제 사정이 발목을 잡았다.

나는 선생들의 만류를 뿌리치고 일반고교 대신 대안교육을 표방하는 미션스쿨에 들어갔다. 뭔가 색달라 보이는 수업 풍경을 광고물로 접했고 기대감이 생겼다. 하지만 들어가고 나서 겪은 건 이상적인 교육 경험이 아니라, 경제적 풍요에서 비롯된 학우들의 여유였다. 내일 당장 죽을 것 같다면서 고민을 털어놓는 이들이 유독 날 찾았다. 나는 그들과의 대화에서 아무리 망가져도 되살아날 기반이 있다는 경제적 안정감을 느꼈다. 그들은 자신의 이야기를 들어줘 고마워했지만, 그럴수록 내 안에 박탈감이 적체됨을 깨달았다. 아마도 대학원에 들어가 피에르 부르디외Pierre Bourdieu의 사회학에 몰입했던 건 이 기억 때문이지 않았을까 싶다. 특별히 내 마음을 파고든 테마는 그의 종교비평이었다. 그는 일찍이 '종교경제'라는 명명을 통해, 내 종교적 경험에 담긴 진실을 묘파하고 있었다. 부르디외는 말한다. "종교 사업엔 두 가지 진실이 있다. 하나는 경제적 진실이고, 다른 하나는 이 경제적 진실을 부정하는 종교적 진실이다."[3] 당시 저 시각을 접하곤 마음이 복잡했다. '세상 사람들이 종교를 비판하는 지점을 나는 왜 천연덕스럽게 묵과해왔던 걸까. 종교에 연유한 경제 문제에 시달리며 속이 문드러짐을 느끼면서도.' 한편으론 이런 생각도 했다. '부르디외가 저격하는 종교 집단 속 경제자본의 팽배에, 왜 아버지가 목회 중인 교회는 해당되지 못할까.' 이처럼 부르디외의 종교비평은 종교적 경험에 도사린 내 경제적 불안이 탄로 날 것임을 예견한 듯했다. 주지하다시피 사회집단은 폭로에 야박하다. 종교는 더욱 그렇다. 종교란 폭로의 정당성과 용기를 가르치는 학교가 아니다. 그런 가운데 내게 기독교란 지은 죄가 탄로 났을 때 그 여파를 감당할 수 있는지 시험하는 학교였다. 신-목회자 아버지-나 사이에서 정기적으로 이뤄진 기도회는 탄로 난다는 것의 치명성을 학습하는 자리였다. 이 경험은 탄로 남이라는 사뭇 피동적인 상황에 처한 사람들의 당혹감을, 개인의 기질이 아닌 사회적 맥락에서 탐색하는 계기로 이어졌다.

　　대학원 수업에 참여할 땐 부르디외의 종교비평에서 받은 타격을 내색하지 않고자, 부르디외 사회학의 다른 주제나 주전공인 문화연구에 매진하는 척했다. 나는 클로드 샤브롤Claude Chabrol의 영화를 보면서 내가 받은 충격을 더 파고들었다. 그의 영화 중 〈의식〉처럼 잠입의 서사가 발동되는 작품을 좋아했다. 사회에서 하류층으로 취급받는 인물이 상류층 저택에 들어가 그들의 일거수일투족을 관찰하며 내재된 부조리를 풍자하는 전개의. 이러한 감상은 피터 버거Peter Berger가 '오케이 세계'라고 불렀던 지점을 확인토록 했다. 사회학자가 되기 전 목사가 될지도 몰랐던 버거는 미국의 종교문화를 연구하면서 오케이 세계란 용어를 고안했다. 오케이 세계는 규칙을 따르는 한, 인간 조건의 적나라한 공포로부터 보호해주는 게 당연시되는 세계를 뜻한다.[4] 버거가 보기에 종교는 한 국가 안에 존재하는 오케이 세계였다. 부르디외와 샤브롤의 작업은 내가 개신교와 개신교를 신봉하는 목회자 가정이라는 오케이 세계에 안주한 채, 정면으로 부딪쳐야 했던 경제적 진실을 회피했다고 말해준 셈이었다.

해부

　　　　　　이후 잉마르 베리만Ingmar Bergman의 영화를 접하면서 나는 어떤 비애에 집착했다. 〈외침과 속삭임〉, 〈가을 소나타〉 등 베리만의 영화에서 자주 볼 수 있는 가족 간에 쌓인 부채감을 둘러싼 고뇌, 재능과 기량에 대한 불안, 이를 촉발시키는 등장인물 간의 감정 다툼은 내 마음속 자리한 비애를 건드렸다. 그것은 나 자신이 왜 버려진 것 같은가에서 비롯된 비애감으로 수렴되었다. 이상하게도 베리만의 영화를 보면서, 아버지와 어머니가 날 온화하게 대할수록 날 버릴 준비를 한다는 인상을 짙게 받았다. 그러면서 종교인에게서 느껴지는 부모의 온정이 정작 부모 자신의 취약한 경제적 능력을 뒤덮기 위한 감정은 아닐까 의구심을 품었다. 동시에 내 의구심이 맞지 않기를 바랐다. 이는 문학 연구자 마르트 로베르Marthe Robert가 소설의 이론을 프로이트의 가족소설론에 빗대어 설명할 때 참고한, '업둥이'와 '사생아'라는 용어와 유관했다. 요약한즉슨 업둥이는 언젠가부터 자기 부모가 절대적인 능력의 소유자가 아니라 보잘것없는 평민임을 알게 된다. 그리고 그들을 진짜 부모로 생각하지 않게 되면서, 자신의 진짜 부모는 언젠가 부유한 신분을 회복할 수 있으리라 이야기를 꾸며낸다. 한편 사생아는 어느 날부터 아버지와 어머니 사이에 성적 차이가 있음을 깨닫는다. 사생아는 어머니가 진짜 어머니라 믿지만 아버지는 현재의 아버지가 아니라고 부인한다. 로베르는 여기서 업둥이가 세계를 대하는 방식이 지식도 행동력도 없어서 세계와의 싸움을 교묘히 피하는 쪽이라 주장했다.[5]

나는 종교적 진실에 도사린 경제적 진실을 점차 알아감에도 왜 가만히 있었는지 자책했고, 그 자책감이 왜 유독 내게만 쏟아지는지 곤란해했다. 그러면서 아버지와 어머니를 교묘히 비판하고 있었다. 다만 내가 변모하고픈 내용이 담긴 소설을 쓸 용기는 없었기에 준準업둥이에 머물렀다. 작품마다 사생아적 존재와 업둥이적 존재로 등장해 나를 일일이 벗겨내는 베리만 영화의 캐릭터에서, 나 같은 사람이 있음을 목도하는 데 만족했다. 다만 그의 작품에 심취할수록 마치 프로이트가 마련해놓은 의자에 앉아 치료보단 취조를 받는 기분이 들었다. 복기해보면 종교적 진실에 가려진 경제적 진실의 부조리를 외면할 수 없게 된 후부터 이끌리는 영화 속으로 자꾸 도망갔던 것 같다. 그렇게 나는 제니퍼 실바Jennifer Silva가 이야기한 '기분경제' 상태에 한동안 놓여 있었다.[6] 처한 현실의 한계를 어떻게 사회 문제의 차원으로 고민해볼 수 있을까 궁리하기보단, 누군가 나에게 끊임없이 위해를 가한다는 필터를 덧씌워 어린 시절을 회상하고 거기서 내 상처를 발굴하는 데 중독됐다. 그러는 동안 감정적으로 성장하고 있단 가짜 위안을 스스로 만들어냈다. 나는 이 같은 기분경제에서 벗어나 베리만의 영화에서 뛰쳐나와야 했다.

그렇게 베리만의 영화와 거리를 두는 동안 베리만의 실제 삶엔 궁금증이 생겼다. 자서전 『마법의 등』을 읽으면서, 베리만이 나처럼 목사 자식 출신이며 내 할머니[7]처럼 그의 할머니도 영화 애호가임을 알게 됐다. 베리만의 할머니가 베리만이 훗날 영화감독이 되는 데 중요한 경험을 제공했다면, 요코하마에서 청년기를 보내고 부산으로 돌아와 양장점을 연 대신동 할머니는 내게 어떤 감정 경험을 선사했다.

유년 시절 나는 부산에서 몇 년 살았다. 아버지는 목회자가 되려고 서울에서 이수 과정을 밟았고, 어머니는

직장인으로 바삐 지냈다. 할머니는 딸(어머니) 대신 나를 돌보면서 감정 교육자가 되어주었다. 나는 할머니에게서 받은 영향을 첫 개인 저서『다소 곤란한 감정』에서 일부 드러냈다. 할머니와 어머니는 실제로 누군가 친절을 베풀면, 감절로 비용을 지불해야 할지 말지 노심초사했다. 이와이 순지岩井俊二의 〈립반윙클의 신부〉가 개봉했을 때, 가짜 결혼식 하객을 연기했던 마시로에게서 할머니와 어머니의 모습을 덧대어볼 수 있었다. 마시로는 가짜 하객으로 만난 나나미에게 고백한다. 비 오는 날 모르는 사람이 우산을 주거나 하는 식으로 타인의 친절함이 너무 뚜렷이 보이면, 차라리 돈을 지불하는 게 마음이 편하다고. 마시로의 생각을 재차 곱씹으며 정신의학자 오히라 겐大平健이 1995년에 발표한『야사시사의 정신병리』를 떠올렸다. 원래 야사시사やさしさ는 타인을 따스하게 어루만지는 마음씀씀이 가득한 배려를 뜻했다. 하지만 오히라가 보기에 일본사회의 새로운 정서적 조류를 형성하는 청년들에게 야사시사란 기존의 배려와 달랐다. 청년들은 남에게도 자신에게도 깊이 관여하지 않고 책임지지 않아도 되는, 그리하여 상처받지 않는 배려를 원했다. 오히라는 이전 시대의 야사시사를 뜨거운 배려라 불렀고, 그가 눈여겨본 일본 청년들의 새로운 배려를 미지근한 배려라 칭했다.[8]

베리만이 자서전에서 자신의 할머니를 소개할 때 엄격한 다정함과 사람을 향한 직관력이 있다고 기술했듯,

내 할머니에게도 엄격한 다정함과 직관력이 있었다. 이를 통해 할머니는 상대의 위선을 잘 감지했다. 하지만 그 능력이 꼭 좋은 건 아니었다. 할머니는 상대의 따스함을 선뜻 반긴 뒤 끝내 상처받을 바에야 타인이 베푸는 친절에 드리운 그늘을 예민히 번역해내는 삶, 그로 말미암아 상대의 호의를 은근히 쳐내어 스스로 괴로운 게 낫다는 기제로 얼룩진 삶을 살았다. 유감스럽게도 어머니는 할머니의 직관력을 뛰어넘는 삶을 살아왔다. 나는 어머니와 닮은 구석이 많은 자식이다. 나는 미지근한 배려가 익숙한 가족의 일원이었다. 이 같은 시인是認은 트라우마와 가족력으로 점철된 영화를 내 마음 안에 계속 트는 일은 아니었다. 나를 에워싼 감정이 사회적 산물임을 인식하는 작업으로 나아갔다. 그렇지만 이 작업이 정신분석학이나 심리학과의 완전한 결별을 의미하진 않았다.

조우

　　　　　　종교적 경험은 어린 시절 나의 주관을 앗아갔으나, 내면을 돌아보는 덴 도움이 되었다. 나는 사회를 이야기하려면 내면과 주관을 가진 인간들의 상호작용에 관심을 쏟아야 한다는 게오르그 짐멜Georg Simmel의 이론이 흥미로웠다. 짐짓 교과서적인 진술이지만 거대한 집단의 웅성거림에서 사회를 상상하기보단, 나와 너에서 비롯된 관계에서 나타나는 상호작용 과정부터가 사회임을 상상하길 좋아했다. 짐멜은 두 사람의 만남에서 세 사람의 모임으로 변할 때 달라지는 상호작용의 형식과 그 의미를 탐구한 사회학자였다. 어쩌면 그는 둘이 모이면 우정을 쌓기 좋고, 셋이 모이면 다투기 좋다는 옛말을 오래전부터 예사롭지 않게 받아들인 학자일지도. 물론 짐멜은 사회 도처에 존재하는 각종 관계의 유형을 관찰하면서 거기엔 갈등과 화합이 복합적으로 발생한다는 입체적 시각을 견지했다.

『다소 곤란한 감정』에서 '현대인'이나 '우리'라는 명칭보다 '당신'과 '나'라는 명칭을 자주 썼다고 말한 배경엔 짐멜의 사회학이 있었다. 허나 짐멜의 논의가 끌렸던 건 너와 나란 관계의 힘이 사회 현실을 뛰어넘어 우주의 문제로 다다랐던, 2000년대 일본의 '세카이계' 애니메이션이 지닌 서사 속 함의와는 달랐다. 나는 사회가 생략되는 것을 통해 사회의 비참을 가늠하기보단, 사회 현실과 맞부딪칠 동력으로서의 비감悲感을 찾는 데 목말라 있었다.

나는 감정사회학을 알고 싶어하는 사람이 있다면, 가령 광장에서 촛불을 든 사람들의 감정을 집단의 범위에서 논하기 전에 나와 너 사이에서 야기되는 상황을 이해하기 위한 접근은 무엇일지, 감정의 양상을 빚어내는 여러 사회관계의 형식을 사회학은 어떻게 펼쳐내는지 소개하는 게 필요하다고 봤다. 이를 발판으로 둘만의 관계에서 일어나는 감정의 양상, 더 나아가 (감정이 복합적으로 이뤄진) 정서적 양상을 형성하는 사회적 형식이, 보다 큰 사회적 단위에서 일어나는 그것과 맞닿아 있음을 보여주려 했다. 이 측면을 저서 속 「기만하다: 위선과 위악으로 사회학을 익히다」를 통해 실험했다. 우산을 놓고 벌어지는 만남의 형식에서 비롯된 우애, 자애, 곤경, 배려, 회피, 회개, 갈등에 처한 너와 나라는 양자 관계에서 출발해 청중비용론이 적용된 국가와 국가 간의 관계 형태, 사회학자 퍼트리샤 스테인호프Patricia Steinhoff의 『적군파』에 나오는 1970년대 일본 청년들의 혁명 공동체인 연합적군 내 관계 형태를 이어보았다. 이 같은 연결을 통해, 나는 각기 다른 사회적 상호작용에서 추출되는 기만의 의미를 짚었다. 이는 너와 나라는 두 개인 사이의 관계 형식, 사회 공동체 내 구성원 간의 관계 형식, 국가 간의 관계 형식을 연결해 공통된 상호작용의 속성을 유추하곤 했던 짐멜의 사회학을 의식한 작업이었다.

짐멜의 사회학을 받아들이면서 무엇보다 나는 심리학과 동떨어지지 않은 사회학의 흐름을 추구하고 싶었다. 이는 대학원생 시절, 잘못된 내 공부 방법과도 관련이 있었다. 문화연구와 사회학을 익히면서 심리학을 비판하는 사회과학 논문을 무턱대고 읽어나갔고, 그 논지를 모방해 한국사회를 비판하는 평문을 써대기 바빴다. 지금 와서 생각하면 그 당시엔 내가 겨냥한 심리학에서 정확히 어떤 점이 해로운지 뚜렷이 분별하지 못했다. 내게 심리학 비판은 글에 깔아두면 좋은 얼치기 비평의 기술 그 이상도 이하도 아니었다. 이는 2010년대 초반 국내에 힐링 열풍과 그에 관한 격론이 일었을 때, 일단 힐링이란 말을 비판적으로 건드리기만 하면 비평계에서 유리한 고지를 점할 수 있다는 그릇된 심보로 이어졌다. 그러면서 힐링을 심리학의 전면이라 생각했고 우리 사회에 필요한 사회적 힐링이란 무엇인지 고민하는 대신 힐링이란 폐기해야 할 가치라며 패착을 두기도 했다.

이후 나는 심리학이면 비판부터 해야 한다는 태도의 스위치를 누르지 않은 채, 심리학의 이로운 특질이 절합된 감정사회학을 구현하고 싶었다. 이 바람은 짐멜 연구자 김덕영이 말한 짐멜의 방법론에 기인한 것이었다. 짐멜은 심리학을 사회학과 구분된 학문 분야로만 보지 않았다. 그에게 심리학은 사회학과 동행하며 내면·정신·주관을 가진 인간들의 상호작용에서 비롯된 사회상을 정의하기 위한 장치였다.

시행착오를 겪어가며 성격심리학과 사회심리학 등을 공부해나갔고, 사회학자 랜들 콜린스Randall Collins의 '사람들은 상황이라는 사슬로 연결된 삶을 살고 있다'란 견해, 사회심리학자 리처드 니스벳Richard Nisbett의 '인간 심리를 이해하는 데 상황요인이 중요하다'란 견해를 접목하길 즐겼다. 그러한 접목을 통해 나는 우리가 살아가는 사회에서 심정이란 무엇일지 생각했다. 이를테면 사람은 살아가면서 당황하지 않고자 이전 상황에서 느낀 당혹감을 기억하며 대비책을 세운다. 그러나 동일한 다음 상황을 맞닥뜨려도 자신 있게 마련해놓은 방안은 속수무책이 되고, 마저 준비한 것들은 아예 써먹지도 못한다. 이렇게 예상치 못한 딜레마에 빠져버린다(한데 이런 생각도 든다. 삶 속 현실에서 동일한 상황이란 성립 가능한가). 이 딜레마를 이루는 감정들이 있다. 그 감정의 양상이 잊히지 않고 기억으로 누적되어 심정이 된다. 심정은 일정한 기간이 지난 뒤 자신을 곤란에 빠뜨린 일을 끄집어내어 그 일과 관련된 타인과 다시 마주할 때 표출되는 감정이라 할 수 있다. 심정은 내가 상황과 당황이라는 관점에서 야기되는 감정을 사회 문제의 고려사항으로 생각하는 개념이 되었다.

회생

　　　　　　내 삶에서 슬그머니 방치해두었던 종교적 경험의 파급력을 다시 끄집어낸 건 윌리엄 제임스William James의 종교적 경험론 덕분이었다. 찰스 테일러Charles Taylor가 언급했듯이,[9] 제임스는 교회가 개입된 종교적 경험을 우려한 심리학자였다. 그리하여 제임스에게 교회가 끼지 않은 종교적 경험과 교회를 매개로 한 종교 생활은 구분되어야 할 개념이었다. 제임스의 논의에 처음 이끌렸던 대목은 그가 신과 인간 사이의 경험에서 감정을 우선적으로 강조한 점이었다. 제임스가 지향하는 종교적 경험 속엔 신과 인간, 교회 사이에 개입되는 인간에 대한 도덕적 단죄는 없다. 그는 이를 통해 신과 인간 사이의 순수 경험을 지향했다. 제임스의 논의를 접하고 내 종교생활을 비추어보니, 죄 지음-죄책감의 고백-회개-강요된 감사와 기쁨이란 주기적인 감정 경험에 억눌린 나머지, 정작 신을 만났다는 데서 오는 순도 높은 희열은 없었다. 언젠가부터 내게 교회는 그 희열을 잘 꾸며낼 줄 아는 사람을 관찰하는 곳이었다. 관찰 명단엔 물론 나 자신도 포함됐다.

사실 제임스의 종교적 경험론에 관한 해제 성격을 띤 테일러의 강의에서 인상적인 건, 제임스의 종교적 경험론이 갖는 의의와 종교를 다룬 뒤르켐 사회학의 변천을 결합하는 대목이다. 해당 대목에서 테일러는 더 이상 기존 종교의 가치에 헌신하지 않는 사람들을 주목한다. 여기엔 많은 종교사회학자, 신학자, 문화연구자, 철학자가 다뤄온 '문화적 종교'론이 포함되어 있다. 개신교를 예로 들면 지금 사람들은 교회를 라이프스타일 추구 차원에서 간헐적으로 다니면서, 그 종교적 가치관을 억지로 따르진 않는다. 종교적 메시지는 내 삶을 이롭게 하는 아이디어

정돈 되나, 그렇다고 삶 속 깊이 파고드는 신조로 대우하긴 꺼려진다. 사람들은 종교를 매개하지 않은 채 자신만의 소중한 가치를 찾아나서는 프로그램을 탐색하고 접속하며 향유한다(일례로 이제는 케이팝 가사에 심심찮게 보이는 'Love Myself'란 모토를 생각해보자). 너무나 당연한 말이지만 사람들에게 종교란 다른 여가 중에서 취사선택하는 나들이가 된 지 오래다. 신앙심은 신과 인간 사이의 수직적 관계에서 재생산되는 종교적인 마음이 아니라, 나의 주도 아래 삶을 꾸려나갈 때 소비하고 싶은 보완적인 마음일 뿐이다. 종교와 신, 인간의 관계에서 사람들은 종교가 권장하는 신앙심보단, 자신이 직조하는 신념에 귀를 기울이고 자신만의 방편을 직접 찾아나선다. 테일러는 그 방편에 소비생활이 들어섰다고 말하면서, 이를 개인적 표현주의의 도래로 칭한다. 테일러가 보기에, 상품과 문화에 깃든 신념을 구매하는 개인적 표현주의는 제임스의 종교적 경험론이 치중했던 교회를 매개하지 않는 신과 인간 사이의 내적 경험, 후기 뒤르켐 연구자들이 조망한 종교기관을 탈피한 채 자신만의 (종교적) 가치를 추구하는 경험과 어느 정도 연관성이 있었다.

　나는 대학원 시절, 사회학에 기반을 둔 신학 연구자들을 대학원 바깥에서 만났고 신학에 대한 내 선입견과 무지를 돌아보게 됐다. 내가 만난 연구자들은 사람들을 기존 종교로 마냥 유인하려고 밤을 지새우진 않았다. 그들은 득세해온 종교문화에 복속되지 않는 생활상을 이해하고자 논거들을 찾아나가고 논문을 발표했다. 이들과의 교제를 통해, 지난날 종교가 배회하는 사람들을 붙잡았다면 이제 자신을 붙잡아주길 바라며 사람들 근처를 배회하는 종교의 위상에 대해 생각하게 됐다. 이들 덕분에 나는 가끔 동네를 거닐며 건물 1층에 커다란 카페를 차린 여러 교회를 볼 때마다 종교에 스민 묘한 위축감을 생각해본다.

돌이켜보면 문화적 종교의 시대에 내가 개신교와 교회를 거치지 않고 종교성을 경험한 곳은 대학원이었다. 이는 예상 가능한 학문사회의 병폐와 달랐다. 나는 연구라는 명목 아래 재미라는 종교에 붙들려 지냈다. 이 종교의 새 신자가 되는 단계는 생각보다 쉬웠다. 다른 학문에 비해 비교적 일상 전반을 연구 대상으로 삼을 수 있던 문화연구적 특색은, 나와 동료들이 주변의 일상을 연구 주제로 추려낸 뒤 "야 그거 재미있겠네"라는 말을 습관처럼 쓰게 만들었다. 강의실 안팎으로 벌어지는 연구자 동료들의 대화를 접하면 신기할 따름이었다. 술집에서 이런저런 넋두리처럼 주변의 일상을 아무렇지 않게 이야기하다가, 다음 날 강의실에선 그 일상이 돌연 '재미있는' 연구 주제로 급변하는 과정이 그랬다. 내가 편하게 감각해온 일상이 재미있는 연구 주제가 되는 순간, 동료들과 나는 "와 요즘 그런 일이 있었구나. 그거 연구해봐도 괜찮겠는데"라며 시치미 떼는 연극 놀이에 재미가 들린 것 같았다. 그래도 재미의 문화사회학을 쓴 벤 핀첨Ben Fincham의 말처럼, 재미는 어느 정도 우리 안의 위계를 흩트리는 감정문화 그 자체이기도 했다.[10] 문화연구를 익히는 과정에서 재미는 연구 주제를 잡을 때 이것은 탈락할 것 같고 저것은 승인받을 것 같다는 학문사회의 전통에 기반한 위계에서 잠시나마 숨 돌릴 틈을 주었다. 하지만 석사졸업논문을 준비하고 마무리하는 동안, 재미란 나의 즐거움보단 학위에 부합하는 전문성을 표해서 대학원을 얼른 탈출해야겠다는 감정 전략으로 변했다. 이때 재미라는 감정 전략은 졸업논문에 관한 지도교수와 동료들의 평가, 논문 심사를 통과하지 못하면 졸업하지 못한다는 나의 초조함으로 이뤄진 재미였다. 나는 논문을 쓰는 동안 마음먹은 대로 극장이 아니라 비디오로 영화를 봤던 한국인의 감정을 탐구하는 모험을 자제하고, 영화사의 맥락에서 비디오가 남긴 족적을 정리하는 쪽으로 재미의 방향을 조정했다. 논문 심사를 통과하고 못내 아쉬웠지만 이 경험은 재미가 사회적으로 어떻게 통용되는지, 개인이 추구하는 재미와 소속 집단이 추구하는 재미는 어떻게 충돌하고 합의될 수 있는지, 한국인에게 재미란 무엇인지 구체적으로 탐문하고픈 계기가 되었다.

한편 윌리엄 제임스는 종교적 경험을 통해 거듭남이란 무엇인가에 천착한 심리학자였다. 내게 거듭남이란 목회자 가정에서 살아가는 이상 평생 안고 가야 할 과제였

다. 거듭남은 늘 필요성보단 당위의 차원이었다. 그래서
난 거듭남과 점점 멀어져갔다. 어느 학술작업에 고마움을
느낀다는 소감이 좀 이상하지만, 제임스가 논한 거듭남을
따라가면서 고마웠던 점이 있다. 심한 우울증에 시달렸던
제임스는 거듭남을 통해 얻게 될 순수한 기쁨만큼, 병든
영혼이라 불렸던 사람들의 삶과 감정 상태를 세밀히 살
폈다. 제임스는 거듭나기 위해선 역경의 경험이 중요하다
외쳤지만, 그 역경을 이겨냈다는 긍정성에 도취되지 않고
우울한 사람의 낙담과 비관을 중요하게 챙겼다.

시간이 흐른 뒤 거듭남은 내가 종교를 대체한 수많은
문화현상 중에서 타임슬립물을 눈여겨본 이유로 작용했
다. 대중문화에서 엄청난 호황을 이룬 타임슬립물에서 빠
지지 않는 서사가 있다. 현재가 잘 풀리지 않는 주인공은
과거로 돌아갈 수 있는 기기나 약을 접한 뒤, 풋풋하고 뭐
든 다 잘할 수 있을 것만 같은 과거(특히 10대 시절)로 돌아
간다. 주인공은 그 시절에서 못 다한 사랑을 이루고, 잃었
던 순수를 회복하며, 극에서 설정된 한계 상황을 이겨낸
뒤, 다시 현재로 돌아온다. 그러곤 더 이상 도덕적·윤리적
으로 갈등을 일으키지 않는 말끔하고 희망찬 중산층으로
거듭나겠다는 각오를 다진다. 저널리스트 멜리사 달Melissa
Dahl이 논했던 것처럼, 사람들이 10세에서 30세 사이에 벌
어진 일들을 그 전후에 일어난 일보다 더 생생히 기억하
는 '회고 절정'이란 심리적 추이는,[11] 내가 생각하기에 타

임슬립물에 스민 음산한 교훈과 결합되어버렸다. 즉, 재생과 갱생을 다지는 개인의 밀폐된 각성만을 중시한 채 나만 잘하면 이 사회는 껄끄럽지 않으리라는 보신주의로 말이다. 타임슬립물은 이 같은 보신주의를 거듭남의 징표로 제시한 채 강요된 해맑은 기억의 이미지, 밝은 미래를 향한 대책 없는 약속, 나의 열광은 순수하다는 자폐적인 숭배를 조장한다. 이는 일찍이 사회비평가 우치다 타츠루內田樹가 일본사회의 분위기를 우려하며 말했던 '이상행복감'을 연상시킨다. 물론 이상행복감은 일본사회에만 있는 게 아니리라. 무엇보다 내게 교회생활은 이상행복감을 경험하기에 최적이었다. 그 같은 교회생활을 통해 나는 피터 버거가 '인식론적 엘리트'라 부르는 사람들을 관찰할 수 있었다. 인식론적 엘리트란, 본인이 속한 공동체를 겨냥한 외부의 비판으로부터 본인 주장을 방어할 뿐 아니라, 함께하는 구성원의 의심도 달래는 방어체계를 만들어내는 사람을 뜻한다.[12] 공교롭게도 내게 가장 사랑스럽고 치명적인 인식론적 엘리트는 신실한 아버지와 어머니였다.

가망

감정에 관한 사회 문제를 깊이 연구한다고 해서 자기계발서나 교양심리학, 감정에 관한 에세이에서 클리셰처럼 나오는 '감정의 주인이 되라' 는 말에 해당하는 삶을 사는 건 아니다(나는 평소 싫어하는 게 없는 편인데 저 말은 참 싫어한다). 연구로 강의로 밥벌이 로서의 글쓰기로 감정 문제를 면밀히 파고들려 하나, 조 바심은 그와 무관하게 해야겠다는 의욕과 할 수 없다는 패배의식이 뒤섞인 막강한 무력감으로 찾아들어온다. 그 럴 때마다 조르주 페렉Georges Perec의 『사물들』을 읽으면서 접어두었던 문장을 슬쩍 흘겨본다.

> 제롬과 실비의 생각에 조바심이야말로 20세기의 특 징인 것 같았다. 나이 스물에, 삶이란 감춰진 행복들 의 총합, 삶은 [그 스스로] 허락하는 한 끝없이 계속될 성취라는 걸 보았을 때, 아니 [그리] 봤다고 생각했을 때, 자신들에겐 기다릴 힘이 없으리라는 사실을 알았 다. 다른 모든 사람들처럼 도달할 수 있었다. 하지만 그들은 도달된 상태만을 원했다.[13]

조르주 페렉 하면 사회학적 소설이라는 칭호 아래 독 법이 이뤄져왔지만, 오히려 그럴수록 나는 시대의 보고서 라는 관점으로 문학 바깥의 삶을 작품에 쉬이 접붙이길 유보하는 편이다. 내가 페렉의 기록에서 주목하는 건 조 바심을 20세기의 특징으로 생각해보기 전, 조바심이 우리 의 삶에서 어떻게 그려지고 이해되는가다. 제롬과 실비는 행복의 추구와 달성이라는 허위에 지쳐가고, 급기야 자신들에겐 원하는 바를 기다릴 힘이 없음을 깨닫는다. 그래서 페렉은 두 사람이 다른 사람처럼 사회가 유포하는 목표상에 도달할 순 있겠지만, 도달 과정이 생략되어 이미 도달된 상태만을 원한다고 썼다.

사회학자 욘 엘스터Jon Elster의 논의는, 특정한 감정을 사회적 감정으로 논하려면 감정 자체를 사회적 맥락에 황급히 이어붙이기 전에 어떻게 쪼개어 검토해야 하는지 보여주는 듯했다. 이를테면 제롬과 실비가 느낀 조바심에 가닿기 위해, 조바심을 조급함과 성급함으로 나누어 검토해볼 수 있을 것이다. 조급함과 성급함을 구분지어 해석한 엘스터는 조급함이 행동에 대한 보상 '시기' 여부에 중점을 둔 상태라 말한다. 그의 설명을 응용하자면, 수요일에 5만원을 받고자 월요일에 일하는 것보다 화요일에 3만원을 받고자 월요일에 일하는 걸 선호하는 게 조급함이다 (월요일에 일하는 조건은 같지만 대가의 많고 적음에 비중을 두기보단 하루라도 빨리 받는 옵션을 택한다). 반면 엘스터는 성급함이 아예 보상 자체가 중요하진 않은 감정 상태라 논한다. 보상조건이 어떻든 간에, 행동할 이는 스스로 컨디션을 챙기면서 되도록 빨리 움직이는 게 낫다고 판단할 수 있다. 아니면 제시된 조건을 흘려듣고는 충동적으로 움직이는 경우도 생각할 수 있다. 그래서 성급한 사람에겐 (같은 수요일에 지불되는 비용이 다른데도, 이에 아랑곳하지 않고) 수요일에 5만원을 받으려고 화요일에 행동하는 경우보단 수요일에 3만원을 받고자 월요일에 행동하는 경우가 발생한다.[14]

이처럼 나는 감정사회학을 통해 일단 내가 주목하는 감정의 양상을 쪼개어 정리해보는 데 집중한다. 그러다 보면 비교적 명확하다고 이전에 써둔 ○○심, ○○감 같은 감정의 사회적 명명은 무효화된다. 그 무효화된 상태가 '그것'으로 모호하게 처리되는 순간, 나는 허탈해지기보단 은은한 의욕이 생긴다. 내 안의 해묵은 조바심도 사라져간다.

그것

그러던 어느 날이었다. 공포 영화를 잘 보지 못하는 난 영화 〈그것〉을 봤다. 영화를 보고 난 뒤 작품의 주인공은 루저 클럽도 괴물 페니와이즈도 아니란 생각이 들었다. 진정한 주인공은 루저 클럽 친구들의 입에서 나온 '그것'이란 말 자체와 그 효과가 아닐까 곱씹어보았다. 영화를 보면 페니와이즈는 공포감은 참맛있다며 감정을 뚜렷이 명명한 채 루저 클럽을 괴롭히지만, 루저 클럽 구성원들은 자신들을 괴롭히는 감정을 명확하게 표하길 최대한 미룬다. 그러면서 '그것'이라고 말한다. 그것은 자신의 성장기에 맞닥뜨린 예상치 못한 공포일 수도, 어른이 되어서도 계속 신경 쓰게 될 불안일 수도 있다. 그것은 온갖 굴곡과 험궂은 시련을 혼자가 아닌 또래와 같이 받아들였다는 연대의 뿌듯함일 수도 있다. 하지만 가장 중요한 것은 루저 클럽이 자신에게 당도한 감정의 양상에 그것이란 명명으로 괄호 쳤다는 점이다. 자신에게 다가온 감정의 실체를 곧잘 명명하지 않으려는 이 경계심은, 자신이 불러일으키는 감정을 공포감으로 명명하길 바라는 페니와이즈를 제압하는 실질적인 무기가 된다.

　　나는 좀 더 나아가 영화와 스티븐 킹Steve King의 원작과 별개로 어떤 상상력을 발휘해본다. 루저 클럽이 성인이 되어 자신이 페니와이즈와 대결했던 순간과 그 감정들을 조리 있게 말할 수 없을지도 모른다는 향후에 대해. 그렇지만 감정을 개념적으로 접근해 논리정연하게 감정의 발화를 이끄는 일만이 감정을 깊이 탐색하는 선결조건은 아니리라.

　　감정을 이야기한다는 것은 연인이 사랑을 나눈 뒤 어질러진 각자의 옷가지와 같다. 왜냐하면 감정 자체가 사랑을 나눈 후 보이는 뒤엉킨 옷가지 같기 때문이다. 물론 몇 잔째 마시고부터 필름이 끊겼는지, 왜 내 허벅지에 연붉은 멍이 들었는지 연인이 서로 다른 기억의 편린을 조합해보는 일을 감정 해석의 한 과정으로 비유해볼 수 있으리라. 허나 내가 지금까지 감정의 고찰을 놓지 않았던 건 아이러니컬하게도 감정의 발생에 대한 자초지종을 서둘러 따져 묻고 확정하지 않으려는 경계심에 있었다. 그리하여 나는 확고했던 어떤 감정이 다시 '그것'이 될 때 묘한 쾌감과 약동하는 의지를 느낀다.

그러니까, 나는 '그것'을 헤아려보려는 사람입니다.

[1]　코로나 시대를 겪으면서 새삼 희망이란 무엇일까 돌아보는 날이 잦았다. 그러면서 희망에도 여러 형태가 있지 않을까 생각했다. 가망은 원래 '될 만하거나 가능성이 있는 희망'을 뜻하지만, 현실에서 나는 가망을 사전적 의미와는 달리 쓰는 편이다. 우리 사회가 될 만하고 가능성이 있다고 점치는 상황에 유독 불확실성과 불안감을 느끼기 때문이다. 내게 가망이란 확실함을 속단하지 않은 채 내가 부대낄 여러 현실에서 좌충우돌해도 되는 가능성을 주는 희망의 한 형태다. 이는 내가 감정을 사회적 맥락과 엮어 고찰하는 삶의 동력이다.

[2]　아니 에르노·마크 마리, 『사진의 용도』, 신유진 옮김, 1984BOOKS, 2018, 25쪽.

[3]　피에르 부르디외, 『실천이성: 행동의 이론에 대하여』, 김웅권 옮김, 책세상, 2005, 232쪽. 한국어 문장의 맥락에 맞게 기존 번역문을 수정했음을 밝힌다. 참고한 국내 판본의 기존 문장은 다음과 같다. "종교적 사업의 진실은 두 개의 진실을 가지고 있다는 것이다. 하나는 경제적 진실이고, 다른 하나는 이 경제적 진실을 부정하는 종교적 진실이다."

[4]　피터 버거, 『어쩌다 사회학자가 되어』, 노상미 옮김, 책세상, 2012, 98쪽.

[5]　마르트 로베르, 『기원의 소설, 소설의 기원』, 김치수·이윤옥 옮김, 문학과지성사, 1999, 39쪽 참고.

[6]　제니퍼 실바, 『커밍업 쇼트』, 문현아·박준규 옮김, 리시올, 2020 참고. 제니퍼 실바는 '기분경제'(mood economy)라는 조어를 제시하며 신자유주의 시대의 일상이 경제 영역과 감정 영역의 상호 강화를 추구하는 형태로 나아갔다고 지적한다. 이를 통해 특히 청년들은 자신에게 봉착한 열악한 경제적 현실을 대면하고 극복할 실천을 택하기보단, 불가피하게 자신의 감정 성장을 도모하는 치료 프로그램을 택하게 되면서 불안을 해소한 듯한 착각에 빠지게 된다.

[7]　나는 외할머니가 차별적 호칭이란 견해에 동의하기 때문에 글에선 "할머니" 혹은 "대신동 할머니"로 표기했다.

[8]　오히라 겐, 『새로운 배려: 젊은 그들만의 코드』, 김인주 옮김, 도서출판 소화, 2003.

[9]   국내엔 『현대 종교의 다양성』(찰스 테일러 지음, 송재룡 옮김, 문예출판
      사, 2015)으로 출간되었다.

[10] 벤 핀첨, 『재미란 무엇인가』, 김기홍·심선향 옮김, 팬덤북스, 2020.

[11] 멜리사 달, 『웅크린 감정』, 강아름 옮김, 생각이음, 2021, 23쪽 참고.

[12] 피터 버거, 앞의 책, 47쪽.

[13] 조르주 페렉, 『사물들』, 김명숙 옮김, 펭귄클래식코리아, 2011, 64~65쪽
      참고. 한국어 문장구조에 맞게 원문을 참고해 의미를 부연해보았다.

[14] 욘 엘스터, 『사회적 행위를 설명하기 1』, 김종엽 옮김, 그린비, 2020, 294
      쪽 참고.

몸 없는 공간의 젠더를 연구하기 위해

윤보라

윤보라 : 젠더교육연구소 이제IGE 연구원. 서울대학교 여성학협동과정 박사과정 수료. 온라인 문화 생태계와 젠더 변동에 관심을 갖고 공부 중이다. 『일베와 여성혐오: 일베는 어디에나 있고 어디에도 없다』 등을 썼고, 함께 쓴 책으로 『여성혐오가 어쨌다구?』, 『그럼에도, 페미니즘』이 있다.

오그라든 세계의 사람들

내가 여성학 대학원 석사과
정에 입학한 해는 미국산 소고기 수입 반대 촛불집회의
열기가 절정에 달했다가 조금씩 사그라들던 2008년 9월
이었다. 그때만 하더라도 '인터넷을 많이 하는 사람'이라
는, 다소 독특한 정체성을 공유하는 일군의 사람들이 있
었다. 다른 말로 바꾸자면 아마도 '네티즌' 정도가 아닐까.
나 역시 그런 사람들 중 하나였다. 나는 주변 사람들에게
이곳 사이버 세계에서 일어나는 최신의 일들을 전해주
는 일종의 변사辯±였다. 여러 우여곡절과 좌충우돌 끝에
2008년 촛불집회에 등장한 외모관리 커뮤니티 여성들의

정치주체화를 주제로 석사학위논문을 썼다. 모든 개인의
삶이 그렇듯, 작은 우연들이 겹쳐서 일어난 일이었다.

국민의 정부가 IMF 외환위기라는 절체절명의 국난
을 정보화사회로의 진입으로 돌파하고자 국민PC 보급 정
책을 펼친 것이 그렇다. 어느 날 아버지가 우체국에 얼마
간의 돈을 예치하고 국민PC를 사 오셨다. 살면서 램이나
CPU, 메인보드 같은 단어를 들어봤을 리 만무한 우리 가
족이 집에 컴퓨터를 놓을 수 있게 된 것은 순전히 이 정책
사업 덕분이었다. 외출 후 집으로 돌아와 전원 버튼을 누
르면 컴퓨터 팬이 우웅 하고 돌아가는 소음과 함께 당도
한 곳이 있었다. 필례, 물푸레, 펍, 레이나, 파락호…. 1990
년대 말 2000년대 초 내가 처음 PC통신을 했을 때, 반쯤
은 어디서 베꼈고 반쯤은 진심인 대화를 나누던 사람들이
다. 언제부턴가 '오그라든다'는 의태어가 등장하면서 그
당시 사이버 공간을 지배했던 뜨겁고도 독특한 대화들은
자취를 감추었다. 하지만 그 특유의 대화와 감수성이 나
를 포함한 많은 이들의 정체성에 큰 영향을 미쳤음을 부
정할 수는 없을 것이다.

내가 페미니즘에 관심을 갖게 된 것은 1990년대에 10
대를 보냈다는 우연 때문일 것이다. 한국의 90년대 초중
반은 "허름한 지하카페에서 고다르의 영화를 보는 행위
자체가 하나의 작은 집회"였고 "영화를 본 뒤 (…) 자본주
의에서의 소외, 허위의식만은 아닌 이데올로기, 페미니즘

등에 대해서 이야기"하던 시기였다.[1] 알아들을 수 있는 문장이 거의 없는 잡지(예컨대 『키노』)를 읽고 록 음반 부클릿에 실린 가사를 외우며 조숙한 척하고 싶었던 90년대의 10대에게 페미니즘은 전혀 이질감 없이 스며든 시대적 공기였다. 그래서 서울에 사는 나 같은 10대는 대학생들의 성정치문화제를 보러 신촌을 기웃거리거나, 서점에서 문제집 대신 『대중매체와 페미니즘』 같은 책을 집어 오기도 했다.

그렇다 하더라도 페미니스트와 '네티즌'이라는 두 정체성을 여성학 연구 안에 연결시킬 수 있을 것이라는 생각은 하지 못했다. 온라인 공간에 대한 페미니즘 연구가 지금처럼 많지도 않았다. 이 연결을 북돋아준 것은 대학원에서 만난 동료들이었다. 2년 동안 석사학위논문 주제를 찾던 나는 노동 세미나를 기웃거려보기도 하고 진보정당에 대해 공부하겠다고 마음먹는가 하면 심지어 탈북여성을 주제로 써보는 건 어떨까 생각도 했다. 동료들은 나의 어처구니없는 논문 구상을 늘 참을성 있게 들어주면서도 내가 가장 많이 관찰한 곳에 대해 써볼 것을 권했다.

'직업이 네티즌'이라는 우스갯소리가 있었다. 지금은 실소조차 나오지 않는 말이지만 한때는 꽤 감각적인 유머로 통했다. 이제 네티즌이라는 말은 거의 사어死語가 되었다. '가상공간의 시민'을 가리키는 단어가 사라졌다는 것은, 곧 현실세계의 시민과 가상공간의 시민을 구분하는 것 자체가 무의미해졌다는 뜻이 아닐까. 몇 년 전 공저로 페미니즘 책을 발간할 기회를 얻었을 때 나는 저자 소개에 온라인 문화 생태계와 젠더 변동에 관심을 갖고 공부 중이라고 썼다. 이제 현실과 가상이 일상적으로 교호하는 상황에서 박사학위논문을 써야 하는 40대가 된 나는 내 연구 주제와 연구 대상을 설명하는 일에 전보다 훨씬 애를 먹고 있는 것 같다.

"우리의 경쟁 상대는 인간의 수면시간"

넷플릭스의 최고경영자 리드 헤이스팅스Reed Hastings는 오랫동안 언론사와 월스트리트로 부터 당신 회사의 경쟁자는 누구냐는 질문을 받아왔다. 특히 2016년 아마존이 전 세계를 대상으로 아마존 프라임 비디오라는 스트리밍 서비스를 선보이자 사람들은 넷플릭스의 경쟁 목록에 HBO, 유튜브에 이어 프라임 비디오까지 등재됐다고 생각했다. 하지만 헤이스팅스는 "우리의 경쟁 상대는 인간의 수면시간"이며 "우리는 이기고 있는 중"[2]이라고 일갈했고, 나는 이 말을 강의나 글에서 여러 차례 인용하였다. 나는 이 말을 좋아한다. 지금 우리가 처해 있는 디지털 시대의 한 단면을 극적으로 드러내주는 말이, DVD 대여 사업에서 출발하여 세계 굴지의 엔터

테인먼트 OTT 기업의 수장에 올라 글로벌 산업 트렌드를 진두지휘하는 창업주의 자신만만한 언설을 통해 나왔다는 것도 흥미로웠지만 무엇보다 이 말의 뒷맛에서 느껴지는 모종의 서늘함 때문이다.

경쟁에 대한 대담하고도 자유분방한 전망을 가진 몇몇 최고경영자들을 우리는 익히 알고 있다. 그래서 헤이스팅스의 이 발언은 코카콜라의 옛 회장 로베르토 고이주에타Roberto Goizueta가 남긴 명언, 코카콜라의 경쟁 상대는 다른 음료수가 아닌 물이라고 했던 것이나 차량공유 기업 우버Uber의 경쟁 상대는 동종업계인 리프트Lyft가 아니라 결국 구글의 자율주행 자동차 프로젝트라고 하는 전망과 자주 비교되곤 했다. 그러나 인간의 시간은 물과 자동차하고는 근본적으로 다르다. 물과 시간은 적절한 비교 대상이 아니다.

아리스토텔레스 이후 시간의 본질에 대해 논구한 수많은 철학자들은 인간 실존의 문제가 언제나 시간과 직결되어 있다고 하였다. 넷플릭스라는 개별 서비스를 넘어 디지털 기술체계가 만들어낸 공간에서 인간이 보내는 시간의 문제는, 따라서 인간의 존재론적 질문과 연결될 수밖에 없다. 스마트폰을 들고 침대에 누워 하루 동안 이 세상에서 일어난 모든 일들을 섭렵하다가 잠을 이기지 못하고 스마트폰을 떨어뜨려 광대뼈가 욱신거렸던 어젯밤을 떠올리며 헤이스팅스의 말을 상기시켜본다면, 우리는 이 경쟁에서 매 순간 '패배하고 있는 중'인 것 같다. 인간의 존재 자체는 디지털이라는 기술체계와 팽팽하게 대치하고 있다.

'인간의 모든 시간'이라는 공격적 말 대신 '수면시간'이라고 한 것은 오로지 정상을 향해 전략적 비즈니스 전투를 이끌어야 하는 기업의 리더가 할 수 있는 최대한의 정중한 표현일지도 모르겠다. 왜냐면 우리는 수면시간만 줄이고서 이 공간에 머물지 않기 때문이다. 수면시간뿐만 아니라 디지털에 빼앗겨서는 다소 곤란한 시간들, 예를 들면 서로 사랑하고 노동하고 내가 수행해야 하는 지구상의 중요한 일들을 마치는 데 할애해야 하는 시간마저 줄여서 디지털 공간에서 머물고 있다. 그렇다면 우리가 우리의 시간을 보내면서 이곳에서 하는 일들이란 과연 무엇일까.

이곳—새디 플랜트Sadie Plant가 일찍이 0과 1의 세계로 표현한 이곳에는 살아 숨 쉬는 인간이 시간을 들여 하는 거의 모든 일들이 다 들어가 있다. 여기서 사람들은 음식을 먹고, 연필 사각거리는 소리를 내어 잠을 재워주고, 대화를 나누고, 사랑과 증오를 키우기도 한다. 정치운동을 하고 자산도 증식한다. 가상화폐 거래소에 들어가 오로지 프로그램 코드로만 존재하는 돈Coin 앞에 천문학적인 숫자의 사람들이 모여 매수와 매도를 체결하고 그 계약을 알리는 번쩍거림을 무한히 응시하는 시간은, 누군가에겐 일터에 나가 노동하는 시간보다 훨씬 더 값지다. 이 시간을 보내도록 추동하는 것은 가상화폐 투자를 통해 평생 만져볼 수 없는 돈을 벌고 사직서를 제출한 사람이 있다는, 박씨를 물고 온 제비 덕분에 큰 부자가 되었다는 전래동화를 닮은 디지털 구전口傳들이다.

다행성 종족의 미래와 디지털 거주지

트위터가 제공하는 200자 안팎의 문장으로 2조 달러, 우리 돈으로 약 2천 200조가 넘는 가상화폐시장을 쥐락펴락하는 테슬라의 일론 머스크 Elon Musk는 자신이 소유한 민간 항공우주 기업을 통해 2024년까지 화성에 인류의 첫 식민지를 건설하겠다고 공표한 적 있다. 나로서는 그의 계획이 순조롭게 진행되고 있는지 그다지 관심은 없으나 "인간은 다행성 종족multi-planet species이 되어야 한다"는 그의 주장만큼은 의미심장하게 기억하고 있다. 이미 머스크보다 한 세기 먼저 비슷한 예언을 한 사람이 있었다. 한나 아렌트Hannah Arendt는 러시아의 위대한 과학자 콘스탄틴 치올콥스키가 "인류는 지구에 영원히 속박된 채 머물지는 않을 것이다"라고 한 말을 『인간의 조건』 서문에 인용하였다.[3] 이 말들은 디지털 공간 내 인간의 이동력에 대해 생각하게 해주었다.

인류가 언제쯤 다행성 종족이 될 수 있을지는 모르겠다. 다만 지금 상황에서 볼 때 우리는 이미 지구와 화성과의 거리만큼이나 먼 거리들을 매 순간 아무렇지 않게 옮겨다닌다는 것을 이야기하고 싶다. 가상의 세계에서 발휘하는 우리의 이동력은 인간의 몸을 지구에서 화성으로 옮기는 것만큼이나 가공할 만한 것이지만, 이러한 이동은 너무 당연하고도 강고한 문화적 전제로 자리 잡은 바람에 크게 인식되지 않는다.

정보의 흐름을 전달하는 인터넷 네트워크를 두고 특정한 '공간'으로 상상하기 시작하면서 인간이 이 연결망에 '접속'하는 행위에는 '입장'한다는 관념이 덧입혀졌다. 짧게는 과거 PC통신 시절부터 지금까지, 네트워크 기술 체계가 만들어낸 이 연결망은 공간으로서의 지위와 성격을 한 번도 잃은 적이 없었다. 늘 현실세계와 대비되는 공간, 인간이 서로 의사소통을 하고 상호작용을 하는 새로운 장소로서 받아들여졌다. 하지만 얼마 전까지만 해도 이곳에 머무는 일은 물리적 제약 속에서만 가능했다. 컴퓨터가 놓인 공간으로 몸을 이동해서 컴퓨터 앞에 머무는 한정된 시간에만 출입할 수 있었기 때문이다.

인간이 언제 어디서나 인터넷 네트워크에 연결될 수 있는 유비쿼터스 컴퓨팅을 가능하게 한 핵심적인 계기로 스마트폰의 발명과 상용화가 손꼽힌다. 그렇다면 인간이 가상공간과 관계 맺고 서로 상호작용하는 방식 또한 스마트폰 이후 새로운 국면에 접어들었다고 할 수 있을 것이다. 우리는 더 이상 일정한 시간을 할애해서 사이버 공간을 탐험하는 방식으로 가상공간을 경험하지 않는다. 이곳은 우리의 물리적 몸이 존재하는 지구에서 우리가 거주하는 것과 거의 비슷한 위상을 가진 디지털 거주지digital dwelling로서 자리 잡은 것 같다.

지구라는 거주지에서 인간이 이동할 수 있는 능력은 매우 오랫동안 시간을 들여 천천히 상승하였다. 철도와 기차, 자동차와 비행기(그리고 혹시 모를 미래의 스페이스X)에 이르기까지 인간의 이동력을 향상시켜준 일련의 발명들은 비록 그 등장 간격이 짧아지긴 했더라도 나름의 시간을 들여 우리에게 찾아왔다. 우리는 다른 장소로 이동하기 위해 나름의 시간과 수고를 들이는 것에 익숙하다. 가령 강원도 여행을 마치고 내 집이 있는 서울로 이동하는 경험을 떠올려봐도 그렇다. 해변도로를 뒤로 하고 좀 더 달리면 대관령을 구불구불하게 넘는 456번 지방도로나 영동고속도로에 올라타게 된다. 창밖의 풍경이 바다에서 산과 밭, 잠깐씩 즐비하게 들어선 요란한 모텔들, 지루한 터널, 교외의 물류창고, 톨게이트 등으로 바뀌기까지 제법 오랜 시간이 걸렸고 그 과정들은 눈과 귀와 같은 감각기관에 천천히 각인되었다. 창밖의 풍경이 몇 번씩 바뀐 뒤 어느 순간 초록색의 네이버 사옥과 고층 빌딩들이 눈에 들어오기 시작하면 비로소 서울이 머지않았음을 깨

닫게 된다. 곧 이 여행이 끝나가고 있다는 사실이 일깨워
진다. 경험의 장을 옮겨다닌다는 것은 이런 방식으로 체
험되었다.

주지하다시피 많은 미디어 학자들은 미디어의 발달
이 인간이 시공간을 감각하는 것에 큰 영향을 미쳤으며
인간의 거리 감각을 획기적으로 변화시켰다고 하였다. 새
로운 미디어는 언제나 기존의 미디어를 차용하면서 등장
하게 마련이고 지속적으로 서로를 대체하는 등 일련의 연
속선상에 놓여 있다.

지금의 가상공간이 기존 미디어의 역사와 전통 속에
놓여 있다고 생각해보자. 스마트폰을 켜서 포털사이트에
서 뉴스를 보는 행위는, 예전에 우리가 신문을 한 장씩 넘
기며 휠체어를 탄 대기업 총수의 사진이 실린 1면부터 끔
찍한 살인·강간 사건, 다음 달부터 바뀌는 세금 정책, 최
근 화제가 된 영화배우의 인터뷰를 훑다가 TV 편성표까
지 꼼꼼히 챙겨보던 행위와 같은 선상에 놓여 있는 것처
럼 보인다. 카카오톡 같은 모바일 인스턴트 메신저 역시
ICQ에서 MSN, 네이트온, 버디버디에 이르는 인스턴트 메
신저의 흥망성쇠와 궤를 같이한다고 여겨진다.

하지만 여기에는 결정적인 차이가 있다. 우리가 과거
에 신문이나 9시 뉴스를 보고 타인과 메신저로 소통하는
것 역시 일정한 시간을 할애해서 벌이는 행위이지만 우리
의 거주지는 어디까지나 내 몸이 정박해 있는 지구 위였

다. 우리는 TV나 신문, 메신저 같은 미디어 속에서 살지는 않았다.

디지털 거주지의 세계 속에서 이동하는 일이란 강원도 여행과 다르다. 내가 엄지손가락의 놀림에 따라 이동할 수 있는 거리는 내가 있는 곳에서부터 인스타그램에서 엿본 누군가의 저녁 식탁까지이고, 코로나19로 울부짖는 빈국의 어느 수도까지의 거리이다. 우리는 화면을 슬쩍슬쩍 아래로 미는 것만으로도 세상에서 일어나는 거의 모든 종류의 일들, 심지어는 생면부지가 연인과 나눈 카카오톡 대화창에까지 관여할 수 있는 권능을 갖게 되었다. 먼 거리를 이동하면서도 그 거리에 대해서는 무감해진다. 연예인 A와 B의 진실공방을 숙독한 뒤 화면을 조금 내리면 두 돌이 갓 넘은 아이의 참혹한 죽음이 기다리고 있고, 폭등하는 아파트 값에 분노하다가 유머 캡처 글 밑에 꽤 긴 자음(ㅋ)을 남기는 것은 전혀 모순적인 일이 아니다. 지구 곳곳에서 일어나는 기상이변에 대한 걱정은 고양이 사진을 보고 나면 조금 누그러들 것이다.

불과 수 초 동안 나의 눈이 좇는 이 데이터들 간의 거리가 지구와 화성과의 거리보다 가깝다고 말할 수 있을까. 이 공간은 이제 속내를 알 수 없는 CEO 한 명이 트위터에 적은 몇 글자로 하룻밤 새에 수천억 달러의 돈이 증발하는 일이 일어나는 것이 실제로 가능한 생태계[4]로 진화했다. 나는 이곳에서 상호작용하며 서로 영향을 주고받는 유기체로 살아가는 일이, 다른 행성에서 살아가는 일보다 덜 특수한 변화라고 생각하지 않는다. 게다가 이 일들은 모두 10여 년에 걸친 짧은 시간에 걸쳐 일어났을 뿐이다.

커뮤니티나 SNS의 뉴스피드를 좇는 우리의 눈은 과거의 미디어를 소비하는 모습과 닮았다기보다 차라리 대형마트에 들어가 진열대에 가지런히 쌓인 컵라면이나 맥주, 주방세제, 무형광 휴지 등을 훑으며 집었다 놨다를 반복하는 행위와 외형적으로는 더 흡사한 것 같다. 결코 같은 무게의 정보양식이라고 등치될 수 없는 다른 차원의 담론과 표상들이 액정 위에 놓이고 나면, 맥주와 휴지처럼 본질적으로는 서로 무관하지만 진열대 위에 함께 놓였을 때 전혀 이질감 없는 물건들처럼 구성되는 것이다.

우리의 몸은 어디에 있을까

그렇다면 이 공간에 머무는 동안 우리의 몸은 어디에 있는 것일까. 코로나19가 한창 극성을 부리던 때, 나는 어떤 사람이 코로나19에 감염되어 중환자실에서 사경을 헤매다가 가까스로 회복한 경험담을 어느 온라인 커뮤니티에서 보았다. 그는 몇 주 만에 처음 스마트폰을 들었더니 생각보다 너무 무거워서 놀랐다고 하였다. 그러고 보니 지난 10여 년간 단 몇 주라도 내 몸이 스마트폰과 떨어져본 적이 없었다. 어떤 중대한 상황이 벌어지지 않는 한 아마도 내 몸이 스마트폰의 질량을 체감할 일은 없을 것이다.

내가 만지는 것은 주로 검정색의 납작하고 매끄러운 직사각형 물질만은 아니다. 내가 만지는 것은 액정 안의 정보양식 그 자체다. 터치 제스처와 햅틱 기술은 정보양식 일체를 직접 만질 수 있도록 돕고 있다. 그전까지 데이터나 정보양식은 마우스나 키보드 같은 보조 장치를 통해서만 우리에게 도달했고 우리와 데이터 사이에는 그만큼의 물리적 거리가 존재했다. 터치스크린 대신 쿼티 자판을 장착한 초기 스마트폰 모델 블랙베리가 전면적인 대중화에는 실패하고 일부 마니아들에게만 사랑받게 된 것을 떠올려보자. 햅틱 기술이 적용되지 않은 PDA는 아예 사라져버렸다. 기기와 나를 연결해주는 어떤 장치도 없이 손가락으로 스크린을 직접 접촉해서 그 안의 정보양식 자체를 만지는 행위와 다양한 햅틱 기술을 통해 그 행위를 지각하는 체험이 얼마나 결정적인가 비교할 수 있을 것 같다.

이는 분명 생소하고 이질적이며 놀라운 경험이었다. 2009년 국내에 아이폰3GS가 상륙하면서 내 주위에도 스마트폰을 구입한 사람들이 차츰 생겨났다. 나는 언제나 새로운 기기를 구입하는 것에 늦는 편이었다. 내가 가장 처음 겪어본 아이폰은 친한 선배의 것이었다. 우리는 대학원 연구실 소파에 둘러앉아 그의 아이폰을 차례로 건네받으며 이 새로운 감각들을 순서대로 시연해보았다. 내가 해본 것은 아주 간단한 게임으로, 날카로운 칼날을 피해 물체를 이동시키는 퍼즐 같은 것이었다. 내가 틀린 장소에 옮겨놓는 바람에 손가락이 칼날에 닿을 때마다 약한 진동이 끊임없이 전해졌다. 연속해서 미션에 실패한 내가 마치 실제로 다친 부위를 대하듯 나도 모르게 손가락 끝을 문지르면서 호 하고 입김을 불자 모두가 크게 웃음을 터뜨렸었다.

　가상세계라고는 하지만 이곳에서의 체험을 근본적으로 가능하게 해주는 직관적 터치 제스처들 속에는 인간의 몸의 감각이 스며들어 있다. SNS 화면을 새로고침하기 위해 화면을 잡아당기는 터치 제스처가 카지노의 슬롯머신에서 착안됐다는 것은 넷플릭스가 자체 제작한 다큐멘터리 〈소셜 딜레마〉에 등장한 개발자들의 증언을 통해 유명해졌다. 내 엄지와 검지를 벌리거나pinch out 오므려서 pinch in 어떤 정보양식을 확대하고 축소하는 것, 엄지를 놀려 슬쩍 다음 페이지로 넘기는 것swiping, 쓸모없는 페이지나 데이터를 휙 던져서 날려버리는 것flick…. 더없이 신체적인 감각이 지속적으로 축적됨에 따라 우리는 내 손안의 6인치 액정 속에 띄워져 있는 데이터를 얼마든지 통제할 수 있다는 사고양식을 갖게 되었다.

이렇게 데이터나 정보양식을 직접 만져서 통제할 수 있다는 믿음은 이곳이 자아가 상시적으로 거주하는 디지털 거주지의 성격을 만들어가는 데 큰 영향을 끼친다. 거주지 개념은 주로 세법에서 과세관할권을 상정하기 위해 도입한 규정으로 잘 알려져 있다. 근대 국가는 개인이나 법인이 납부해야 할 세금이 어디에 귀속되어야 하는지를 판별하기 위해 오랫동안 거주지 개념을 정비해왔다. 그의 소재지가 어디인지, 그가 어느 지역에서 얼마 동안 체류했는지, 그가 영위한 활동의 장소는 어디인지, 그리고 그가 갖고 있는 자산의 소재지가 어디인지를 구분하는 것이 조세제도의 기본 토대이다.

앤 마리 발사모Anne Marie Balsamo를 비롯해서 많은 학자들이 일찍이 1990년대부터 가상공간에서의 경험을 '거주' 개념에 빗대어 묘사해왔는데, 오늘날에 이르러 이것은 단순히 은유에만 그치지 않는다. 특별한 이유 때문에 디지털 디톡스를 결의한 사람이 아니라면 우선 우리는 충분한 체류기간을 통해 이곳의 거주자 요건을 무난히 충족시키고 있기 때문이다. 나는 지난주만 해도 하루에 평균 86번 스마트폰 화면을 깨웠고, 하루 24시간 중에 5시간 가까이 이곳에 머물렀으며, 400개가 넘는 알람에 반응했다.

무엇보다 여기에는 나의 중요한 자산들이 들어 있다. 바로 내가 만지는 정보양식들이다. 움직이면서 끊임없이 네트워크에 접속할 수 있는 몸으로 변한다는 것은 생각보다 훨씬 복잡하다. 마치 지구 위에 거주하면서 비바람을 막아줄 집과 옷과 생필품, 물건을 구매할 수 있는 돈, 친구를 만나서 함께 마실 커피가 필요하듯이 이곳에 거주하기 위해서는 나름의 자산들이 필요하다. 내가 이곳에 살면서 운신하기 위해 필요한 모든 것들이 구름(클라우드)처럼 내 머리 위에 떠다니기 때문에 우리는 이 자산들을 각자의 방식대로 끊임없이 운용할 수 있다. 데이터라고 불리기도 하고 jpeg, avi, gif, exl 등 갖가지 형식으로 존재하는 이 자산들을 얼마든지 저장하고, 꺼내 쓰고, 남에게 나눠줄 수 있고, 남에게 돈을 받고 팔 수도 있다. 내가 진짜 나라는 사람임을 증명하는 가장 보편적인 방법도 데이터를 통해서 이루어지느라 지갑에서 신분증을 꺼낸 게 마지막으로 언제인지 잘 기억도 나지 않는데, 이곳을 거주지라고 부르는 것이 과장일 수는 없을 것이다.

우리가 디지털 거주지에서 만끽하는 권능은 앞서 언급한 무한한 이동력에서 오는 것과 동시에, 데이터—나의 자산들을 만져서 통제할 수 있다는 것에서도 비롯할 것이다. 지도 앱을 켜서 손가락 두 개를 살짝 밀어올리면 나는 슬그머니 3D로 솟아오르는 입체적 건물들을 직접 만질 수 있다. 모바일 지도 앱이 지금-여기의 나를 중심으로 주변 세계에 대한 경험을 강화시키는 과정을 밝힌 이동후의 진술처럼, 이 모든 체험의 중심에는 나 자신이 있다.[5] 두 손가락을 벌리고 오므리는 것을 반복함으로써 데이터, 정보양식, 담론, 커뮤니케이션 덩어리들은 내 손가락의 움직임에 따라 커졌다 작아졌다 나타났다 사라졌다를 반복한다. 길거리에서 타인의 신체를 몰래 찍는 행위 자체가 자산을 만드는 행위가 되어버렸다. 진짜 돈을 받고 팔든, 단톡방에 올려서 돌려 보는 짤로 활용하든 말이다.

이 세계 속에서 숨겨진 진실, 실수, 흠집, 음모 같은 것들은 끝까지 파고들어 마침내 밝혀낼 수 있는 것으로 여겨지고 우리는 여기에 몰두하게 되었다. 이 세계는 상대방이 누가 됐든 그가 디지털 공간에 남긴 과거의 말과 행동과 생각의 지문들을 모두 찾아낼 수 있다고 생각하게 만들기 때문이다. 미처 숨기지 못한 것들이나 나중에서야 비로소 의미를 찾을 수 있도록 만들어둔 은밀한 비밀 같은 것들은 내 손가락 끝에서 노출될 수밖에 없는 무력한 것들이다. 알아내고 싶은 것들을 끝내 얻어낼 수 있게 된다. 벌려서 확대된 세계는 언니와 여동생과 어머니가 살고 있는 서울의 한 아파트에 숨어 들어가 일가족의 목숨을 차례로 앗아간 사람의 손가락 속에도 있다. 온라인 게임을 하다 만난 피해자에게 교제를 요구하며 수개월간 스토킹을 한 끝에, 피해자 여성과 그 가족을 몰살한 20대 남성은 피해자의 주소를 사진 속 택배 상자를 통해 알아냈다고 했다. 벌려서 확대된 세계는 사랑하는 아이돌 멤버가 약지에 낀 반지를 기어이 찾아낸 팬의 탄식 속에도 들어 있다.

다시 우리의 몸을 생각하게 된다. 우리의 몸은 어디에 있는 것일까. 엄청난 간극의 거리를 이동하면서 이 세계를 전지적 관점에서 주관하는 우리의 인지와 감각과는 정반대로, 네트워크에 들어가 있는 사람의 모습을 보면 그는 감각과 이동 능력을 갖춘 동물動物로서 인간이 갖고 있는 동물성이 다 지워져 있다. 고개를 숙인 채 꼼짝 않고 긴 시간 동안 멈춰 있는 그는 아이러니하게도 가장 역동적이고 활발한 무언가를 행위하는 중이며 무한한 이동력을 실행하는 중일 것이다.

디지털의 이디엄 중에서 더없이 탁월한 말이 여럿 있겠지만 그중 하나를 꼽는다면 '현생'이 아닐까 싶다. "현생 사느라", "현생 살고 왔더니", "현생을 살아야"…. 나 역시 현생을 소홀히 하는 경험이 적지 않은 사람이다. 이때 현생의 의미는 너무나도 직관적으로 해석되기 때문에 설명할 필요조차 없어 보인다. 하지만 가상세계에 머무는 동안 꼼짝 않고 멈춰 있어야 하는 우리의 몸을 떠올리며 굳이 현생이란 말을 풀어 써본다면, 결국 지구에 정박해서 우리의 몸과 더불어 살아가는 시간을 뜻하는 것은 아닐까 하는 생각이 든다. 그래서 몸 없이 살고 있는 이 거주지에서 몸 없이 살고 있는 것의 의미가 무엇인지 계속해서 생각하게 되는 것이다.

디지털 신체의 젠더

미디어나 기술의 발전이 인간의 몸에 체화되고 신체를 확장시키며 거리 감각을 변형시킨다는 것은 많은 학자들에 의해 정식화된 논의이고 따라서 새로 발견해야 할 내용이라기보다 학문적 전제로 삼아야 할 내용이다. 그렇다면 확장된 몸과 함께, 한편으로는 몸 없이 살아가고 있는 지금을 하나의 역사적 국면으로 바라보고 이를 젠더 관점에서 분석하는 작업은 출발점에 서 있다. 새로운 질문이 계속 주어지고 설명을 요구하고 있다. 나는 계속 '인간' 혹은 '우리'라고 썼는데, 2010년대 중반 이후 디지털 공간에서 요동치는 젠더 담론들은 그 인간과 우리가 결국 성적 차이를 가진 존재라는 점에서 가장 결정적이라고 외치는 것이 아닐까.

한때 가상공간을 대표하는 주요 단어들은 '집단지성', '숙의민주주의', '공론장' 등이었다. 사이버 공간을 향유하는 '네티즌'은 기술 서비스의 수용자이자 온라인 저널리즘의 열렬한 소비자를 넘어, 새로운 공론장에서 숙의민주주의를 논하고 정치적 효능감을 높여온 주체로 상찬받았다. 2000년대 내내 온라인 공간은 하버마스적 의미의 공론장을 가장 충실히 구현한 곳으로 여겨졌다. 이런 특징들은 사이버 공간의 시민들이 오랫동안 이 공간의 질서와 규칙들을 순조롭게 구성해온 결과이기도 하다.

비슷한 시기 미국에는 사이버 공간이라는 새로운 영토에 들어가 치솟는 아드레날린과 허황된 꿈을 함께 경험하자고 외친 사람이 있었다. 존 페리 발로^{John Perry Barlow}는 시인이자 수필가, 록 밴드 그레이트풀 데드^{Grateful Dead}의 작사가, 1세대 사이버 자유주의자, 전자 프런티어 재단의 공동설립자, 그리고 무엇보다 '미친 사람'으로 유명했다. 그는 스스로를 두고 미국의 건국자 토머스 제퍼슨^{Thomas Jefferson}에 빗대어 당대의 제퍼슨이라 자처하며 그 유명한 사이버 공간 독립선언문을 만들었다. "과거의 유물인 당신들에게 미래의 대표로서 요구하노니 우리를 건드리지 말라. (…) 당신들은 우리들 세계에서는 통치권이 없다." 그러니까 이 공간을 억압과 차별이 존재하는 현실과 달리 낭만적이고도 해방적인 공간으로 바라본 관점은 국내외를 막론하고 어느 정도 공유하고 있던 것이었다.

그사이 사이버 불링이나 신종 성폭력 정도로 분류된 소음과 폭력은 여성을 포함하여 결코 소수가 아닌 사람들이 안정적 시민권을 구성하는 데 위협적인 것이었으나 이 공간의 낭만성까지 전복시킬 정도로 전면화되지는 못했다. 숙의민주주의 공론장은 양지로, 비정상적이고 폭력적이며 일탈적 재현이 일어나는 곳은 음지로 분리되어 다뤄졌다. 담론의 표층에 '정치적 주체'나 '집단지성' 등의 표상이 터 잡고 있는 사이, 양쪽 공간에 불안하게 침윤되어 있던 젠더와 섹슈얼리티는 거의 포착되지 않았다. 양쪽 공간을 오가며 끈질기게 잠거하고 있는 열정과 사랑, 증오 등의 구동방식은 중요한 문제로 다뤄지지 못했다.

하지만 사실상 디지털 공간의 규범과 규칙, 일련의 제도적 장치들을 만들어낸 주된 원리이자 음지와 양지의 여과 지점이 바로 젠더라는 점은 주지하다시피 2013년 '일베'를 신호탄 삼아 드러났다. 그동안 사이버 공간이 사실상 특정한 섹슈얼리티의 생산과 배치를 통해 젠더 질서를 조직하는 공간이었으며, 디지털 실천의 재료가 될 다양한 언어와 자원과 상상력이 남성 섹슈얼리티의 신화와 환상 속에서 의미화되어왔다는 것도 드러났다. 그와 동시에 '정의로운 네티즌', '집단지성'과 같은 표상은 빠르게 몰락하였다.

이제 그 자리는 '가짜뉴스', '필터버블', '탈진실' 같은 단어가 차지하고 말았다. 디지털 거주지의 시민은 이제 "사유의 무능을 겪는 시민"이 되어 민주주의의 토대를 침식하고 새로운 형태의 통제사회를 가져오고 있는 것이 아니냐는 우려마저 제기되고 있다.[6] 이제 디지털 공간은 시민적 역능을 실험하고 전자민주주의를 꽃피우는 공간이 아닌, 위기의 공간으로 감지되고 있다.

부정할 수만은 없는 진단이라고 생각한다. 하지만 이러한 진단이 스마트폰 때문에 비판적 사고 능력을 결여한 현대인에 대한 성토나 기술 발전이 가져온 디스토피아에 대한 냉소에서 멈춰서는 안 될 것이다. 그리고 이 다짐은 페미니즘에도 적용해야 한다. 이 공간을 여성에 대한 문제적 남성들의 폭력과 차별, 억압과 배제, 혐오로만 점철된 곳이었다고 단언하는 것은 비슷한 맥락에서 온당치 않다.

철저하게 검토되어야 할 것은 이 공간을 관장하는 규칙과 제도, 규범들이 구성되고 변용되어온 역사적 과정에서 젠더야말로 가장 긴밀하게 작동해왔다는 점이다. 예컨대 이 거주지에서 시민권의 승인과 배분은 무엇으로부터 발원하는가. 이곳에서 안정적 시민권을 획득한 사람은 누구인가. 만약 남성이라고 한다면 도대체 몸 없는 공간에서 '남성'이라는 성적 존재는 어떻게 구성된 것일까. 여성이 평등한 시민권을 가져가는 문제도 마찬가지다. 몸 없이 살아가야 한다는 디지털 거주지의 기술적 전제 속에서, 시민권을 둘러싼 여성의 도전은 어떻게 전개되어왔을까.

일베와 메갈리아가 2년의 시간차를 두고 부상한 직후 나는 이들에 대한 짧은 글을 각각 발표했다. 당시 나의 질문은 이들이 취한 전략과 담론 구성방식에 집중되어 있었다. 지금 나의 질문은 달라진 것 같다. 한국사회의 가상세계에서 성별을 중심으로 한 전선戰線이 어떻게 만들어졌으며 그 의미가 무엇인지 여전히 명확하지 않기 때문이다. 유구한 여성혐오적 문화라든가 성차별적 관행, 그동안 이곳에서 벌어져왔던 성폭력의 역사 때문에 빚어진 전선이라고 설명할 수도 있다. 하지만 이 설명만으로 충분하지는 않다고 생각한다.

그동안 별로 중요하게 다뤄지지 않았을 뿐, 이러한 차별과 폭력에 맞서는 전선을 꾸준히 만들어온 사람들이 있었다. 그렇다면 가상의 세계가 젠더에 눈을 돌리게 된 계기, 젠더의 문제가 이토록 중요한 것으로 부상하게 된 것 그 자체를 탐구의 대상으로 올려두어야 한다. 다시 우리는 이 공간의 특성들, 즉 만지고 이동하고 다양한 자산을 만들어내는 과정 등을 통해 사람들이 매우 특별한 규칙들을 만들어내고 있음을 들여다보아야 하지 않을까.

한국사회를 충격에 빠뜨린 n번방 사건은 이러한 질문들을 이끌어낸 가장 참혹한 사례가 될 것이다. 이 사건은 가상공간에서 만들어진 규칙과 규범, 제도적 장치들이 끝내 어떤 일을 빚어냈는지 확인시켜주었다. 지금까지 고안된 명명으로는 '성착취물'이 최선인, 도대체 이를 무엇이라고 불러야 할지 아직 할 말을 찾지 못한, 그런 동영상을 보기 위해 텔레그램 방에 최소한 수만 명이 모였다는 사실을 어떻게든 설명해야 하는 과제가 남겨졌다. 인간이 성적 노예로 고문받는 장면을 돈을 주고 지켜보는 일이 하물며 전시 상황 같은 특정한 국면도 아닌 평온한 일상에서 벌어졌다는 사실을 말이다. n번방 사건은 결말이 아닌 시작일지도 모른다는 점에서 더 파국적이다.

어찌 됐든 우리는 이곳을 완전히 떠나서 살 수는 없

을 것이다. 몸 없는 공간에서 '여성'이라는 성적 존재는 언제든지 자산으로 환원될 수 있는 기표가 되었다. 실재세계와 디지털 거주지를 오가면서 우리는 '여성'이 자산이 되어가는 것을 지속적으로 목격해왔다. 동시에 내가 누군가의 자산으로 포박당할 수도 있다는 불안이 누적되고 있다. 이러한 경험들은 디지털 거주자들의 심상에 무엇을 남기고 있을까. n번방의 시청자들이 평범한 일상과 잔혹한 성폭력 사이의 거리를 유유히 이동했다면, 전선 맞은 편에 선 사람들의 이동력은 어떤 국면에서 발휘되고 있을까. 여성들이 손에 쥔 자산과 권능은 무엇일까.

그것을 단지 여성들 간의 연대와 우애, 저항만으로 이해하고 넘어간다면 페미니즘이 가진 설명력을 너무 쉽게 포기하는 것일 수도 있다. 페미니즘의 언어는 여성들의 눈부신 저항력과 문화 능력을 밝혀내는 것으로만 그 소임을 다하지 않는다. 망명자를 내쫓고 도착자倒錯者에게 침을 뱉으며 '해부학이라는 숙명'을 수성하고자 애를 쓰는 여성들의 행위 또한 페미니즘이 설명해야 한다. 지금 디지털 곳곳에서 발생하는 갈등과 소음이 이 세계를 좀 더 잘 이해할 수 있는 새로운 지식의 밑천으로 전환되기 위해 가장 절실히 필요한 것이 페미니즘이라고 생각하기 때문에 더욱 그렇다. 우리가 이곳을 완전히 떠나서 살 수 없다면 말이다.

[1]   이영주·이병주·홍성일, 「현존하는 적대, 부재하는 이론: 미디어문화연구의 비판적 성찰」, 한국언론정보학회세미나, 2008.

[2]   https://www.fastcompany.com/40491939.

[3]   한나 아렌트, 『인간의 조건』, 이진우·태정호 옮김, 한길사, 1996.

[4]   「"비트코인 결제중단" 머스크 트윗에 가상화폐 시총 415조원 증발」, 『한국경제』, 2021. 5. 13.

[5]   이동후, 「모바일 디지털 지도에 관한 미디어 생태학적 고찰」, 『인간환경미래』22, 2019.

[6]   이충한, 「4차산업혁명과 민주주의의 미래: 사유의 무능과 통제사회」, 『철학논총』91(1), 2018.

영화는 무엇이 될 것인가

배주연

배주연 : 시네-미디어 기억 연구자, 서강대학교 트랜스내셔널인문학연구소 연구교수, 서울
국제여성영화제 집행위원. 대학과 대학원에서 수학, 정치학, 영화이론, 영화사, 문화영상미
디어학을 공부하였다. 현재는 영화를 비롯한 다양한 매체가 기억의 문제를 다루는 방식에
관해 연구하며, 아시아영화들이 표상하는 국가 폭력과 식민의 기억, 포스트메모리와 젠더,
기억의 정치 등에 관한 글을 쓰고 있다.

영화의 과거

1944년 5월 19일, 플랫폼에 기차가 도착하고 문이 열리면 한 무리의 사람들이 기차에서 내린다. 이들의 손에는 제각각의 슈트케이스가 들려 있고 여느 여행자처럼 편안해 보이지만 관객은 이미 자막을 통해 이들이 단순한 여행자가 아니라는 사실을 알고 있다. 플랫폼에서 여유로운 표정으로 담소를 맞으며 이들 방문객을 맞이하는 사람들은 나치 친위대원들이다. 기차에서 내린 사람들은 이 친위대원들에 의해 곧 임시수용소로 옮겨질 것이고 다시 한 번 같은 역에서 기차를 타고 떠날 때 그 끝은 아우슈비츠의 가스실이 될 터였다.

네덜란드 베스터보르크 유대인 수용소의 수감자 중 한 명이었던 루돌프 브레슬로어가 촬영한 90분 분량의 영상을 재구성한 하룬 파로키Harun Farocki의 〈베스터보르크 수용소〉는 (영화에 대한 간략한 배경을 설명하는 장면 뒤) 기차의 도착으로 영화의 시작을 알린다. 어느 강의에서 학생들에게 이 영화를 보여주었을 때, 학생들은 즉각적으로 뤼미에르 형제의 영화 〈열차의 도착〉을 떠올렸다. 시오타 역에 열차가 도착하고 사람들이 열차에서 내렸을 때, 1896년 1월 스크린 너머에서 이 장면을 보고 있던 관객들은 마침내 영화라는 신기술이 자신들의 시대에 당도했음을 알았다. 이 진기한 구경거리는 시공간에 대한 개념을 완전히 다른 것으로 바꾸어놓았다. 그리고 그 시공간은 탈신체적 감각과 함께 도래했다. 이제 관객은 자신이 직접 경험하지 않은 시공간을 눈앞에서 '지각'할 수 있었다.

그래서 〈열차의 도착〉은 최초로 상영된 영화는 아니라 할지라도 최초로 시공간의 압축과 전이라는 감각을 온전히 전시한 영화였다.[1] 그것은 원거리의 식민지와 식민 모국의 거리감을 일소하는 공감각이자, 근대와 전근대의 시차를 극복하는 시간 감각으로서 제국주의를 뒷받침했다. 그러나 파로키의 작업이 보여주듯 두 번의 세계전쟁과 광포한 제노사이드, 제국주의적 시선의 폭력을 경험한 이들에게 더 이상 영화는 진기한 구경거리도, 기술적 진보가 가져다줄 밝은 미래를 보장하는 것도 아니었다. 적어도 그 폭력성을 깨달은 사람들에게는 말이다. 영화는 이제 어떻게 역사를 할doing 것인가? 아니, 영화는 어떻게 역사에 책임 있게 응답할 것인가?

오해가 생기지 않도록 첨언하자면, 나는 역사영화에 관해 이야기하려는 것이 아니다. 나는 영화가 동시대의 시각을 직조하는 방식, 그래서 우리의 신체 감각을 구성하고 시각 권력을 배분하는 방식에 관해 이야기하고 있다.

역사, 재현, 디지털 이미지

나는 영화이론을 전공하고, 현재 서강대학교 트랜스내셔널인문학연구소의 일원으로 '기억의 연대' 프로젝트에 참여하고 있다. 그래서 기억과 관련된 영화를 추천해달라는 부탁을 종종 받고는 하는데, 그럴 때면 "모든 영화는 기억이고, 모든 기억은 영화"라는 말을 농담처럼 던지고는 한다. 영화film가 그 본래적 의미에서 현재 카메라 앞에서 벌어지는 것을 셀룰로이드 위에 기록하고 그것을 다시 스크린 위에 (일종의 꿈처럼) 투사한다는 점에서 아주 허무맹랑한 말은 아닐 테지만, 그럼에도 역사학제를 위시한 기억 연구의 작업과 영화 연구자의 기억 연구 사이에는 모종의 긴장이 존재한다. 이

167

를테면 이야기story로서의 역사history와 다시 드러내기representation로서의 영화 사이의 긴장 같은 것들 말이다.

물론 이 말에는 오류가 있다. 역사 역시 일종의 재현이기 때문이다. 역사학제 내부에서도 존재하는 이야기를 발굴하고 기술하는 것이 아닌, 그것이 드러나는 방식에 관심을 기울인 것은 이미 오래전의 일이다. 발터 벤야민Walter Benjamin은 이미 20세기 초에 역사주의자들의 실증주의적 역사관을 비판하며 섬광처럼 떠오르는 과거의 이미지를 역사가 어떻게 포착할 것인지에 대해 이야기한 바있다.

영화 역시 더 이상 재현의 매체라고 할 수 있을지 모르겠다. 이제 배우들은 스튜디오에 마련된 그린 월Green Wall 앞에 서서 가상의 공간과 가상의 인물을 상대하며, 초소형 카메라를 머리부터 발끝까지 부착한 채 모션 캡처 기법으로 완성된 컴퓨터 그래픽 이미지로 형태 변환된다. 카메라 없는 카메라[2]는 실제의 카메라보다 생생하게 움직이고, 탈물질화된 디지털 이미지들이 스크린과 스크린 사이를 유영한다. 상황이 이러하다면, 이제 영화가 재현의 매체라고 할 수 있을까? 히토 슈타이얼Hito Steyerl은 이러한 지시체 없는 방대한 디지털 이미지의 증가는—특히, "권리를 박탈당하고 비가시적이며 심지어 소멸되고 실종된 사람들의 증가"와 더불어—정치적 재현의 가능성을 더욱 희박하게 만든다고 주장한다.[3] 시간을 기록하고 기

억하는 것으로서의 영화가 가진 사진적 속성이 점차 후퇴
하면서 역사학과의 공모 지점 역시 쇠퇴하거나 혹은 새로
운 관계를 요구하는 듯이 보인다.

영화제, 극장, OTT 플랫폼

영화적 재현이 흔들릴 때, 기
억을 고민하는 영화 연구자는 무엇을 할 수 있을까? 이 글
을 처음 시작할 때, 내 앞에 놓인 질문은 "지금 가장 중요
하게 여기는 문제, 천착하고 있는 주제는 무엇인가?"라는
것이었다. 당시 나는 위안부 다큐멘터리에 관한 논문을
진행 중이었고, 영화적 재현과 역사 쓰기에 관한 고민을
이어가고 있던 때였다. 당사자의 증언을 기록하고 재현
하는 매체로서 다큐멘터리 작가들의 위치성에 관한 성찰
적 질문을 던지고 싶었다. 그런 생각이 들었던 것은 당사
자와 활동가, 그리고 다큐멘터리 감독들 사이의 관계성과
위치성에 대해 생각해볼 계기들이 2020년에 주어졌기 때
문이다. 아마 나는 그 이후에 영화라는 매체를 둘러싼 풍
경의 변화가 아니었다면, 영화가 소수자의 이야기를 기록
하고 재현하는 방식에 관한 당시의 고민을 글에서 풀었을
것 같다.

그때는 내가 집행위원으로 있는 서울국제여성영화

제가 코로나 바이러스의 영향으로 인해 대폭 축소 운영
되는 상황을 겪은 직후이기도 했다. 모든 행사는 비대면
으로 진행되었고, 좌석수를 대폭 줄여서 입장권을 판매했
다. 오래전 전주국제영화제에서 일하면서부터 영화제의
장소성[4]과 축제의 의의에 고무되었던 나에게 관객이 없
는 영화제, 접촉을 최소화하고 관객과의 대화를 포함해
모든 행사가 스크린을 통해서만 이루어지는 영화제는 그
존재 의미에 대해 다시금 생각해보게 했다.

　　그리고 얼마 뒤 역시 내가 프로그래머로 일했던 상상
마당이 영화 사업을 접고 영화관에서 일하던 직원들이 모
두 해고될 처지가 되었다는 이야기를 들었다. 2000년대
초반 멀티플렉스가 전국에 설립되면서 작은 영화관들이
문을 닫는 것은 여러 번 목도한 바 있지만, 상상마당 시네
마의 상황은 이것과는 좀 달랐다. 상상마당 시네마는 팬
데믹 발발 이후, 방역 지침에 따라 몇 차례 문을 닫고 다
시 열고 하는 동안 극장을 단장하고 새롭게 관객을 맞이
할 날을 기다리고 있었다. 그러던 중 직원들에게 해고 통
보가 내려졌고, 영화관이 문을 닫는다는 소식에 영화인과
관객들을 중심으로 거센 반발이 일었다. KT&G는 반발이
일자 즉각 영화관이 문을 닫는 것은 아니라고 발뺌을 했
지만, 결국 직원들 대부분은 해고되었고, 대신 영화관을
운영할 대행사를 모집한다는 공고를 냈다. 이 소식이 기
존의 영화관 폐관 소식과 다르게 다가왔던 것은 (물론 내가

일했던 곳이라는 감상적 이유도 있겠지만) 영화관 자체를 유연한 곳으로 만들겠다는 뜻으로 보였기 때문이다. 유연한 영화관—군건한 장소성이 사라지고 마치 액체처럼 흐느적거리는 영화관의 이미지가 떠올랐다. 하지만 유연한 영화관에서 유연해지는 것은 결국 노동자들이다. 영화관들이 들어서며 부추긴 젠트리피케이션으로 부동산값은 천정부지로 올랐으니 건물주들에게 영화관은 여전히 단단한 하드웨어다.

물론 영화관의 위기라는 말은 이미 OTT 플랫폼의 드라마틱한 성장과 함께 등장했다. 봉준호 감독의 〈옥자〉가 넷플릭스를 통해 공개되었을 때만 해도, 시네필들은 극장을 포기하려 하지 않았고, 결국 한국에서 〈옥자〉는 몇몇 극장에서 동시 개봉되었다. 그러나 코로나로 인해 상황은 급변했다. 〈사냥의 시간〉이 극장 개봉 없이 넷플릭스에서 최초 공개되었고, 〈콜〉, 〈승리호〉 역시 그 뒤를 이었다. 넷플릭스가 제작한 오리지널 한국 콘텐츠들도 점차 증가하고 있는데, 이들 콘텐츠는 분량상 드라마 형식으로 나뉘어 있지만, 컷의 나눔이나 편집의 속도 면에서 TV 드라마보다 영화에 더 가까워 보인다. 넷플릭스가 시리즈 전편을 같은 날에 공개하면서 '몰아보기'binge-watching를 유도하는 것[5] 역시 TV 드라마보다는 영화적 관람을 요구하는 것에 가깝다. 이제 영화관은 유연해지거나 패싱passing되고, TV 드라마와 영화의 구분은 점점 모호해지며, 실제의 이미지는 가상의 시공간으로 통폐합되고 있다.

영화는 무엇이 될 것인가

그러나 이런 상황이 당혹스럽기는 해도 영화의 시대가 끝나가고 있다는 회한을 토로하려는 것은 아니다. 나는 이런 변화들 속에서 영화가 무엇이 될지에 대해서 고민 중이다. 영화의 존재론에 대한 고민은 아주 오래전부터 있었다. 앙드레 바쟁Andre Bazin은 회화와 조형물의 탄생을 '미라 콤플렉스'와 연결시켜, 살아 있는 것들의 모방과 보존을 통해 존재의 영원성을 염원하던 것이 예술작품의 기원 신화라고 말한다. 그리고 영화 역시 여기에서 자유롭지 않다.[6] 이런 바쟁의 논의를 염두하면서 에리카 발솜Erika Balsom은 하룬 파로키의 〈평행I-IV〉를 분석하며 현실세계를 더욱더 완벽하게 복제하는 컴퓨터 이미지들로 인해 마침내 영화는 현실의 모방이라는 짐에서 해방될 것이라고 지적한다.[7] 이제 실제적 모방에서 해방된 이미지 혹은 모방에 실패한 빈곤한 이미지 poor image[8]는 오래전 아방가르드 영화가 그랬던 것처럼 모든 종류의 서사화된 장르가 담지 못하는 발화를 드러낼 수 있는 가능성 역시 열어준다.[9]

그러므로 나는 영화가 OTT 플랫폼으로 흘러들어가

이제 영화관이 영원히 사라져버릴지도 모른다는 우려보다,[10] 넷플릭스라는 글로벌 자본과 만난 영화가 또 어떻게 인간의 인식체계를 구성할지 더 궁금하다. 이미 영화는 과거에 비견할 수 없을 정도로 수많은 이미지 정보를 받아들이는 시대가 된 2000년대에, 편집 리듬을 빠르게 전환하고 보다 많은 컷을 이용해 더 많은 이미지 정보를 제공함으로써 관객이 지루하지 않도록 형태 변환을 해왔다. 그만큼 관객은 더 많은 정보와 스펙터클을 향유할 수 있게 되었지만, 영화를 보는 동안 영화의 이미지를 사유할 수 있는 시간은 줄어들었다. 이제 영화는 주의산만한 관객을 영화에 몰두할 수 있도록 해줄 영화관의 어둠과 멈춤 버튼 없는 영사기마저 빼앗기고 있다. 그렇다면 영화는 집에서도 집중력을 잃지 않고 볼 수 있도록 관객의 보기 방식을 사로잡기 위해 자신의 무엇을 내어놓고 무엇을 또 새롭게 생성해갈 것인가. 나는 영화의 운명에 대해서는 그리 크게 걱정하지 않는다. TV가 맨 처음 등장했을 때 모두가 영화의 종말을 우려했지만 살아남았던 것처럼 오늘날의 영화도 어떤 형태로든 살아남을 것 같기 때문이다. 적어도 나보다는 오래 살아남을 것 같다. 그러나 내가 영화 제작 환경과 관람 환경의 변화를 눈여겨보는 것은 그것이 또한 우리의 시지각이 형성되는 사회적 양식을 드러내며 때로는 구성하기 때문이다. 영화가 역사에 응답해야 한다면 바로 이 때문이고, 그것은 미래에 도래할 사회를 상상하는 방식을 주조해가기 때문이다. 그래서 영화의 현재는 역사이자 미래이다.

문학에서 영화로

나는 1990년대 중후반 대학에서 수학을 전공하며, 학과 내 '문학반'이라는 작은 소모임 활동을 했다. 독서 리스트 한쪽엔 오정희, 조세희, 임철우, 박완서, 전혜린, 공지영, 한강과 같은 한국 작가들의 이름이 있었고, 다른 한쪽에선 밀란 쿤데라, 카프카, 무라카미 하루키와 같은(지금으로 보자면 동의할 수만은 없지만, 당시로선 제법 그럴듯했던), 포스트모던 계열로 뭉쳐졌던 해외 작가들이 있었다. 영화는 비상하게 꿈틀대고 있었지만 적어도 나에게는 아직 닿지 않았다. 그러니 나는 '시네필' 출신의 다른 영화이론가들, 평론가들 혹은 영화관계자들과는 달리 문학의 자양분을 먹고 자란 셈이다.

그러던 어느 날 여느 때처럼 소설을 읽고 돌아가며 이야기를 나누는 줄 알고 나간 모임에서 오늘은 책을 보지 말고 영화나 보자며 〈꽃잎〉과 〈아름다운 청년 전태일〉을 보기 시작했다. 정확히 기억나진 않지만, 아마 특별한 이유가 있었던 것 같진 않고, 모임에 나온 사람들 대부분이 책을 읽어오지 않았기 때문이었던 것 같다(그 순간 누군가 거짓말처럼 비디오테이프를 가방에서 꺼내들 수 있었던 건 참 신기한 우연이라고 해두자). 캄캄한 강의실, 지글거리는 비디오 화면 위로 의미를 알 수 없는 이미지들이 지나갔다. 물론 나는 5·18 민주화운동에 대해서도 전태일 열사의 분신에 대해서도 이미 알고 있었지만, 영화 속에서 흐릿하게 지나가는 이미지와 소리들을 이해하기 힘들었을 뿐만 아니라 그 저화질의 영상 속 '끔찍한' 재현 이미지들이 기괴하게만 느껴졌다.

　레이 초우Rey Chow가 쓴 『원시적 열정』의 1부는 의학도이던 루쉰魯迅이 문학의 길을 걷게 된 순간으로 이야기를 시작한다. 유학 시절, 루쉰은 센다이의학전문학교에서 수학하던 중 강의실에서 상영된 한 편의 뉴스릴 영상을 보게 된다. 러시아의 스파이 노릇을 한 중국인을 일본군이 처형하는 장면이 담긴 영상이었는데, 처형에 내몰린 중국인과 이를 지켜보고 있는 일본 군인들, 그리고 그들 사이에서 이 처참한 구경거리를 지켜보고 있는 중국인들의 시선이 교차하는 이미지가 스크린에 영사되었다. 그리고 일본 대학의 한 강의실에서 루쉰은 자신의 일본인, 중국인 동급생들과 함께 카메라의 시선으로 바다 건너의 이 장면을 바라보고 있었다. 이 영상을 본 직후 루쉰은 의학 공부를 포기하고 그 길로 도쿄로 떠나 소설가가 되기로 결심했다고 한다. 제국적 시선의 폭력, 이미지의 폭력에 무방비로 노출된 바로 그 순간 루쉰은 문학의 세계로 돌아선

것이다.[11]

나 역시 강의실에서 그 저화질의 이미지에 무방비로 노출된 순간의 난감함은 강렬한 기억으로 남아 있다. 그러나 나는 루쉰처럼 영화를 등지기보다 그 반대의 길을 걸었다. 결과적으로 그 알 수 없는 이미지가 너무 궁금해져 영화라는 걸 공부하기 시작했다. 이후로 종종 함께 소설을 읽고 영화를 보던 이 이공계 소규모 모임에서 나를 포함해 몇 명이 영화 관련 학과로 진학했다. 루쉰처럼 영화를 등지기엔 이미 우리는 그렇게 순진하지 않았고, 시각적 이미지가 주는 공포로부터 후퇴하기엔 영화는 이미 일상 안에 너무 깊이 침투해 있었다.

대학원이라는 선택

내가 대학원에 들어간 것은 2003년이었다. 지금의 인문사회대 대학원생들의 자조적인 우울까지는 아니라고 해도, 내게 당시 대학원은 이른바 'IMF 세대'들이—특히 내가 있었던 이공대의 경우—취업에 이르는 기간을 좀 더 늦추고 더 많은 스펙을 쌓기 위해 가는 곳처럼 느껴졌다. 또한 문화예술계 대학원은 기존 거대서사 중심의 사회운동에서 쓴맛을 맛본 이들이—김규항의 표현대로라면 이른바 'B급 좌파'들이—새로운 운동의 길을 찾아 떠나는 곳으로 여겨지기도 했다. 나 역시 영상이론과 대학원은 학생운동 이후의 대안적 운동의 영역을 찾아가는 공간이었다. 돌이켜보면 나나 내 주변이들에게 영화과 대학원은 잘나가는 영화산업으로 진출하기 위한 하나의 발판이거나 혹은 새롭게 부흥하는 문화 운동의 중심지로 여겨졌던 것 같다.

그래서 나는 내가 공부를 업으로 하는 사람이 될지 몰랐다. 내가 대학에 들어왔을 때 내 주변엔 나보다 훨씬 뛰어난 지성으로 무장한 채, 세상을 바꿔보겠다는 열정으로 가득 찬 인문대 친구들이 있었다. 그들이 대학원에 갔을 때 나는 취업의 길을 택했다. 나는 그 친구들이 한참의 시간이 지난 뒤 대학자가 되어 있을 것을 의심하지 않았다. 그런데 어느 날 보니 그 친구들은 대학원을 떠났고, 나는 돌고 돌아 대학원을 졸업하고 연구자의 길을 가고 있다. 경제적인 문제가 되었든, 똑똑한 여자아이를 견디지 못하는 보수적인 가족이 되었든, 각자의 사정으로 기댈 곳이 별로 없었던 우리들은 종종 그런 이야기를 했다. 우린 한 번 넘어지면 갈 곳이 없다고…. 그리고 그 친구들에게 넘어지는 순간이 왔을 때 그들은 결국 짐을 싸서 대학원을 떠났다. 나는 운이 좋게도 크게 넘어지지 않았고, 더디기는 했어도 대학원을 끝마칠 수 있었다. 그러나 이런 불안의 감정과 그때 대학원을 떠날 수밖에 없었던 친구들은 여전히 내게 해소되지 않은 무엇으로 남아 있다.

연구의 경로들

대학원 공부는 (당연히) 힘들었다. 전공을 바꾼 탓에 박사과정보다 석사과정이 더 힘들었던 것 같다. 코스워크가 없는 영국에서의 박사과정이 오롯이 혼자서 연구 주제를 마주하며 연구자의 삶에 대해 고민했던 시간이라면, 한국에서의 석사과정은 이제껏 나라는 사람이 공부해왔던 것들, 세상을 인식하는 방법을 지우고 다시 쓰는 시간이었다. 대학원에서 나는 영화언어와 영상미학에서부터 시네페미니즘, 포스트콜로니얼리즘, 비교문화, 아시아에 대한 방법론적 사유뿐만 아니라 다양한 학제 속에서 완전히 새롭게 모든 것을 배워야만 했다. 나는 수학적 사고와 인문학적 사고가 얼마나 다른 것인지 대학원에 가서야 알 수 있었지만, 그것을 내 안으로 체화하기에 2년이란 시간은 너무 짧았다. 시네필도 아니고 제대로 영화이론을 배워본 적도 없는 내게 대학원 공부는 매일매일 자괴감의 연속이었다. 하지만 당시의 나는 여전히 사유하는 법을 몰랐고, 배운 것들을 우걱우걱 머릿속에 집어넣기 바빴다.

하지만 어떻게 보면 그랬기 때문에 자연스럽게 간학제적 방법론에 익숙해졌고, 이른바 '정전'이라는 영화와 영화이론서들을 보면서 아시아영화와 여성영화의 공백에 관해 생각해볼 수 있었던 것 같다. 나는 어린 시절 〈영

웅본색2〉에서 공중전화 수화기를 붙들고 애절하게 죽어
가던 장국영을 본 이후 홍콩 누아르의 마니아가 되었다.
왜 이 남자들은 그렇게 처절하게 싸우고, 그렇게 처절하
게 죽어가나. 이기기 위해서가 아니라 마치 죽음에 이를
때까지 소진되기를 바라는 것처럼. 그 쓸데없는 비장미
와 비애감이 좋았다. 이런 홍콩 누아르의 정서가 홍콩 반
환 전후의 정서들과 맞닿아 있다는 것을 안 것은 한참 뒤
아시아의 지정학적 맥락들을 이해하고 나서의 일이다. 내
가 석사논문으로 식민지 이후의 귀환을 모티프로 삼은 한
국의 1960~70년대 액션영화들을 선택한 데는 홍콩영화에
대한 개인적 관심이 반영되어 있는데, 식민과 탈식민의
지정학적 맥락 속에서 아시아 남성성, 그리고 젠더 문제
를 들여다보고 싶었기 때문이다. 억압된 것의 귀환 서사
로서 돌아온 시리즈 연구가 바로 그것이었다. 그리고 여
기에는 귀환하였으나 재현되지 못한 여성들—일본군 위
안부—의 이야기도 함께 포함되었다. 이주민과 디아스포
라를 다루는 동시대 한국영화들을 연구한 박사논문 역시
이런 고민의 연속선상에 있었다. 서구 혹은 식민지가 아
닌 아시아의 주변부를 경유하는 동시대 한국영화 속 남성
성에 관한 궁금함에서 시작된 것이기 때문이다. 나는 참
변화무쌍한 삶을 살고 있고, 매번 연구의 관심사도 바뀌
어왔다고 생각하는데, 어떤 고민들은 해소되지 않고 꾸역
꾸역 내 삶에 반복적으로 출현하고 있는 셈이다.

방법으로서의 아시아 여성영화

지금 나는 연구자의 길을 가고 있지만, 여전히 영화이론이라는 것이 무엇이냐고 물어본다면 무어라 딱 잘라 답하기가 어렵다. 다만 내가 학교에서 배운바, 영화이론은 이론을 적용해 영화를 해석하는 것이 아니라 영화에서 이론을 구축하는 것이다. 당연한 말처럼 들리지만 생각보다 실천은 어렵고 여전히 누군가는 자신의 이론적 위치가 어디쯤 있는지 누구의 사상과 함께하고 있는지 확인하고 싶을 것이다. 그러나 누군가가 내게 당신의 이론적 배경이 무엇이냐고 물어보면 나는 맑시스트나 알튀세리안, 라캉주의자, 들뢰지언 같은 이름을 거론하는 대신 아시아영화, 그리고 보다 자주 아시아의 여성영화라고 말할 것이다.

내가 집행위원으로 있는 서울국제여성영화제는 "여성의 눈으로 세상을 보라"는 슬로건을 내걸고 있다. 서울국제여성영화제(당시 서울여성영화제)의 창립선언문에는 다음과 같은 내용이 있다.

영화의 어둠과 빛 속에 앉아 있던 그녀. 손수건에 눈물을 한웅큼 받아냈던 여성들. 어머니이자 자매이며 우리 자신들인 여성관객들. 그러나 많은 영화인들은 낡은 세상의 승리를 자축하며 그 여성들을 서둘러 집으로 내몰았습니다. 가부장제와 자본주의의 거짓 행복을 약속해가면서 말입니다.

여성영화제는 그 낡은 세상의 거짓 약속과 싸우려 합니다. 우리들의 전장에는 번뜩이는 칼날도 불을 뿜는 화구도 없습니다. 무비카메라를 든 여성들이 조용히 그러나 끈질기게 만들어온 새롭고 대항적인 여성영화들이 있을 뿐입니다. 그리고 영화와 삶, 그 양자와 창조적 대화를 나누려는 열정적인 관객이 있습니다.

(…) 우리가 내미는 손을 잡아주십시오. 영화를 통한 연대가 삶의 연대로 이어질 수 있도록 말입니다. 유토피아로 가는 길은 비록 먼 길일지 모릅니다. 그러나 우리는 이제 씩씩하게 그 첫 발걸음을 내딛습니다.

나는 아시아영화들이, 그리고 여성영화들이 우리 사회의 다양한 소수자들의 말을 모으고 드러내고 다시 건네는 방식에서 연대의 가능성과 현재를 마주하는 방법을 배운다. 그래서 내가 '하고 있는' 영화이론이란 이런 영화들의 발화장에 기꺼이 뛰어들어 '이론'理論의 문자 그대로의 의미대로 '사물과 세상의 이치를 논'하는 작업일 것이다.

다시, 미래

이 글을 쓰는 동안 나는 '미래'의 의미에 대해 계속 생각했던 것 같다. '코로나가 가져올 미래', '플랫폼의 변화가 가져올 미래'와 같은 수사들 때문이 아니라, 연구자로서 나의 관심사가 어떤 장에 개입하고 있고, 무엇이 변화되길 바라는지, 즉 어떤 미래를 상상하고 있는지 끊임없이 질문해야 했기 때문이다. 미디어는 사람들에게 과거를 바탕으로 미래를 예측하고(빅데이터), 미래의 다양한 비전들을 보여주며, 미래에 투자하기를 재촉하지만, 나는 유토피아든 디스토피아든 미래에 대해 상상하기가 점점 어려워지는 것 같다. 예측되지 않는 미래를 예측하려는 사람들이 한편에 있다면, 다른 한편에선 가상의 공간을 탐색하는 사람들이 있다. 지표화되지 않는 미래를 지표화하려는 사람들과, 지표를 떠나 가상의 공간으로 이동하는 사람들….

그래서 요즘 나는 점점 디지털 이미지와 디지털화에 대해 고민해보게 된다. 디지털화가 진행된 게 언제인데 새삼스레 미래와 디지털이라니! 그러나 지금만큼 '디지털화'에 대해 풍부하게 인식할 수 있는 때도 없는 것 같다. 가장 가까이에서는 일상이 되어버린 줌수업이 그러하고, 메타버스나 딥페이크 같은 가상기술은 이미 가까운 곳에 당도해 있다. 코로나가 디지털화를 앞당긴 것 같지만, 그것은 디지털화가 급속하게 진행되던 와중에 발생한 '예측하지 못한' 사건일 뿐이다.

나는 이것이 변화시킬 미래의 모습은 여전히 상상하기 어렵다. 그러나 이것들이 우리의 시각장을 어떻게 바꾸어놓을지, 그래서 우리는 세계를 어떻게 인식하게 될지에 대해선 궁금하다. 그리고 그때 영화는 무엇을 할 수 있을까. 이 글을 하룬 파로키의 영화와 〈열차의 도착〉에서 시작한 것은 이런 이유에서였다. 한 세기 전 영화가 제국의 시선과 공모하여 폭력에 일조한 바 있었다면, 이제 영화는 무엇이 될까. 무엇을 할 수 있을까.

[1] 뤼미에르 형제의 최초의 영화 상영은 1895년 12월 28일 파리의 그랑 카페에서 있었다. 〈열차의 도착〉은 이듬해 1월 25일 상영되었다.

[2] 2020년 서울독립영화제의 프로그램 중 하나로 기획된 '이미지 세계의 망명자: 김경묵의 무빙 이미지' 상영과 대담을 준비하는 동안 김경묵 감독은 자신의 최근 작업이 "렌즈 없는 카메라"를 향해 나아가고 있다고 말했다. 그의 최근 디지털 작업들은 지표 없는 공간에서 끊임없이 지표성을 확인하고자 하는 작업처럼 느껴진다.

[3] 히토 슈타이얼, 「지구의 스팸: 재현에서 후퇴하기」, 『스크린의 추방자들』, 김실비 옮김, 워크룸프레스, 2018, 205~223쪽.

[4] 전주국제영화제는 그 시작부터 전통문화도시 전주와 당시로서는 여전히 낯선 매체였던 디지털 영화의 역설적인 조합을 주요 기치로 내세웠고 이것은 기존 도시의 이미지에 새로운 의미와 담론을 불어넣는 것이었다.

[5] 코리바커·마이크 비아트로스키 외, 『넷플릭스의 시대: 시간과 공간, 라이프스타일을 뛰어넘는 즐거운 중독』, 임종수 옮김, 팬덤북스, 2019.

[6] 앙드레 바쟁, 『영화란 무엇인가』, 박상규 옮김, 사문난적, 2013.

[7] 에리카 발솜, 「통제를 넘어선 세계」, 『하룬 파로키, 우리는 무엇으로 사는가: 전시도록』, 신현주 옮김, 국립현대미술관, 2019, 775~781쪽.

[8] 히토 슈타이얼, 「빈곤한 이미지를 옹호하며」, 『스크린의 추방자들』, 김실비 옮김, 워크룸프레스, 2018, 41~60쪽. "빈곤한 이미지는 동시대 스크린의 추방된 존재이며 시청각적 제작의 잔해이자 디지털 경제의 해변으로 밀려온 쓰레기다. 그것은 이미지의 급격한 위치 상실, 전이, 변위를, 즉 시청각적 자본주의하에서 악순환하는 이미지의 가속과 유통을 증명한다."

[9] 나는 〈개의 역사〉를 분석하며 이런 고민을 담아낸 적이 있다(배주연, 「디지털 이미지와 여성의 장소 기억: 〈개의 역사〉를 중심으로」, 『비교문학』 78, 2019, 35~39쪽).

[10] 영화관은 그 오래전 TV의 등장과 함께 사라져버릴 것이라는 우려 속에서도 소프트웨어를 바꾸어가며 굳건히 건재했다.

[11] 레이 초우, 『원시적 열정: 시각, 섹슈얼리티, 민족지, 현대중국영화』, 정재서 옮김, 이산, 2004.

무너지는 사물, 부유하는 말

이승철

이승철 : 비판사회과학자. 서울대학교에서 사회학을, 컬럼비아대학교에서 인류학을 공부
했다. 미국 미시시피대학교에서 인류학과 동아시아학을 가르치다, 현재는 서울대학교 인
류학과에 몸담고 있다. 현대 자본주의의 변화를 일상의 경험을 통해 아래로부터 비판적으
로 조명할 수 있는 이론적 관점과 방법론에 대해 고민 중이다. 『푸코의 맑스』, 『관용』, 『푸코
효과』(공역) 등을 번역했고, 한국의 신자유주의와 사회적 경제, 일상의 금융화에 대한 다수
의 논문들을 써왔다.

"두려워하거나 희망을 가질 필요는 없다.
그저 새로운 무기를 찾을 일이다."

질 들뢰즈,『대담』[1]

첫 번째 편지

: 신자유주의 비판이라는 문제

선생님, 오랜만에 연락드립니다. 코로나 바이러스 팬데믹 와중에 큰 탈 없이 지내고 계신가요? 이전에 말씀드렸듯이, 저는 그사이 미국생활을 정리하고 지금은 한국에 돌아와 지내고 있습니다. 유학길에 오른 지 꼭 십 년 만의 귀향이네요. 한국에 돌아오면 하고 싶었던 일들을 생각하며 잠시 설레었지만, 상황이 상황인지라 지금은 그저 주저앉아 있습니다. 그나마 조금은 생각하고 글을 쓸 여유가 있다는 게 다행이네요. 선생님, 지난번 만남에서 오랜만에 한국에 돌아온 소감과 앞으로 어떤 연구를 하고 싶은지 물으셨죠. 별 뜻 없이 안부인사 삼아 물으셨을지 모르지만, 그 간단한 질문에 답하기가 어려워 이제야 답장 드립니다.

먼저 한국에 돌아온 소감을 뭐라 말씀드릴 수 있을까요. 이런저런 애틋한 감정보다는 혼란스러움과 당혹감, 현기증 같은 단어들이 먼저 떠오르는 건, 진행 중인 팬데믹 때문일까요? 감각적 과부하와 신경과민, 어지러움 등이 자본주의가 가져온 삶의 불안정성과 변화의 가속화에 대한 전형적인 반응임을 고려해보면,[2] 아마 팬데믹 때문만은 아닌 것 같습니다. 새삼스럽긴 하지만, 한국은 자본의 축적 및 회전뿐 아니라 그로 인해 촉발되는 일상의 변화에서 자본주의의 속도감을 그 어디보다 생생히 느낄 수 있는 곳이니까요. 게다가 반복된 경제위기로 심화된 불평등과 불안정성, 돌출적인 정치적 격변들과 새로운 문화규범들의 등장, 그리고 전세계적 생태위기와 팬데믹이 원래부터 숨 가쁘던 이 사회의 속도를 한층 더 가속시켰으니, 미국의 한적한 캠퍼스타운에서 귀국한 제가 현기증을 느끼는 게 당연한지도 모르겠네요.

하지만 사회과학자로서 제가 느끼는 혼돈은 단순히 변화의 속도 때문만은 아닌 것 같습니다. 오히려 지금의 현기증은 객관적 속도의 문제라기보다는 진행 중인 변화를 설명할 좌표와 분석틀의 부재가 가져온 방향 상실의 결과인 것처럼 느껴집니다. 예를 들어, 저는 한국에 돌아온 지난 일 년간 다음과 같은 질문들을 마주할 때마다 곤혹을 면치 못했습니다. 한국사회를 뜨겁게 달군 '공정'이라는 가치는 '촛불혁명'을 경험한 청년층이 "사회에 대해 기대하는 바가 더 원대해진" 결과물일까요, 아니면 "능력에 따른 차별"과 "약자에 대한 혐오"를 정당화하는 새로운 이데올로기일 뿐일까요?[3] 안전과 무해함, 정치적 올바름에 대해 커져만가는 욕망은, "내(우리)가 가하는 유해에 대한 윤리적 성찰"이 증대된 결과로 보아야 할까요, 혹은 친밀한 관계도 리스크로 인식하고 "스스로 다그치는 검열자의 시선으로 타인마저 포획하는" 폐색閉塞의 시대정신을 보여주는 것일까요?[4] 팬데믹 이후 돌봄과 사회적 책임, 탈성장에 대해 부쩍 높아진 관심은, "자본주의의 인간화"를 향한 "패러다임의 전환"을 보여주는 것일까요, 정치적 문제를 개인적인 문화양식으로만 소비하는 "저항적 개념의 부르주아화"를 보여주는 최신 사례일까요?[5] 충돌하는 말들을 보건대, 익숙했던 사물들은 무너지고 먼지처럼 떠오른 말들은 부유하는데 이 변화를 이해할—발터 벤야민Walter Benjamin이라면 이념 혹은 성좌constellation라 불렀을—적절한 좌표는 부재한 지금 상황에 당혹감을 느끼는 건 저만은 아닐 것 같습니다.

그런데 선생님, 흥미롭게도 저에게는 말과 사물의 위기에서 촉발된 이러한 혼란스러움이 왜인지 낯설지 않습니다. 어쩌면 제가 처음 사회과학이라는 것을 배우고 세상을 인식하기 시작했을 때와 유사한 풍경이기 때문일까요? 선생님도 아시다시피 제가 공부를 시작했던 2000년대 초중반 역시 말과 사물이 빠르게 변화하던 시기였죠. 반공규율체제가 완화되고 억압됐던 말들이 터져나오면서 '민주화'가 성스러운 민족사의 일부로 자리 잡던 시기이기도 하고, 한편에서 경제위기와 구조조정의 여파로 빈곤과 삶의 불안정성이 심화되어가는 동안, 다른 한편에서는 다양성과 창의성에 기반한 혁신경제와 금융허브화가 한국 자본주의의 장밋빛 미래로 제시되던 시기이기도 했지요(IT 붐과 부동산시장 호황으로 '부자 되세요'를 모토로 한 재테크와 자기계발 붐이 일어난 동시에, 신용불량자 대란과 신용카드 부채위기를 맞이했던 때이기도 합니다). 2000년대 초반 대학 시절을 보내면서 스러져가던 학생운동에 몸담았던 저에게, 이 변화를 어떻게 이해해야 하는가는 거의 실존적인 고민거리였습니다. 공공성과 사회연대를 말하는 좌파적 주장이 오히려 방어적·보수적으로 들리고, 혁신과 다양성, 자율성을 내건 (신)자유주의 담론들이 개혁적·진보적으로 보이는 전치된 구도 속에서, 대항 담론을 이야기하고 운동을 조직하기란 여간 어렵지 않았으니까요. 이후 대학원에 진학한 제 주된 연구 관심이, 이러한 변화와 함께 울려 퍼지던 '다양성', '창의성', '혁신', '거버넌스', '다문화', '포용적 성장', '참여 민주주의'와 같은 말들을 어떻게 이해할 수 있을지가 된 것 역시 자연스러운 과정이었던 것 같습니다. 당시에도 문제는 이 추상적·도덕적 가치들의 의미 자체가 아니라 이들의 의미가 새겨지는 좌표축이었습니다. 당시 한국사회의 변화와 새로운 가치들의 출현은 반공규율체제와 적대의 정치를 넘어선 한국사회의 점진적 민주화와 진보를 보여주는 것이었을까요? 아니면 진행 중이던 신자유주의 금융화를 정당화하는, 달콤한 당의정을 입힌 새로운 지배의 언어였을 뿐일까요?

역사가 반복된다거나 하는 하나 마나 한 이야기를 하려는 것이 아닙니다. 그저 혼란스러운 풍경에도 '데자뷔' 같은 말이 가능하다면, 그와 비슷한 것을 느끼는 중이라고 말하고 싶을 뿐입니다. 제가 미셸 푸코 Michel Foucault의 통치성 governmentality 연구에 관심을 가지고, 관련된 책들을 하나둘 번역했던 것은 이러한 질문에 답을 구하는 과정에서였습니다.[6] 억압 대 해방, 규율 대 자율, 국가 대 시민사회와 같은 자유주의의 익숙한 대립구도를 의문시하는 통치성 연구는, 당시 한국사회의 변화를 새로운 통치 테크놀로지 및 진리체계의 등장이라는 관점에서 분석할 수 있도록 도와주었습니다. 다시 말해, 혁신, 차이, 다양성, 관용과 같은 새로운 가치들을 그 자체로 해방적인 '진보'의 결과물로 이해하거나 단순히 기만적인 신자유주의 이데올로기로 치부하는 것이 아니라, 기존의 규율적·발전주의적 주체가 아닌 능동적·기업가적 개인을 전제로 하고 동시에 생산해내는 새로운 통치 합리성의 등장이라는 관점에서 인식 가능하게 해주었던 것이죠. 돌이켜보면 여러모로 부족하기는 했지만, 푸코와 통치성 연구의 관점은 당시 보수와 진보, 반공체제와 민주화, 적대와 관용, 획일성과 다양성의 이항대립에서 벗어나 이 이항대립의 성격 자체를 검토해볼 수 있는 '제3항'으로서의 좌표축 혹은 성좌를 제공해주었다고도 말할 수 있겠습니다.

　물론 이러한 문제의식이 저만의 고민은 아니었을 겁니다. 2000년대에 걸쳐 아감벤, 랑시에르, 바디우, 지젝 등의 급진적 정치철학이 좌파 담론에서 한동안 유행했던 것도, 자유주의의 진보 서사를 넘어서 사회의 변화를 이해할 새로운 좌표를 원했던 사람들의 고민을 담고 있었던 게 아닐까요? 하지만 이러한 노력들이 그리 성공적이지는 않았던 모양입니다. 여전히 우리에게 현재의 시대를 좌파적 관점에서 문제화할 수 있는 담론과 언어가 턱없이 부족한 것을 보면요. 그리고 우리는 다시 한 번 그 부재를 메우며 범람하는 개인화되고 탈정치화된 도덕의 언어들과 마주한 것처럼 보입니다. 예를 들어, 현재 (신)자유주의 지배세력의 정치적 한계를 민주화 세대의 "자만과 독선"이나 "촛불혁명의 배신"에서 찾는 비판들,[7] 소유권의 정당성 및 부의 재분배와 관련된 질문에 '공정'이란 납작한 단어를 들이대는 논의들, 역사적·구조적으로 켜켜이 쌓여온 불평등에 대한 문제 제기를 '혐오'와 '정치적 올바름'이라는 불충분한 언어로 뭉뚱그리는 분석들은, 구조와 정치에 대한 고민들을 개인적·감정적 문제로 고쳐 쓰는 도덕주의의 사례가 아닐까요?[8] 이러한 도덕적 언어들의 선명함과 소란스러움은, 사람들의 가득 찬 불만을 드러내는 만큼이나 동시대 비판 담론의 무기력과 방향 상실을 감추는 알리바이를 제공해주고 있는 것 같습니다.

사실 제가 사회적 경제와 사회혁신 영역에 관심을 가지고 연구한 이유도, 이 영역이 오늘날 신자유주의적 자본주의에 대한 도덕적 비판이 가진 한계와 그 한계가 어디서 유래하는지를 가장 적나라하게 보여주는 분야였기 때문입니다. 아시다시피 사회적 경제는 다양한 욕망과 이질적 이해관계들이 뒤엉킨 복잡한 영역입니다. 한편에는 윤리적 실천을 통해 사회 문제를 해결하고 공동체를 보호하려는 개인들의 도덕적·유토피아적인 열망이 존재한다면, 다른 한편에서는 신자유주의가 초래한 재생산 위기를 능동적 시민의 참여를 통해 관리해야 하는 통치의 필요성과, '사회'라는 기표를 통해 브랜드 가치를 유지하고 새로운 이윤 창출의 가능성을 모색하는 기업들의 이해관계가 발견되지요. 이들이 만나는 지점에서 제가 발견한 것은, 사회적 경제 실천이 "신자유주의의 대안"이 될 수 있다는 희망 섞인 전망도, 혹은 신자유주의에 "포획된 저항"이라는 다소 비관적인 결론도 아니었습니다.[9] 오히려 제 관심을 끌었던 것은 이 실천들이 생산하는 새로운 윤리와 사회적 상상 그리고 주체성의 형태들—즉, 빈곤이나 불평등

193

과 같은 사회 문제를 시장을 매개로 한 개인의 윤리적 실천을 통해 해결 가능한 문제로 환원하는 기술적 윤리성, 기존의 선험적이고 구조적인 공간으로서 사회가 아니라 개개인의 자발적인 실천을 통해 조합되는 도덕적이고 정동적인 연결망으로서 사회에 대한 상상, 그리고 이 과정에서 등장하게 되는 새로운 인적자본human capital의 논리— 였습니다.[10]

지금 논의되는 도덕적 비판의 한계와 관련해서, 사회혁신 영역에서 제가 마주친 이 새로운 인적자본의 논리에 대해 조금 더 설명해야겠네요. 사실 신자유주의는 피도 눈물도 없는 시장만능주의이고 신자유주의 주체는 생존과 경쟁만을 추구하는 비도덕적·이기적 존재라는 통념이 널리 퍼져 있지만, 제 생각엔 이러한 단순한 심상은 신자유주의와 그 주체가 가진 복합적 성격을 제대로 포착하지 못할 뿐 아니라, '신자유주의가 어떻게 우리의 사회적 상상과 윤리성을 변형시키고 있는가'라는 중요한 질문을 회피하고 있는 것처럼 보입니다.[11] 오히려 오늘날 신자유주의 인적자본론의 핵심은 사회적·도덕적 가치들을 단순히 시장의 편익계산으로 환원하는 것이 아니라, 경제적 요소뿐 아니라 사회적·도덕적 요소들까지 포함한 하나의 종합적 포트폴리오를 구성하고 이를 통해 인적자본 전체의 '투자가치' 증진을 꾀하는 것에서 발견되는 듯합니다.[12] 즉, 사회와 공동체를 투자자–피투자자investee의 관점

에서 재편하는 신자유주의적 전환 속에서, 주체들은 사
회적 관계와 도덕적 품성은 물론, 각종 상징자본과 건강
자본, '멘탈'로 표현되는 심리·감정자본까지 경제적 자본
과 함께 본인의 인적자본의 포트폴리오를 구성하는 일종
의 '자산'으로 간주하고, 이 자산 전체가 가진 금전적·비금
전적 가치를 증진시키고자 노력하는 '포트폴리오 관리자'
로 스스로를 구성해나갈 것을 요구받게 됩니다. 더 나아
가 이들의 목표 역시 즉각적인 경제적 이익을 얻는 것이
라기보다는, 가상의 투자자들 앞에서 본인이 가진 자산의
전체적인 투자가치를 증진시키고, 연루된 공동체 속에서
스스로의 '임팩트'를 강화해나가는 것에 초점이 맞춰지고
요.[13] 오해를 막기 위해 덧붙이자면, 이는 신자유주의하
에서 우리 모두가 항상-이미 인적자본이라고 이야기하는
것이 아닙니다. 다만 푸코가 말했듯이, 신자유주의하에서
우리가 개인을 상상하고 사회를 사고할 때 전제로 하며
그로 인해 (재)생산되는 "인지 가능성의 격자"가 바로 이
인적자본의 논리라는 것입니다.[14]

　　선생님, 조금 설익은 가설이긴 합니다만, 저는 이러
한 인적자본의 논리가 개인의 윤리적 열망과 위기 관리
및 이윤 창출의 필요성이 뒤엉키는 사회적 경제 영역을
넘어서, 오늘날 한국사회의 변화를 이해할 개략적인 좌표
역시 제공해주는 것이 아닌가 생각합니다. 잘 알려져 있
다시피, 마르크스는 당대 시장에서 울려 퍼지는 지배적

원리들을 "자유, 평등, 소유, 벤담"이라는 표어로 압축한 바 있지요.[15] 얼핏 기묘해 보이는 이 조합을 통해 마르크스가 이야기하려는 바는 자유, 평등, 소유와 같은 근대적 가치들에 대한 단순한 폄하가 아니라, 이 보편적 가치들의 의미가 벤담과 그가 주장한 공리주의적 개인이라는 격자를 통해서만 '번역'된다는 것이었습니다. 그렇다면 오늘날 한국사회의 표어는 가령 '안전, 공정, 사회적 책임, 게리 베커Gary Becker'라고 요약해볼 수도 있지 않을까요? 자유는 안전으로, 평등은 공정으로, 소유는 사회적 책임으로 대리보충되고 있지만, 그 자체로 중요한 이들 가치는 결국 베커가 제시했던 인적자본과 그에 대한 투자라는 해석의 매트릭스 속에서만 의미를 가진다는 점에서요. 예컨대, 오늘날 안전과 공정에 대한 요구와 그것이 정치화되는 과정은, 자신의 포트폴리오가 가진 투자가치에 합당한 평가를 기대하고 이를 위협할 리스크를 사전에 관리하려는 인적자본의 욕망을 통해 이해되어야 하는 것은 아닐까요? 사회적 책임과 돌봄, 나눔 등의 강조는 반갑지만, 이러한 윤리들은 '선한 영향력'을 통해 자신의 가치를 증진시키고 연루된 공동체 네트워크를 확장할 필요성의 관점에서 논의되고 있는 것은 아닙니까? 그렇다면 앞서 나열한 충돌하는 말들도 어쩌면 동일한 현상의 양면을 다루고 있는 것일지도 모르겠습니다.

그리고 이러한 관점에서 상황을 바라본다면, 신자

유주의에 대한 도덕적 비판을 포함하여 오늘날 한국사회의 현실을 도덕의 언어로 진단하고 논하는 시도들의 한계도 조금은 분명해지는 것 같습니다. 신자유주의를 시장만능주의와 등치시키는 단순한 진단과 도덕적·사회적 가치를 통해 신자유주의를 교정하려는 시도가 일종의 공생관계 속에서 좀 더 심층적인 인적자본의 논리에 대한 분석과 비판을 방기하듯이, 현 상황에 대한 도덕적 진단과 문제 제기는 현재 사회구조의 물적·이데올로기적 토대, 각종 통치 장치와 테크놀로지들에 대한 고민, 그리고 새로운 장치의 배치와 대안적인 정치적 주체화에 대한 모색과 같은 더 중요한 문제들로부터 우리의 눈을 돌리고 있는 것은 아닐까요? 그렇다면 새로운 비판 담론을 위한 실마리를 찾기 위해서는, 언제나 시끌벅적한 도덕주의의 표면에서가 아니라 오히려 이 인적자본의 주체성과 논리를 생산하고 강화하는 사회적 배치에 대한 구체적 연구들에서 시작해야 하는 것 아닐까요? 마치 마르크스가 "소란스러운 유통영역"을 벗어나 "'관계자 외 출입금지'라는 팻말이 붙어 있는 비밀스러운 생산의 장소"로 나아갔던 것처럼 말입니다.[16]

한국에 돌아온 소감에 대해 답하다가 이야기가 너무 길어졌네요. 제 수업을 듣는 학생들이 종종 불평하듯이, 간단한 질문에 뭐 하나 쉽게 답하지 못하고 새로운 질문들만 잔뜩 늘어놓는 건 제 고질병이니 너그러이 이해해주세요. 이미 편지가 길어졌으니 제가 요즘 연구하고 있는 주제들에 대해서는 다음 편지에서 설명드리겠습니다. 그럼 또 편지 드릴 때까지 건강하세요!

두 번째 편지
: 금융화와 투자자 주체라는 질문

선생님, 오늘 아침 뉴스에는 어김없이 팬데믹으로 사회적·경제적 어려움을 겪고 있는 사람들의 소식과 전세계 금융시장이 유례없는 호황을 누리고 있다는 보도가 번갈아 나오고 있네요. 처음에는 너무나 기묘했던 이 상황이 일 년 넘게 반복되다 보니, 이제는 당연한 일처럼 느껴지기도 합니다. 사실 지난번 말씀 드린, 제가 느끼는 현기증에는 현재 '금융'이라는 이름하에 펼쳐지고 있는 각종 부조리한 현실들이 한몫하고 있습니다. 예컨대, 팬데믹 동안 사람들의 건강과 생명보다 금융 및 자산시장 부양을 우선시한 각국 정부의 대응을 어떻게 보아야 할까요? (그들은 무능하기보다는 자산소유 계급을 위해 지극히 합리적 선택을 한 셈입니다.[17]) 막대한 공공재정과 공통의 지식이 투여된 바이러스 백신의 공공적 소유와 사용에 대해 논의하기보다는, 백신을 개발한 제약회사들의 주가를 두고 한바탕 도박판이 벌어지고 있는 웃지 못할 소극笑劇은 또 어떻게 이해해야 할까요? 지난번 편지에서는 반복에 대해 이야기드렸지만, 사실 저는 지금의 한국사회와 전세계 자본주의가 유례없는 변화를 경험하고 있다고 생각합니다. 오랜 시간 진행되어왔지만 팬데믹으로 가속화된 이 변화는, 다소 느슨하긴 하지만 '금융화' 정도로 이름 붙여질 수 있겠지요. 이미 눈치채셨겠지만, 최근 들어 저는 이 금융화가 우리의 주체성과 사회적 상상을 어떻게 변화시키고 있는지 추적하는 작업에 집중하고 있습니다.

사실 이러한 금융화에 대한 관심은 이전 편지에서 언급한 인적자본이라는 주체성 연구의 연장선상에 있습니다. 사회적 경제와 사회혁신 연구가 신자유주의에 대한 도덕적 비판의 한계를 인적자본의 논리에 비추어 문제 삼는 것이었다면, 당연히 이후 과제는 이 인적자본의 논리를 생산하는 구체적인 과정을 직접 면밀히 연구하는 것이 될 테니까요. 그런데 인적자본이 거의 모든 물질적·비물질적 대상들을 '자산화'하여 이를 관리하는 주체라면, 이 주체성을 이해하기 위해서는 우리에게 좀 더 친숙한 상품화나 시장화의 논리에 기대는 것만으로는 부족합니다.[18] 인적자본의 주체는 자신의 포트폴리오의 구성요소들과 양도 가능한 상품의 소유자로서 관계 맺기보다는 미래 수익을 기대하는 투기적인speculative 관계를 맺게 되며, 노동력 상품의 판매자로 스스로를 정체화하기보다는 가상적

투자자에게 매력적인 피투자자가 되는 것을 일차적인 목
표로 삼으니까요. 이런 점에서 인적자본의 주체는 기본적
으로 금융적 주체성이며, 그렇기에 이를 이해하기 위해서
는 이 금융화의 논리를 면밀히 살펴볼 필요가 있습니다.

　　물론 자본주의의 새로운(혹은 최종적인) 국면으로 금
융화에 주목하는 것은 그다지 새로운 일이 아닙니다. 하
지만 초국적 기업이나 정부가 연루된 자본운동의 메커니
즘으로서 금융화를 넘어서, 우리의 일상과 주체성 자체
를 바꾸어내고 다시 마름질해내는 문화적·정치적 현상으
로서 금융화를 이해하고 분석하기 위한 시도와 개념적 도
구들은 여전히 넉넉지 않아 보입니다. 사실 최근의 암호
화폐나 주식투자 열풍 혹은 부동산을 둘러싼 이슈들을 굳
이 언급하지 않더라도, 오늘날 우리의 삶이 전세계 금융
시장의 움직임과 긴밀하게 연결되어 있다는 것을 부정하
기는 어렵겠지요. 과거 자산가와 전문가들의 전유물처럼
여겨졌던 금융시장이 '금융의 민주화'라는 이름으로 대중
을 향해 그 문을 활짝 열고, 특별히 금융자산을 소유하고
있지 않은 개인조차 보험이나 연기금 등을 통해 미래가
주식시장에 저당 잡히면서, 우리의 삶은 전세계 금융시장
의 불확실한 움직임에 점점 더 동기화되고 있습니다. 저
는 이전에 이러한 상황에 대해 "금융화된 신자유주의 자
본주의하에서, 우리는 생존을 위해 어쩔 수 없이 노동력
을 판매해야 하는 '노동자'이자, 자신의 인적자본에 대한

체계적 관리와 창의적 계발의 압력에 시달리는 '기업가'
적 주체인 동시에, 수시로 부동산·주식·코인시장의 등락
에 맡겨진 자신의 미래를 확인하고 부채에 허덕이면서도
마음 한편에 은밀하게 대박의 꿈을 꾸는 '도박자'이기도
하다"라고 쓴 바 있습니다.[19] 제가 앞으로 살펴보고 싶은
것은, 이미 우리에게 어느 정도 잘 알려진 '노동자'와 '기
업가적 주체'로서의 삶의 형태에 덧붙여지거나 혹은 이들
을 대체하고 있는 인적자본과 그 이면으로서 도박자가 결
합된 '투자자 주체성'의 논리와 성격입니다.

좀 더 구체적으로 말하자면, 저는 이러한 금융화와
투자자 주체성의 논리를 경제활동에서 금융과 자산이 중
심이 되는 '자산경제'asset economy로의 이행, 인적자본과 도
박자가 결합된 '투자자 주체'의 등장, 그리고 이 주체들이
집합적인 문화적·정치적 주체로 발달해나가는 '대중투자
문화'의 형성이라는 세 가지 측면을 중심으로 바라보고,
궁극적으로 이러한 변화들이 우리의 사회적 상상과 정
치적 전망을 어떻게 바꿔놓고 있는가를 살펴보고자 합니
다. 제가 고민하는 것은, 이를테면 다음과 같은 질문들입
니다.

우선, 경제 자체가 금융을 중심으로 조직되고 노동보
다는 투자가 삶에서 더 중요한 역할을 차지하는 자산경제
로의 전환은, 노동과 소유, 가치에 대한 기존의 관념을 어
떻게 변화시킬까요? 한동안 노동을 자기계발을 위한 스

포츠처럼 즐기라는 신자유주의적 언명이 유행했습니다만, 더 진척된 금융화는 이제 노동을 투자를 위한 '종잣돈'을 버는 행위로 축소시키고 있는 듯합니다. 그리고 이에 따라 불안정하고 고된 노동으로부터 해방되어 금융시장에서 안정적 배당을 받는, 랜들 콜린스Randall Collins의 표현을 빌자면 자본주의가 제공할 수 있는 "최상의 꿈"이자 동시에 "최후의 꿈"이 사람들을 사로잡고 있지요.[20] 그런데 잘 아시다시피 근대 자본주의에서 노동, 소유, 권리는 하나의 개념적 성좌 속에서 함께 작동해왔습니다. 자본주의에서 노동자는 생존을 위해 노동력을 팔아야 하는 주체로 구성되지만, 이와 동시에 노동력의 '소유자'로, 그리고 더 나아가 권리의 '소유자'로 스스로를 재구성해왔고, 역으로 신성불가침의 소유권 및 재산권은 노동에 기반해 획득된 것으로 정당화되어왔지요.[21] 하지만 사회적 부의 획득과 노동과의 연결고리가 점점 희미해질 때(예를 들어, '돈이 일한다'든가 '돈이 복사가 된다'는 말이 상식처럼 퍼져나갈 때), 우리는 소유의 문제를 근본에서부터 다시 생각해보아야 하는 것 아닐까요? 자산경제에서 부와 가치의 소유는 어떠한 방식으로 정당화될 수 있을까요? 예컨대, 현재 한국에서 벌어지고 있는 부동산을 둘러싼 격렬한 논쟁과 각종 형태의 조세저항들, 그리고 공유부 배당을 통한 기본소득 혹은 기본자산에 대한 논의들은, 자산경제로의 이행이 심화시킬, 소유와 가치를 둘러싼 새로운 투쟁들을

예견하는 것처럼 보입니다.[22]

둘째, 일상생활의 금융화로 인한 투자자 주체성의 전면화는 우리의 계급과 계급적대에 대한 사유를 어떻게 변화시키게 될까요? 경제적 관계의 주된 형태가 채권자와 채무자, 금리생활자와 임차인 혹은 투자자와 피투자자의 관계로 변화할 때, 자본가와 노동자의 적대적 관계에 기반한 고전적 마르크스주의의 계급관계 분석은 더 적합해질까요, 아니면 점점 더 낡은 것으로 변할까요? 혹자는 모두가 투자자이자 피투자자가 되어버린 금융화된 자본주의에서 "적대는 이제 외적으로 계급 블록 사이의 대결에 놓여 있는 것이 아니라 내적으로, 즉 한 명의 노동자로서 옛 스타일의 계급갈등에 관심이 있지만 또한 연기금에 가입한 자로서 자신의 투자수익을 최대화하는 일에도 관심이 있는 노동자의 심리학에 위치해 있다"고 말합니다.[23] 너도나도 투자수익 확보에 여념이 없는 오늘날 이러한 상황을 상상하는 것은 너무나 쉬운 일이지만, 이러한 관점은 계급관계를 개인화하고 윤리화하는 또 하나의 도덕주의적 오류는 아닐까요? 오히려 우리가 물어야 할 것은 금융화된 자본주의에서 상층부로의 부의 체계적 이전은 어떻게 이루어지는지, 그 메커니즘이 기존 산업자본주의에서의 '착취'와 어떻게 결합되고 중첩되는지, 그리고 그 결과 어떠한 새로운 계급적 적대선이 만들어지고 있는지에 관한 질문들인 것 같습니다.[24]

셋째, 대중투자문화의 등장과 투자자 주체들의 집합적 행동은 앞으로의 대중운동 형태를 어떻게 바꾸어놓게 될까요? 대중투자문화는 단순히 투자자들의 절대적 수가 많아졌다는 것 이상으로, 이들이 소셜미디어와 인터넷 커뮤니티를 통해 정보를 교환하고 의사소통하는 상호 연결된 집단을 형성했음을 의미합니다. 그리고 이러한 투자대중의 등장은, 미래에 대한 집합적 추측/투기speculation에 기반해 자기실현적 예언의 구조로 가치가 결정되는 금융상품의 특성 때문에 매우 중요한 의미를 가집니다.[25] 예를 들어, 특정한 금융상품의 가격이 상승/하락할 것이라는 투자자들의 '집합적' 믿음과 투기실천이 실제 금융상품의 가격에 직접적인 영향을 미치는 금융상품의 자기실현적 가치화를 간파하고, 이러한 특성을 활용하여 자신들의 자산가치를 보존·상승시키려는 집합적 실천에 나선다면 어떤 상황이 벌어질까요? 우리는 '투자자 포퓰리즘'investor populism이라 부를 수 있을 만한 이러한 대중운동의 기초적인 형태들을, 자신이 사는 아파트의 '브랜드 가치'를 유지하기 위해 평판을 관리하는 주민들의 노력에서, 자신이 투자한 암호화폐에 새로운 투자자를 모집하기 위해 인터넷상에서 벌이는 쟁투들에서, 연기금의 투자 방향을 자신들에게 유리한 방향으로 바꿔달라고 요구하는 주식투자자 단체의 시위에서, 그리고 전세계 개미투자자들과 공매도 세력 간의 한판 대결이 펼쳐졌던 최근 게임스탑 사레에서 발견할 수 있습니다. 자신의 포트폴리오를 관리하는 개별적 인적자본들의 노력이 그들 자산가치에 대한 국가와 시장의 평가와 투자배분 자체를 바꾸려는 집합적 투쟁으로 발전할 때, 이러한 대중운동은 궁극적으로 어떠한 방향으로 나아가게 될까요?[26]

결론적으로 제가 묻고 싶은 질문은, 금융화라는 조건 속에서 대안적인 정치적 주체화와 정치의 실천이 어떠한 조건 속에서 어떠한 형태로 가능할까에 대한 것입니다. 우리는 오랜 기간 '노동계급의 형성'에 대해 논해왔지만, 과연 채무자 계급 혹은 피투자자 계급의 형성이라는 것이 가능한 전망일까요? 사회적 부의 소유 및 가치 문제는 대중운동의 핵심 쟁점으로 부상하고, 금융의 영역은 소수의 손에 체계적으로 부를 집중시키는 장치가 아닌 새로운 사회운동과 변혁의 현장으로 사고될 수 있을까요? 우리는 역사를 통해 근대 개인의 '정치적 자유'라는 관념이 사회 구성원 모두의 보편적 문제로 제기되었을 때 정치적이고 혁명적인 이념으로 전화되었음을 알고 있습니다. 오늘날 인적자본과 도박자 주체들 사이에서 울려 퍼지는 '경제적 자유' 개념 역시 유사한 방식으로 보편화·정치화될 수 있을까요? 하지만 역설적이게도 보편적인 경제적 자유의 기획은 금융시장의 전면적 제어 혹은 궁극적 소멸을 필요로 하는 것은 아닐까요?

당연히 제가 단시간에 이 모든 질문들에 대한 답을

내놓을 수는 없을 겁니다. 하지만 이러한 변화들을 설명하고 새로운 싸움을 도울 개념 도구들을 마련하는 일은 그 어느 때보다도 시급한 과제로 느껴집니다. 굳이 생태위기를 언급하지 않더라도 현재의 자본주의체제가 이대로는 지속 가능하지 않다는 것, 그리고 지금 자본주의의 승리가 그 자신의 역량 때문이라기보다는 대안의 부재에서 비롯한 것이라는 인식은 점점 시대의 공통감각이 되어가는 것처럼 보입니다.[27] 문제는 지금 우리 앞에 놓여진 선택지들이, 개인적인 푸념과 절망, 산발적으로 분출되는 방향 잃은 분노, 파편화되고 자족적인 윤리적 실천, 혹은 세계화된 도박판에의 적극적 참여 같은 것들에 한정되어 있다는 점이겠지요.

조지 카치아피카스George Katsiaficas는 1980년대 한국 민중운동의 급진화가, 급격한 산업화 과정에서 쌓여온 계급 및 지역 간 불평등에 대한 '원한감정들'ressentiment이 그 불만을 번역해줄 마르크스주의라는 '언어'와 민중이라는 '이름'을 만난 것에서 촉발되었다고 말합니다.[28] (사회학·인류학 전공자로서 이 민중이라는 이름의 발명 이면에는, "민중 만들기"라 할 수 있는 다양한 일상적 의례와 문화적·집합적 실천의 장치들이 존재했다는 점을 덧붙여야 하겠네요.[29]) 오늘날 금융화된 자본주의하에서 다시 한 번 심화된 불평등에 대한 원한감정들은 켜켜이 쌓여가지만, 이러한 비참한 상황에서 느끼는 불만을 번역해줄 언어가 존재하는지, 그리고 이 불만을 새로운 이름의 정치적 주체 형성과 연결시켜줄 담론적·비담론적 장치들이 마련되어 있는지는 의문입니다. 같은 논리로, 사회적 시민권, 보편적 연대, 사회적 소유와 같은 전망에 기반했던 근대의 사회주의 정치는, 앞서 마르크스가 제시한 "자유, 평등, 소유, 벤담"의 마지막 항을 '노동권'이라는 보편적이고 새로운 인간조건으로 다시 씀으로써 탄생한 것인지도 모르겠습니다. 그렇다면 오늘날 '안전, 공정, 사회적 책임, 게리 베커'의 마지막 항을 대체할 새로운 보편성과 인간조건은 어디에서 찾을 수 있을까요? 부유하는 원한과 분노는 언젠가 자신의 언어와 대상을 찾아내기 마련입니다. 그때 사람들이 찾아내는 언어와 이름이 극우 포퓰리즘이나 종교 근본주의,[30] 금융시장의 니힐리즘이 아닌 새로운 급진적 보편성의 정치가 될 수 있을까요? 주어진 시간이 그리 많지 않아 보이는 상황에서, 우리는 대안적 언어와 장치들을 벼리는 작업을 해낼 수 있을까요? 선생님, 앞으로 제가 하고자 하는 연구는 집합적으로 이루어질 때에만 의미가 있을 이러한 노력들에 작은 힘과 얕은 고민이나마 보태는 일이 될 거라고 말씀드려야겠습니다.

여기까지가 선생님의 질문에 대한 제 대답입니다. 팬데믹 상황이 아니었으면 맥주 한잔 앞에 두고 편하게 말씀드릴 일일 텐데, 글로 쓰자니 왠지 수줍습니다. 지키기 버거운 약속을 문자로 남기는 게 아닌가 두렵기도 하고요. 하지만 편지를 쓰는 내내 즐거웠습니다. 사실 전 자신의 연구를 "하나의 초대장"으로 여겨달라는 푸코의 말이나 "위대한 사상가는 항상 거대한 우편/우체국post"이라는 데리다의 은유를 좋아합니다.[31] 물론 이것이 소셜미디어와 나르시시즘 시대의 범박한 은유로 그치지 않으려면, 발화의 주체가 '나'라고 생각하는 것은 환상이며 발송된 편지가 항상 목적지에 도달하는 것은 아니라는 둘의 경고도 함께 덧붙여야겠네요. 그런 점에서 우리의 사유와 발화는 자신의 것이 아닌 것으로 불확실한 청자에게 말을 거는 뻔뻔하고 대책 없는 또 다른 투기 행위일 뿐인지도 모르겠습니다만, 이것이 제 직업이니 편지를 발송하는 일 자체를 그만둘 수야 없겠지요. 조만간 다시 편지 드리겠습니다. 그때까지 건강하세요!

2021년 가을
관악산의 단풍이 내다보이는 연구실에서

[1]   질 들뢰즈, 「통제사회에 대하여」, 『대담』, 김종호 옮김, 솔, 1993, 199쪽.

[2]   게오르그 짐멜, 『짐멜의 모더니티 읽기』, 김덕영·윤미애 옮김, 새물결, 2005, 36쪽; Jock Young, *The Vertigo of Late Modernity*, Sage, 2007, p. 13.

[3]   박원익·조윤호, 『공정하지 않다』, 지와인, 2019, 263쪽; 박권일, 「능력주의 해부를 위한 네 가지 질문」, 『능력주의와 불평등』, 교육공동체벗, 2020, 136쪽.

[4]   김홍중, 「무해의 시대」, 『서울리뷰오브북스』 1, 2021, 33쪽; 조문영, 「불안한 빈자는 어쩌다 안전의 위협이 되었는가」, 앞의 책, 80쪽.

[5]   김누리, 「세계관의 전복」, 최재천 외, 『코로나 사피엔스』, 인플루엔셜, 2020, 147쪽; 채효정, 「탈성장」, 『워커스』 77.

[6]   미셸 푸코, 『푸코의 맑스』, 이승철 옮김, 갈무리, 2004; 웬디 브라운, 『관용: 다문화제국의 새로운 통치전략』, 이승철 옮김, 갈무리, 2010; 미셸 푸코 외, 『푸코 효과: 통치성에 관한 연구』, 이승철 외 옮김, 난장, 2014.

[7]   김성일, 「파워 엘리트 86세대의 시민 되기와 촛불 민심의 유예」, 『문화과학』 102, 2020, 37쪽.

[8]   사회비판의 출발점이 될 수 있는 도덕적 문제 제기를 넘어, 역사적·구조적 문제를 개인화·감정화하는 탈정치화 담론으로서 도덕주의(moralism)가 가진 문제들에 대해서는, Wendy Brown, *Politics Out of History*, Princeton University Press, 2001 참고.

[9]   예를 들어, 우석훈, 『사회적 경제는 좌우를 넘는다: 더 가난해지지 않기 위한 희망의 경제학』, 문예출판사, 2017; 김주환, 『포획된 저항: 신자유주의와 통치성, 헤게모니 그리고 사회적 기업의 정치학』, 이매진, 2017.

[10]   이 새로운 윤리성, 사회적 상상, 주체성에 대한 구체적인 분석은 다음의 논의들을 참고. 이승철·조문영, 「'사회'의 위기와 '사회적인 것'의 범람: 한국과 중국의 '사회건설' 프로젝트에 관한 소고」, 『경제와 사회』 26(1), 2017; 이승철·조문영, 「한국 '사회혁신'의 지형도: 새로운 통치합리성과 거버넌스 공간의 등장」, 『경제와 사회』 27(4), 2018; 이승철, 「마을기업가처럼 보기: 도시개발의 공동체적 전환과 공동체의 자본화」, 『한국문화인

류학』 53(1), 2020.

[11] 이렇듯 '시장의 쓰나미'로서 신자유주의를 묘사하는 입장이 가진 한계에 대해서는, Pierre Dardot & Christian Laval, *The New Way of the World*, Verso, 2014 참고. 신자유주의를 비도덕적·반사회적 시장주의와 동일시하는 입장은, 신자유주의가 사회와 도덕을 완전히 파괴할 것이라고 가정한다는 점에서 그 역량을 과대평가하는 동시에, 역으로 사회적 가치와 도덕적 실천에서 신자유주의의 대안을 찾는다는 점에서 신자유주의를 과소평가하고 있다.

[12] 이와 유사한 관점에서 신자유주의 인적자본론을 재해석하는 시도로는 다음의 논의들을 참고. Ivan Ascher, *Portfolio Society*, Zone Books, 2016; Wendy Brown, *Undoing the Demos*, Zone Books, 2017; Michel Feher, *Rated Agency*, Zone Books, 2018.

[13] 유사한 관점에서 현대 자본주의의 '정신'을 분석하는 시도로는, Luc Boltanski & Eve Chiapello, *The New Spirit of Capitalism*, Verso, 2005.

[14] 미셸 푸코, 『생명관리정치의 탄생』, 오트르망 옮김, 난장, 352~353쪽.

[15] 칼 마르크스, 『자본 I-1』, 강신준 옮김, 길, 2008, 261쪽.

[16] 칼 마르크스, 앞의 책, 261쪽.

[17] 2008년 금융위기 이후 더욱 증대된 자산소유자 계급의 정책 결정 영향력에 대해서는, Lisa Adkins, Melinda Cooper & Martjin Konings, *The Asset Economy*, Polity, 2020 참고.

[18] 자산화(assetization)의 구체적 과정과 그것이 상품화와 비교해 가지는 차이들에 대해서는, Kean Birch & Fabian Muniesa, *Assetization*, The MIT Press, 2020 참고.

[19] 이승철, 「'도박자'의 인류학을 위한 연구노트」, 『문학과 사회』 31(2), 2018, 312쪽.

[20] 랜들 콜린스, 「중간계급 노동의 종말: 더 이상 탈출구는 없다」, 『자본주의는 미래가 있는가』, 창비, 2014, 99쪽.

[21] 이에 대한 탁월한 분석으로는, 서동진, 『변증법의 낮잠』, 꾸리에, 2014; C.

B. 맥퍼슨, 『소유적 개인주의의 정치이론』, 이유동 옮김, 인간사랑, 1991 참고.

[22] 이승철, 「'소유문제'라는 리트머스 시험지」, 『계간 기본소득』 2021년 여름호.

[23] 마크 피셔, 『자본주의 리얼리즘』, 박진철 옮김, 리시올, 2018, 66쪽.

[24] 이에 대한 예비적 논의로는, Costas Lapavitsas, *Profiting without Producing*, Verso, 2014; Sandro Mezzadra & Brett Neilson, *The Politics of Operations*, Duke University Press, 2019 참고.

[25] 시장행위자들의 집합적 실천이 수행적으로 상품의 가치를 결정하는 금융상품의 자기참조적 혹은 자기실현적 가치화 구조에 대한 설명으로는, 앙드레 오를레앙, 『가치의 제국』, 신영진 외 옮김, 2016, 울력 참고. 이러한 가치화 구조를 암호화폐 시장에 적용한 연구로는, Seung Cheol Lee, "Magical Capitalism, Gambler Subjects: South Korea's Bitcoin Investment Frenzy," *Cultural Studies* 36(1), 2022 참고.

[26] 이러한 질문에 대한 주목할 만한 답변으로는, Michel Feher, *Rated Agency*, Zone Books, 2018 참고.

[27] 이에 대한 흥미로운 논의로는, 이매뉴얼 월러스틴 외, 『자본주의는 미래가 있는가』, 성백용 옮김, 창비, 2014 참고.

[28] 조지 카치아피카스, 『한국의 민중봉기』, 원영수 옮김, 오월의봄, 2015.

[29] 이남희, 『민중 만들기』, 이경희·유리 옮김, 후마니타스, 2015.

[30] 이는 가령 민중운동이 급진화되었던 1980년대 초중반, 신천지를 비롯한 영생교, 만민중앙교회, 오대양, 아가동산 등의 신흥종교들도 함께 등장하여 급속히 성장하였던 상황을 염두에 두고 있다. 현대종교편집국, 『한국의 신흥종교』, 현대종교사, 2002 참고.

[31] 미셸 푸코, 『푸코의 맑스』, 44쪽; Jacques Derrida, *The Postcard*, The University of Chicago Press, 1987, p. 32.

박정희 시대의 유산으로부터

해외에서 한국을 연구하는 정치사회학자의 소고

양명지

양명지 : 미국 하와이대학교(마노아) 사회학과 부교수. 미국 브라운대학교에서 사회학 박사학위를 받았고, 연구 분야는 사회 불평등, 민주주의와 시민사회, 비교역사사회학, 사회운동, 동아시아와 한국, 질적 연구 방법론 등이다. 최근 출간한 저서 『기적에서 신기루로』 *From Miracle to Mirage: The Making and Unmaking of the Korean Middle Class, 1960-2015*는 20세기 후반 한국 중산층 형성의 역사적 궤적을 추적한다.

IMF 이후의 정치사회학

이 책을 제안받고, 내가 이 주제로 글을 쓸 수 있는 적합한 사람인가에 대해 잠시 고민해야 했다. 미국에서 박사학위를 받고 지난 십수 년간 직업적으로 소통해온 언어는 영어였기 때문에, 한편으로는 이러한 기회를 통해 한국 독자와 소통할 수 있다는 반가움과 설렘도 있었지만, 다른 한편으로는 한글로 제대로 된 글을 쓸 수 있을까 두려웠다. 그러나 적지 않은 시간을 미국 학계에 종사하면서, 한국을 연구하는 정치사회학자로서 느꼈던 여러 가지 소회를 대중적인 언어로 기록한다는 것이 의미 있는 작업이 될 수 있을 것 같았다. 지적 여

양명지

정이라고 말하면 다소 거창하지만, 이 글은 내가 어떤 계기로 어떤 질문을 던지고 연구를 해왔나에 대한 소고라고 보면 될 듯하다.

한국의 정치와 민주주의에 대해 연구하는, 나와 비슷한 연배(1970년대 태어나 1990년대 대학을 다닌 이들)거나 그 윗세대의 많은 사회과학자들에게 엄혹한 1980년대의 독재와 민주화 경험이 직간접적으로 그들의 연구에 영향을 미쳤으리라 생각한다. 1980년대에 어린 시절을 보낸 나에게 그 시대는 직접 경험의 대상은 아니었지만, 화염병과 최루가스로 얼룩진 거리의 한 장면, 민주화의 열기와 대규모 사회운동, 그로 인한 거대한 사회변동은 늘 흥미로운 주제였고, 그러한 관심은 자연스럽게 사회학이라는 학문에 대한 관심으로 이어졌다.

그러나 내가 대학에 입학한 1990년대 후반 캠퍼스의 전반적 분위기는 1980년대와 1990년대 초반까지 지속되었던 그러한 혁명의 기운과는 거리가 멀었다. 1997년 경제위기로 IMF 한파가 몰아닥치고 취업난이 현실이 되면서, 또 1996년의 한총련 사태와 김대중 대통령의 당선으로 인해 학생운동은 자연스럽게 운동의 동력을 잃어가는 과정에 있었다. 게다가 1990년대 후반의 경제위기는, 지난 30년간 고속성장으로 가능했던 사회이동과 더 나은 미래에 대한 기대감을 완전히 무너뜨리면서, 한국사회에는 암울한 분위기가 지배적이었다.

216

그때 등장한 박정희 신드롬은 개인적으로 무척 흥미로운 현상이었다. 어려운 시기를 사는 사람들에게 노스탤지어는 매우 흔한 사회적 현상이다. 온갖 설문조사에서 박정희는 위인으로 등극했고, 박정희에 관한 각종 출판물이 주목을 받고 있었다. 보수 정당의 정치인들은 박정희 코스프레를 하며 본인들이 얼마나 박정희의 유산을 잘 이어받고 있는지 과시함과 동시에, 박정희의 딸 박근혜는 20년의 침묵을 깨고 정치인으로 화려하게 데뷔했다. 21세기를 바라보는, 민주주의가 정착되어가고 있는 시점에, 과거회귀와 반동의 기운이 힘을 얻는 것을 관찰하면서, 나는 진보와 사회운동에 대한 반작용과 그 반작용을 동원해내는 사회적 조건과 정치세력에 더 많은 관심을 갖게 되었다.

그러한 관심들은 박정희 정권 시기와 박정희 시대의 유산이 현 한국사회에 미치는 영향이라는 질문들로 이어졌고, 현재까지 나의 학문세계를 구성하는 주요한 구심점이 되었다. 나의 연구는 첫째, 강압과 사회적 통제 외에 권위주의 정권을 지탱시켜주는 사회문화적 조건들은 무엇인지, 권위주의 정권은 어떠한 방식으로 정당성을 창출해내며 사회 성원들을 동원하는지에 대한 탐구이고, 둘째, 민주주의 사회에서 극우정치에 대한 지지는 어떻게 형성되며 어떠한 가치와 믿음체계들이 일반 시민으로 하여금 반민주적이고 극단적인 정치 언술에 이끌리게 하는

지에 대한 고민이다. 방법론적으로는, 현재 주류 사회과학은 양적 방법론에 치우친 경향이 있지만, 통계를 돌리는 작업보다는 사람들의 경험과 이야기에 관심이 더 많아서, 역사적 문헌과 자료, 인터뷰, 그리고 관찰을 통한 질적인 방법을 주로 사용하며 글 쓰는 작업을 하고 있다.

부동산 양극화와 공정 담론의 기원

첫번째 질문은 나의 박사학위논문으로 연결되는데, 구체적으로는 국가 주도의 중산층 형성 프로젝트가 어떻게 권위주의 국가의 정당성을 뒷받침하는 중요한 물질적·담론적 조건이 되었나를 분석하는 작업이었다. 1970년대 고속경제성장은 '마이홈', '마이카'로 표상되었던 중산층을 부상시켰고, 물질적 풍요와 계층 상승에 대한 사회적 열망을 낳았다. 이는 정치적 억압에도 불구하고, 박정희 정권의 업적을 보여주는 핵심적인 지표가 되었다. 그리고 이 시기의 경험은, 여전히 한국 사회에서 양적 성장 그리고 업적 중심이 매우 중요한 사회적 가치로 자리 잡게 하는 결과를 낳았다.

박사논문이 권위주의-발전국가와 중산층의 관계에 초점을 맞추었다면, 이를 발전시켜 2018년에 코넬대학교 출판부에서 출간된 나의 첫 책 『기적에서 신기루로』From

Miracle to Mirage는 한국의 발전 과정을 중산층 형성과 쇠퇴, 그리고 그 안에서의 분화를 중심으로 고찰한 작업이라고 할 수 있다. 미국 사회과학계에서 한국이 조명되는 고전적 분야 중 하나가 발전국가론developmental state이다. 발전국가론은 '동아시아 네 마리 용(한국, 대만, 홍콩, 싱가포르)이 어떻게 급속한 경제성장을 성공적으로 이루었나'라는 질문을 던지면서, 기존의 근대화이론과 종속이론에 전면적으로 도전하였다. 동아시아 국가들이 공통적으로 갖고 있던 유능한 경제관료들과 그들의 효율적 정책 집행, 그리고 어떻게 정부관료들이 사기업들과 긴밀히 작업하면서 성공적으로 수출주도 경제를 만들어냈느냐에 초점을 맞추고 있다. 발전국가론은 정부의 역할에 주목하면서, 정부가 '어떻게' 경제에 개입하느냐가 발전의 열쇠라는 것을 역설한다. 그러나 대부분의 분석이 권위주의 정권 시기에 멈추어 있고, 그 이후 시기의 경제 상황과 사회적 결과에 대한 논의는 상대적으로 미비하며, 동아시아 국가들의 경제적 '성공'에 초점을 맞추다 보니 경제발전 과정이 긍정적으로 그려질 수밖에 없을 뿐만 아니라, 발전 과정에서 치러야 했던 사회적 비용들과 희생에 대해서는 상대적으로 둔감한 분석이 될 수밖에 없었다. 화려한 성공의 이미지—세계적 기업으로 발돋움한 한국 대기업들과 초고층 빌딩과 아파트 숲으로 덮인 수도 서울, 그리고 한류 드라마에서 그려지는 물질적 풍요—에 가려 심각해지고 있는 불평등 문제와 통계지표로는 잘 드러나지 않지만 한국사회를 지배하는, 극심한 경쟁으로 인한 스트레스와 미래에 대한 불안감은 상대적으로 덜 부각되었다. 나는 한국의 중산층이 거쳐온 궤적과 그 안에서의 내부 변화를 통해, 한국사회가 거쳐온 급속한 발전 과정의 이면들—지위 상승에 대한 열망과 지위경쟁에서 뒤처지지 않으려는 개인적 전략들, 그리고 거기서 도태되거나 탈락한 사람들의 불안감 및 패배감—을 잘 드러낼 수 있다고 생각했다.

한국 중산층의 형성에 대해, 경제발전의 자연스러운 귀결로, 교육 수준이 높고 좋은 일자리를 잡은 사람들이 중산층이 되었다는 상식이 자리 잡고 있다(물론 이 영향이 클 것이다). 하지만 그 이면의 과정에 투기적이고 배제적인 방식이 작동하고 있었고, 이러한 방식이 장기적으로는 계급이동을 어렵게 만들고 사회 불평등에 기여했을 뿐만 아니라, 상대적 박탈감을 상당 부분 증가시켰다는 것을 이 책은 강조하고자 하였다. 특히 내가 주목하고 있는 부분은 부동산과 주택이 개인 및 가족의 계급지위에 결정적인 영향을 미쳤다는 점이다. 이 부문에서, 각 개인들이 어떤 위치에서 어떠한 전략을 짜느냐에 따라 그들의 경제적 지위는 상당 부분 달라질 수 있었다.

중산층 형성 과정이 투기적이었다는 것은, 한국에서 초기 중산층이 집을 사고 부동산 붐을 탐으로써 자산과 부를 증식했다는 뜻이다. 비슷한 직업과 수입을 갖고 있는 가족이라고 하더라도, 어디에 언제 집을 샀고, 더 결정적으로는 언제 그 집을 팔았는지로 손익이 달라졌고, 그에 따라 이들의 경제적 위치가 상당 부분 결정되었다. 이미 한국에서는 상식이 되어버린 지 오래지만, 우연한 계기로 강남에 입성하여 오랜 기간 그 지역에 산 사람과 그렇지 않은 사람 간의 경제적 격차는 엄청나다.

배제 역시 중산층 형성을 규정하는 중요한 특징인데, 주택 부족이 만성인 상황에서 일정한 수입과 안정된 직장이 있던 사무직 관리직 종사자들만이 정부가 고안한 주택 정책의 수혜자가 될 수 있었다. 새 집에 이사 가기 전에 적지 않은 금액의 목돈을 여러 번 부어야만 했기 때문에 저소득층은 이 시스템에서 배제되는 결과를 낳았고, 이들은 주택가격 상승의 피해자가 될 수밖에 없었다. 그리고 계층 상승을 한 사람들은 일단 자신들만의 네트워크를 공고히 하고 정보를 교환함으로써 자신들의 이익을 지키려 하고, 다른 집단들과 구별되는 고유한 정체성과 생활공간을 형성함으로써 자신들의 특권을 유지하려고 한다. 이러한 특징은 강남이라는 공간에서 매우 상징적으로 잘 드러난다. 과거의 중산층이 좀 더 동질적이고, 그들만의 고유한 구별짓기 전략이 잘 드러나지 않았다면, 현재의 분화된 중산층은 그 안에서도 그들의 경제적 위치에 따라 뚜렷한 생활양식 및 소비 행태의 차이가 특정 공간을 중심으로 나타나고 있다.

최근 불평등 그리고 공정은 한국사회를 지배하는 키워드가 된 것 같다. 1997년 이후 비정규직의 증가와 고용 불안정으로 인한 노동시장의 변화 등으로 불평등이 꾸준히 증가해온 것은 사실이지만, 다른 나라들과 비교했을 때 수치만 보면 그리 더 심각한 수준으로 보이지 않는다. 그럼에도 불구하고 한국인들이 체감하는 불평등은 매우 극심하다. 이 차이는 어디서 발생하는 것일까? 나는 한국인이 불평등을 민감하게 느끼는 데 여러 가지 역사적 맥락이 있다고 생각한다. 이미 많은 한국 사회과학자들이 지적했다시피, 토지개혁과 한국전쟁이 기존의 사회구조와 질서들을 해체시킨 상황에서 대다수가 가난하고 출발점이 대체적으로 동등했기 때문에, 평등에 대한 기대감도 상대적으로 클 수밖에 없었다. 그러나 더 중요한 맥락은 한국 자본주의가 급속도로 진행되고 발전되어온 박정희 정권 시기에 있다. 급격한 경제성장으로 인해 기회구조는 열려 있었으나, 누가 그 게임의 승자가 되는지에 대한 규칙이 제대로 작동하지 않는 경우가 많았기 때문에, 제도에 대한 신뢰가 부족하고 승자가 과연 정당한 방법으로 부를 축적했느냐에 대한 사회적 신뢰도 낮았다. 따라서 게임의 승자가 나보다 특별히 더 낫지도 않은데 더 많은 걸 가졌다는 것에 대한 분노는 늘 내재되어 있었고, 이것이 불평등과 공정성에 대한 민감함으로 이어질 수밖에 없었다.

불평등은 어느 사회에나 존재하는 불가피한 측면이 있지만, 특히, 부동산과 주택시장에서 벌어진 불공정한 기회구조, 부동산 가격의 급상승으로 인한 주택소유자들의 불로소득 증가(그 반대로 주택을 갖지 못한 사람들은 피해자가 된다) 등은 한국사회에서 부와 사회적 지위가 공정한 경쟁과 능력의 결과보다는 운과 편법의 결과라는 인식을 심어주면서 상대적 박탈감을 촉진시켰다. 최근 유행했던 헬조선 담론은 여러 가지 복합적인 요인들이 있지만, 그 중심에는 증가하는 불평등, 그리고 공정하지 못한 경쟁에 대한 좌절감이 녹아들어가 있으며, 불공정한 방법으로 취득한 부와 지위에 대한 깊은 분노가 도사리고 있다.

장기적 시각에서 볼 때, 한국은 계급구조가 비교적 고착화되지 않은 상태에서 발전이 이루어졌다. 고도성장기에 정도의 차이는 있었지만, 대다수의 사람들이 경제발전의 혜택을 누렸으며, 계급상승을 경험하거나 적어도 나은 미래에 대한 기대감이 충만했다. 그러나 한 세대 이후, 노동시장과 경제구조의 재편으로 인해 평생직장 개념은 사라졌고, 안정적인 일자리를 찾을 수 있는 기회는 희소해졌다. 내 집 장만은 더욱더 어려워지고, 자녀 양육 또한 사교육비 증가로 더욱 힘들어졌다. 따라서 사회이동에 대한 기대는 현저히 줄었으며, 제한된 기회와 자원을 둘러싼 경쟁은 어느 때보다도 심해졌다. 고도성장, 그에 뒤따른 경제위기 및 계급탈락의 경험들이 매우 다이내믹하고

짧은 시간 안에 드라마틱하게 이루어졌기 때문에, 그만큼
사람들이 느끼는 박탈감도 상대적으로 커질 수밖에 없었
던 것이다.

숫자로 측정되는 객관적 불평등은 물론 중요한 지표
이다. 그러나 사람들이 어떻게 느끼고 왜 그러한지에 대
한 분석 없이 한 사회의 불평등에 대한 정확한 그림을 그
리기는 힘들 것이다. 현재 한국의 불평등 연구가 통계 등
양적 방법론을 사용하는 연구자들에 의해 활발히 진행되
고 있지만, 어떻게 불평등을 둘러싼 담론이 형성되고 사
회 성원들에게 불평등에 대한 집합적 문제의식이 공유되
는지에 대한 질적 연구들은, 현재 한국사회의 불평등과 그
에 대한 집합감정을 깊이 이해하는 데 도움이 될 것이다.

불평등의 증가와 사회이동의 기회 부족에 대한 좌절
과 분노는 물론 한국적인 현상만은 아니다. 자동화와 아
웃소싱으로 일자리가 감소하고 불안정 노동이 증가하면
서 일반 노동자의 삶은 더욱 힘들어졌고, 현실 정치가 이
런 의제들에 둔감하게 대처하면서 그 빈 자리를 극우 포
퓰리스트들이 차지하는 것이 서구에서 흔한 정치적 현상
이 되었다. 2016년 브렉시트를 기점으로, 트럼프의 당선,
그리고 유럽 여러 나라에서 극우 포퓰리스트 정당들의 약
진은 신자유주의로 인한 중산층의 쇠퇴, 계급이동의 감
소, 불평등의 증가 등등 경제적인 이유로 설명되었다.

극우정치의 사상적 기반

이러한 연결 지점은 자연스럽게 극우정치에 대한 관심으로 이어졌다. 한국의 2016년은 보수와 반동이 세계적으로 약진하던 흐름과 달리, 사회변화와 민주주의의 기운으로 가득 찬 희망의 시간이기도 했다. 1987년 이후 최대 규모의 집회는 수많은 시민들을 거리로 동원해내면서 박근혜 정권의 부패에 분노하고 더 나은 사회로 나아가려는 다양한 요구가 분출되는 정치적 장이었다. 2016~17년의 대규모 촛불집회는 주지하다시피 박근혜 정권을 퇴출시켰고(몇몇 이들은 이를 한국 보수의 몰락으로 생각하기도 했다), 문재인 정권으로 평화적 정권 교체를 이루었다. 촛불집회는 물론 자랑스러운 쾌거였지만, 사회변화를 이루려는 움직임에 늘 반작용이 있다는 것을 확인시켜준 계기이기도 했다. 촛불집회에 대한 반발로 시작된 소위 태극기집회는 역사상 최대 규모의 보수집회였을 뿐만 아니라, 현재까지도 이어지면서 3년이라는 긴 시간 동안 지속된 우파운동이었다. 촛불집회 현장 바로 옆에서 태극기집회를 지켜보면서, 나의 새로운 여정은 시작되었다.

왜 일련의 시민들은 민주적 요구와 변화에 대해서 저항을 하는가? 그들이 공유하는 가치와 신념체계는 무엇인가? 그리고 어떻게 이들은 공통된 목적을 가지고 동원되는가? 이런 질문으로 지난 3년간 태극기집회와 보수 정치인들이 개최하는 각종 행사 및 세미나에 참석하고, 보수인사들, 특히 지식인들을 중심으로 인터뷰를 진행했다. '조중동'으로 위시되는 보수언론과 보수인사들이 펴낸 서적들(특히 한국 현대사 관련)과 최근에는 보수 단톡방에 올라오는 메시지들을 살펴보며, 아웃사이더로서 보수의 세계관과 운동이 어떻게 발생·지속되는지, 그리고 그 동학은 무엇인지에 대해 관심을 가지며 지켜보았다.

극우정치는 사회과학의 오래된, 그리고 매우 방대한 주제 중 하나이지만, 한국 사례로 연구가 된, 특히 영어 문헌은 거의 존재하지 않는다. 2차 세계대전 직전의 파시즘과 최근 극우정치의 부상으로 인해 유럽 국가들과 미국을 중심으로 한 연구는 다양한 각도에서 잘 축적되어 있다. 그러나 이 분야는 서구 중심적이고, 아시아에 이런 현상이 존재함에도 불구하고 조명이 제대로 되지 않고 있는 실정이다. 극우정치를 분석하는 데 사용하는 용어도 매우 다양하여, 'extreme right-wing', 'far right', 'radical right', 'right-wing populism' 등등 다양한 용어가 혼재하고 있을 뿐 아니라, 서구의 개념을 그대로 다른 나라 사례에 적용할 수 있을지에 대한 고민도 있다. 특히, 한국의 경우, 극우와 일반 보수의 경계가 불분명해서 영어로 어떤 용어를 사용해야 할지에 대한 고민도 필요하다. 한국에서 보수정당과 보수인사들은 '보수우파'라는 용어를 사용하지만, 이 개념은 극우라고 할 수 있는 태극기부대에서부터(물론 어떤 극우집단도 스스로를 극우라고 지칭하지는 않는다), 좀 더 온건한 우파들도 포함한다. 또한 보수정당에는 다양한 그룹들이 한데 모여 있기 때문에, 서구에서 쓰이는 것과 같이 극우extreme right-wing, far right와 주류 보수mainstream conservative의 구분이 명확하게 이루어지지 않는 특징이 있다.

포퓰리즘이라는 개념 역시 한국 보수에 적용하는 것은 무리가 있다. 우리와 그들의 적대적인 이분법 구도, 부패한 기층 엘리트에 대한 분노가 포퓰리즘을 대체적으로 규정하는 현상들인데, 한국 보수는 기존 질서와 시스템에 저항하는 것이 아니라 현상 유지를 옹호하기 때문에 포퓰리즘이라는 개념을 적용하기 어렵다. 한국에서는 오히려 보수에서 반대쪽을 포퓰리즘이라고 규정하는 경우가 더 흔하다.

서구의 극우정치는 반이민, 반세계화(혹은 반EU)를 기치로 내걸고 자국민의 이익을 중심으로 하는 배타적인 민족주의를 지향하는데, 이러한 극우정치의 특징은 한국에서 좀처럼 찾아보기 힘들다. 한국에서 과거 권위주의 정권들이 민족주의를 지배 이데올로기로 채택하기는 했지만, 반독재 세력 역시 민족주의(반제 반식민 저항적 민족주의)를 그들의 주된 이데올로기 자원으로 동원했다. 그리고 최근 들어, 뉴라이트 정치세력은 오히려 반대 세력을 낡은 민족주의 혹은 종족주의 세력으로 몰아붙이고 있다. 한국전쟁과 분단, 그리고 여전히 냉전체제 속에 놓여 있는 한반도에서, 북한과의 적대적 대치라는 상황은 그 어떤 정치적 조건보다 압도적이었다. 국가 안보와 반공은 기득권 세력에겐 자신들의 지배를 언제나 정당화시킬 수 있는 이데올로기적 자원이었고, 북한과 공산주의에 대한 공포를 동원하는 것이 보수층으로부터 지지를 이끌어낼 수 있는 가장 효과적인 방법이었다. 자유민주주의와 시장경제라는 두 가지 가치를 신봉하고, 그 반대 세력을 대한민국의 정통성을 부정하는 세력으로 간주하면서, 한국의 보수는 그들의 기반을 확장시키고자 했다.

　　지난 3년간의 태극기집회는 여러모로 흥미로운 분석의 대상이었다. 그간 거리집회를 주도해온 이들이 반대쪽 세력이었다고 한다면, 보수세력이 자발적이고 장기적으로 집회를 이끌어온 것은 분명 여태까지 보았던 우파정치와는 다른 모습이라고 할 수 있다. 태극기집회를 중심으로 한 현재의 우파운동에 대해서, 나는 두 가지 측면을 부각시키고자 한다. 첫째, 태극기집회는 2016년 가을, 촛불집회에 대한 대응운동counter-movement으로 시작되었지만, 이것이 2016년에 갑자기 나타난 새로운 운동이라고 볼 수는 없다는 것이다. 오히려, 2016~17년의 대규모 동원은, 민주화 이후, 특히 보수가 "잃어버린 10년"이라고 지칭하는 김대중·노무현 정부 시기에 처음으로 야당이 되는 경험을 하면서 어떻게 시민사회를 동원해야 하는지에 대한 고민을 거쳐 보수의 전략을 새로이 짜고 조직을 재정비해 얻어낸, 장기 프로젝트의 결과라고 할 수 있다.

한 가지 재미있는 점은, 보수가 적극적으로 반대편의 전략을 배우고 적용한다는 것이다. 보수의 반대편인 민중민주운동 세력은 1980년대부터 풀뿌리 조직 운동과 교육을 통해 운동 기반을 확장해왔다. 이탈리아 혁명가 안토니오 그람시Antonio Gramsci의 용어를 빌리자면, 진지전을 통해 문화적 헤게모니를 확장시켜나가는 전략을 사용한 것이다. 보수인사들은 그들의 저작에서 그람시의 헤게모니를 직접 인용해가면서, 이러한 전략을 모방해왔다. 2000년대 초반부터 각종 보수 시민단체들이 우후죽순으로 세워지기 시작했고, 일반 시민과 학생들을 대상으로 한 각종 행사와 세미나가 진행되었다. 보수 지식인들은 각종 저작을 통해, 반대편에 대항하는 담론들을 생산하기 시작했다. 특히 한국 현대사—이승만과 박정희 정권—에 대한 시각은 좌우 간의 첨예한 대립의 장이 되는데, 좌파의 시각을 "패배주의적이고 자학적"인 역사관으로 규정하면서, 대한민국이 전세계적으로 보기 드물게 자본주의 발전과 민주주의를 달성한 "성공한" 역사였다는 점을 선명하게 강조하고자 한다. 그리고 이 성공은, 이승만과 박정희라는 두 위대한 지도자—이승만의 자유민주주의 국가 세우기와 박정희의 근대화 달성—없이는 불가능했다는 점을 역설한다.

이러한 보수의 역사 내러티브는 출판물, 각종 미디어, 최근에는 소셜미디어(특히 카톡과 유튜브)를 통해 널리 전파되었다. 과거 문화계, 출판시장이나 인터넷 여론의 장이 좌파세력에게 장악되었다면, 최근의 흐름은 달라졌다고 할 수 있다. 출판시장에서 우파의 약진이 두드러지고 있으며, 유튜브 정치채널 중 가장 많은 구독자 수를 자랑하는 것들은 대부분 우파 성향이다. 따라서 보수의 따라하기 전략이 어느 정도 성공한 것으로 보인다. 많은 전문가와 학자들은 최근 우파집회·운동의 부상과 동원의 성공에 대해서 소셜미디어의 적극적 활용을 지적한다. 주지하다시피, 단톡방과 유튜브는 우파의 특정한 관점을 전달하고 급속하게 전파하는 데 결정적 기여를 했다. 그러나 여기서 간과하지 말아야 할 점은, 이런 뉴미디어와 더불어 전통적 미디어의 역할 또한 적지 않았다는 것이다. 조중동으로 대표되는 보수언론은 여전히 한국사회의 여론 형성에 지대한 영향력을 미치고 있고, 그들과 이념이 다른 세력에 대해서는 늘 맹공을 퍼부으며 보수의 목소리를 대변해왔다. 문재인 정부가 들어선 이후, 이들 보수신문은 태극기 세력을 적극 옹호하며, 문재인 정부에 대해 독재 혹은 전체주의라는 용어를 써가며 공격을 늦추지 않았다. 따라서 뉴미디어의 역할에만 초점을 맞추면, 보수세력이 어떤 이데올로기적 인프라를 갖고 이들을 적극 활용하고 상부상조하는지에 대한 큰 그림을 자칫 놓칠 수 있다.

두 번째로 지적하고 싶은 점은, 우파가 전략적인 면에서 다른 조직과의 연계를 강화하고 미디어를 적극 활용하는 등 지난 20년간 노력을 부단히 해왔지만, 이데올로기 측면에서는 특별한 비전이나 새로운 정치적 프로그램을 전혀 제시하고 있지 못하다는 것이다. 물론 과거와의 단절은 보수우파의 정치적 성향이 아니기 때문에 이 점은 충분히 이해가 가는 지점이지만, 그럼에도 불구하고 과거 권위주의 시대로부터 전혀 벗어나지 못하는 사고를 한다는 것은 매우 유감스런 일이 아닐 수 없다. 권위주의 시대의 유산인 이승만·박정희를 정치적 자원으로 삼아, 과거의 긍정적인 업적에 초점을 맞추는 것은 21세기 민주주의가 정착된 한국사회에 걸맞은 비전으로 보이지 않는다. 그들이 옹호하는 '자유민주주의'는 한국에서 독특한 방법으로 정의되었다. 보통 정치적 다원성, 관용, 천부 인권 등을 인정하는 정치체제로 정의되는 자유민주주의는 우파들에 의해 독점되면서 실질적으로는 반공과 반북의 동의어처럼 사용되어왔다. 따라서 자유민주주의를 훼손시킨 독재자들이 반공과 반북을 했다는 이유로 자유민주주의자로 칭송받는 모순적인 논리가 완성되었다.

극우를 연구할 때, 구조적 조건, 이데올로기 및 조직적 자원도 중요하지만, 더욱 중요한 질문은 왜 특정 사회구성원들이 비자유주의적illiberal이고 때로는 반민주적이며 혐오발언을 서슴지 않는 이런 극우정치에 어떻게 동의하고 동원되느냐일 것이다. 이미 거의 상식이 되어버린 듯하지만, 극우는 특정 인구학적 기반을 갖고 있다. 전쟁을 경험하고 반공이 생존과 동일시되어버린 세대들에게 종북세력은 대한민국을 절체절명의 위기로 빠뜨리는 매우 공포스러운 존재이기 때문에, 목숨을 걸고 이 사악한 무리들과 사투를 벌여야 하는 것이다. 종교 역시 중요한 변수가 될 수 있다. 공산주의는 '종교의 자유'를 탄압하는 정치체제이기 때문에 특정 기독교인들에게 반공은 중요한 가치이다. 어떤 계기를 통해 보수의 멘탈리티가 형성되고 특정한 신념체계를 체득하게 되는지는 여전히 많은 연구가 되어야 할 중요한 질문이다.

그렇다면 단순한 학문적 호기심을 넘어서, 나는 왜 보수우파 정치를 연구하며, 이 연구를 통해서 무엇을 하려고 하는가? 먼저 이 연구가 쉬운 작업을 아니었음을 밝힌다. 연구자가 공감할 수 있는 주제를 연구할 때, 연구대상들과 관계rapport를 형성하기가 훨씬 쉬울 뿐만 아니라 원하는 이야기를 더 잘 끌어낼 수도 있을 것이다. 미국의 대학교수라는 내가 가진 지위의 장점으로 인해, 상대적으로 어렵지 않게 인터뷰 대상자를 구하고 인터뷰를 진행할 수 있었으나, 몇몇 인터뷰 대상자들은 나의 연구 의도와 정치색에 대해 적지 않은 의구심을 갖고 질문했다. 특히 몇 시간씩 진행되는 인터뷰를 끝내고 나면(인터뷰 자체가 이미 굉장한 에너지 소모를 필요로 하는데, 내가 동의할 수 없는 얘기들을 몇 시간씩 듣고 나면 더욱 지치게 마련이다), 정신적으로 힘들었던 것도 사실이다. 그들이 적지 않은 시간을 내면서 일면식도 없던 나에게 자신들의 얘기를 들려주었던 것에 매우 감사하고 있다. 그분들의 친절함이 없었더라면, 나의 연구는 한 발짝도 나아가지 못했을 것이다. 그러나 한편으로, 이 연구를 끝내고 지면으로 출판될 경우, 인터뷰 대상자들이 내 글을 어떻게 받아들일지 두려움이 앞서기도 한다.

비판적 시각을 견지하고 있음에도 불구하고, (공감하지는 못한다고 하더라도) 나와 다른 정치적 견해를 가진 집단에 대한 이해와 연구는 필요하다고 본다. 극단적이고 비민주적인 생각과 행위가 뿌리를 내릴 수 있는 조건이 무엇이고 그 동의의 기반이 어떻게 형성되는지에 대한 이해가 선행되지 않고는, 다양성과 관용을 저해하는 요소를 어떻게 줄여나갈 수 있을지에 대한 대안이 가능하지 않을 것이다. 미국에서 백인우월주의자들의 운동을 오랜 기간 연구해온 사회학자 캐슬린 블리Kathleen Blee는 자신의 연구가 행여 백인우월주의자들의 목소리에 힘을 실어주는 것은 아닌지, 동정적인 효과를 발생시키지는 않을지 고민했으나, 그러한 조직과 참여자들을 연구하지 않을 때 발생하는 무지가 더 큰 사회적 문제라고 주장했다. 마찬가지로, 왜 보통 사람들이 때로는 극단적인 생각에 이끌리고 혐오발언에 참여하게 되는지에 대한 이해가 없다면, 우리 사회에서 어떻게 민주주의를 정착시킬지에 대한 이해에도 어려움이 있을 것이다.

미국에서 한국사회를 연구하기

최근 한류의 영향과 학자들의 끊임없는 노력으로 한국학 커뮤니티가 활성화되고 한국을 연구하는 젊은 세대가 증가하고 있는 현상은 고무적이다. 한국을 연구하는 학자들이 점점 늘어가고 있고, 좋은 연구도 다양한 방면에서 많이 쏟아져나오는 것은 매우 긍정적인 변화이다. 물론 이러한 결과는 앞선 학자들의 축적된 연구 결과가 아니고서는 불가능했을 것이다. 2000년대 중후반까지 영어로 출판된 한국사회 연구서가 주로 국내적인 문제―이를테면 노동계급(구해근), 민중의 형성(이남희), IMF 경제위기와 사회변동(송제숙) 등―에 초점이 맞춰졌다면, 최근에는 이민, 이주, 디아스포라의 초국적 문제, 케이팝과 한류를 비롯한 한국문화 등 다양한 주제들이 폭넓게 연구되고 있다.

미국에서 한국사회를 연구하는 학자로 살아간다는 것은, 여러모로 장단점이 모두 존재한다. 인터넷과 잦은 여행으로 한국 상황을 실시간으로 따라갈 수 있는 조건이 갖추어졌지만, 그럼에도 불구하고 한국에서 살고 겪는 것만큼은 아닐 것이다. 특히 한국같이 끊임없이 변화하는 역동적인 사회를 연구 대상으로 할 때, 물리적으로 한국에 있지 않은 것은 큰 단점이라 할 수 있다. 그러나 한 발짝 떨어져서 한국사회를 관찰하는 것이, 객관성 그리고 비교적인 관점을 견지하는 데 도움이 된다. 숫자 위주의 업적을 요구하지 않는 미국 대학과 학계의 분위기는, 한 주제에 대해 오랫동안 고민하고 연구할 수 있는 요건을 마련해주기 때문에, 업적을 일정 시간 내에 채워야 하는 한국 학자들보다 조금은 한숨을 골라가면서 연구할 수 있다는 장점도 있다. 한국 학자들이 기여할 수 있는 부분과, 해외에서 한국을 연구하는 학자들이 기여할 수 있는 부분은 다를 것이다. 한국과 미국의 경계를 끊임없이 오가는 나의 글쓰기가 한국을 이해하고 다른 관점으로 바라보는 데 미약하나마 보탬이 되었으면 하는 바람이다.

언어의 감옥 내 수감자와 탈옥수

곰, 호랑이, 인간, 그리고 자동기계

김성익

김성익 : 미국 위스콘신대학교(매디슨) 영문학과 박사과정 수료. 19세기 영국소설 속 인물과 수number의 관계를 살피는 박사논문을 쓰고 있다. 영문학 연구자로서 최근 관심은 19세기 문학의 영역에서 소설 형식이 인간에 대한 규정에 어떠한 역할을 했는지를 비인문적 관점, 예컨대 자연과학적 기계성의 관점에서 살피는 것이다.

21세기에 지식을 생산하는 것은 문학인가 과학인가? 그리고 그 지식은 어떠한 성질을 지니고 있는가? 19세기 이후 문학과 과학은 흔히 적대적인 것으로 여겨져왔다. 문학은 감정과 같이 주관적인 것을 다루는 반면, 과학은 객관적 지식을 다룬다는 생각이 그것이다. 20세기 들어 많은 이들이 문학작품을 언어적 산물, 즉 텍스트로서 이해했던 것은 문학이 의미를 다루는 영역이라 여겨진 결과였다. 의미의 망으로서 텍스트는 외부를 지니지 않는다. 텍스트는 자기지시적이다. 그에 비해 흔히 과학은 의미 해석의 행위 이전에 위치하는 물질의 객관적 연장extension, 즉 크기를 다루는 양적 지식의 체계로 여겨졌다. 데카르트의 기계론적 세계관이 대표적이다. 가진 게 크기뿐인 신체는 문학적 주관을 상실한 기계에 불과했다. 데카르트와 함께 문학과 과학이라는 이원론이 시작되었던 셈이다. 하지만 21세기 들어 상황은 변하고 있다. 문학 연구자들은 의미 생산의 기초로 여겨졌던 언어의 외부로 나가 물질과 만나고 있고, 과학자들은 물질의 세계에서 시작하지만 인간과 우주에 대한 철학적 질문을 던지는 방향으로 나아가고 있다. 근래 문학과 과학은 동일하게 물질을 사유 대상으로 두고 서로 역할을 교대하고 있다.

최근 들어 과학은 기존에 문학적·예술적 상상으로만 가능했던 것을 4차 산업혁명이라는 이름하에 물리적으로 구현하고 있다. 상상력은 더 이상 문학이나 예술의 전유물이 아니다. 과학은 상상할 뿐 아니라 상상을 물질적으로 구현한다. 과학은 물리적 문학과 같다. 영국의 시인 윌리엄 블레이크William Blake가 말하듯 과학은 달콤하다. 물질은 그 자신만의 영혼을 지니고 있다. 사실 문학적 사고의 전통은 오래전부터 물질 내부에 깃든 비물질성을 상상력의 문제로서 다루어온 바 있다. 예컨대, 자연은 기계적 사고가 아니라 신화적 사고의 바탕이었다. 상상력은 자연이라는 물질에 내속하는 것으로 여겨졌다. 그러나 근대 이후 등장한 과학적·기계론적 사고는 스스로 상상하는 자연을 살해하게 된다. 그 결과 반대로 문학 연구는 살해된 자연이 언어적으로 재현되는 방식을 연구하는 일로서 여겨지게 된다. 하지만 21세기에 과학은 더 이상 무미건조하지 않다. 마찬가지로 21세기에 문학 연구는 자신의 임무가 언어적 재현을 다루는 데 있다는 것에 더 이상 동의하지 않는다. 이제 문학 연구는 언어적 의미의 영역 밖으로 나가 축자적 세계로 진입하고자 하고 있다. 과거 언어적 의미 세계의 밖은 흔히 기계들이 지배하는 과학의 영역이라 여겨졌다. 그러나 근래 문학 연구는 데카르트적 기계들이 인간화된 의미의 매개 없이 스스로 사변적 상상력을 개진하는 순간을 포착하고자 한다. 의미는 더 이상 언어적 발화 주체-주어와의 관계 속에서 정의되지 않는다. 문학 연구는 객체로 하여금 객체 이상의 것이 되도록 만드는 소수 과학minor science의 문제다. 2000년대 후반 일어난 사변적 전회speculative turn가 비주류 과학이 표출되는 계기로서 이해될 필요가 있는 것은 이러한 맥락 속에서다. 20세기 초반의 언어학적 전회linguistic turn가 의미의 주관성이 텍스트-언어의 감옥에 갇혔음을 알리는 신호와 같았다면, 21세기 초반 찾아온 사변적 전회는 주관성이 마침내 언어의 감옥으로부터 탈옥했음을 알리는 신호와 같다. 21세기에 문학 연구자들이 문학을 물질적·과학적·생태학적 관점에서 살필 때 그것은 20세기 동안 그저 언어적 효과에 불과한 것으로 여겨졌던 상상력이 과학의 진전과 함께 은유의 매개 없이 축자적으로 구현되고 있다는 뜻과 같다. 문학은 과학과 함께 개방된 물질적 주관성을 새로운 존재양식으로 번역하는 지적 작업이다. 이 글은 최근 일어나고 있는 과학적·물질적 전회가 21세기 한국인의 삶에 의미하는 바를 간략하게나마 포착하기 위한 시도다.

철학하는 과학

과학 이야기로 시작하자. 오늘날 양자역학 등으로 대변되는 현대 이론물리학보다 더 어려운 것도 별로 없다. 그러나 최근 양자역학은 많은 사람들의 관심사가 되었다. 한국인들이 근래 과학 일반에 보이는 높은 관심은 21세기 들어 큰 대중적 관심을 얻지 못하고 있는 철학이나 문학이론 등이 처한 상황과 흥미로운 대조를 이룬다. 철학이 이론물리학보다 어려워서 벌어지는 일이 아닌 것만은 분명하다. 그렇다면 어째서 이러한 역전이 일어나게 된 것일까? 첫째로는 여러 출중한 과학자들이 지속적으로 대외활동을 행한 결과다. 물리학자 김상욱, 생물학자 최재천과 장대익 등의 활동이 좋은 예다. 그러나 보다 중요한 사실은 그들의 강연을 듣고 있으면 비로소 세계의 이치를 최초로 이해하게 되었다는 느낌을 받게 된다는 데 있다. 무엇인지 체감하여 알 길이 없는 형이상학적 이데아가 아니라 신체를 지닌 누구나가 느끼는 물리적 사실에 직접적으로 호소함으로써 세계를 이해하고자 하는 것이 자연과학이지 않던가. 쉽게 말해서, 최근 과학적 세계 이해는 기존에 철학 및 문학 등 인문학이 제시했던 세계 이해를 대체하고 있다. 흥미로운 사실은 이제 사람들이 심지어는 물리학자에게 철학적 질문마저 던지기 시작했다는 것이다. '시간의 본질은 무엇입니까?'라는 질문이 한 예다. 과학에서 철학적 사유를 발견하고자 하는 이러한 시도는 2500여 년 전 물질에 대한 사유로부터 철학을 시작했던 소크라테스 이전 철학자들을 떠올리게 한다. 철학적 사유의 근간이 실은 물질에 대한 사유라는 사실이 여기서 드러난다. 21세기 한국사회는 과학과 함께 철학을 다시 시작하고 있다. 그러나, 거꾸로 말하면, 이는 물질에 대한 사유에 기초하지 않은 인간 중심의 인문적 사유는 더 이상 진리 혹은 보편에 대해 소유권을 주장할 수 없을 것이라는 뜻이기도 하다.

과학이 존재에 대한 철학적 질문을 전유하자 사람들 사이에서 전통적 인문학은 인간의 감정이나 심리와 같은 국지적 문제를 다루는 방법론으로 여겨지게 되었다. 물질에 대한 사유를 잃어버린 인문학이 상류화domestication되는 것은 자연스러운 일이다. 그러나 과학을 하는 철학이 인문학의 원래 모습이었다는 점을 잊어서는 안 된다. 예컨대, 전통적으로 철학의 본질은 흔히 전체 혹은 절대적인 것을 다루는 데 있었다. 물론, 절대적인 것은 자연과학적 물질 자체를 뜻하지 않는다. 오히려 대문자 존재Being 혹은 하나the One를 뜻한다. 물질과 존재 사이에는 차이가 있다. 둘 사이의 차이로부터 기존에 철학이나 신학이 물질을 다룬 방식이 어떠한 것이었는지 확인할 수 있다. 예컨대, 철학은 물질을 보편과 특수의 관계 속에서 이해한다. 신학에서 보편을 칭하는 신학적 용어는 신이었다. 특수는 피조물이라 불렸다. 여기서 물질을 이해하기 위한 과정 중에 사유의 틀—'보편-특수' 혹은 '신-피조물'—이 부여된다는 사실을 볼 수 있다. 개념적 틀 없이 인간이 물질을 직접 다룰 수 없다는 듯한 모습이다. 이렇듯 전통적으로 존재론은 물질 자체에게 작인agency를 부여하길 거부했다. 물질은 언제나 보편 원리 혹은 이성에 의해 대변되는 한에서만 이해되었다.

존재론적 사유의 발전 과정은 물질이 변하지 않는 완전한 것 혹은 신 등으로 대체되는 과정과 같다. 이는 인간이 물질을 수학적 보편으로서가 아니라, 그 자신의 죽음으로서 경험한다는 뜻과 같다. 예컨대, 물질의 일부인 흙은 생명의 근원이기도 하지만 죽음을 의미하기도 한다. 인간은 흙과 같은 물질적 존재이지만 인간의 형상과 흙 사이에는 차이가 있다. 철학은 바로 이 물질과 형상 사이의 존재론적 차이로부터 비롯된다. '절대적인 것'은 형상 없는 물질과 형상 사이의 주기적 반복이 초래하는 두려움으로부터 벗어나고자 하는 시도다. 불변하는 전지전능의 틀이 하나the One 있다면, 드러남과 감춤 속에서 변화하는 자연의 다수multiplicity가 선사하는 두려움 속에서 살지 않아도 될 것이기 때문이다. 기독교 교리의 바탕을 세운 사도 바울이 좋은 예다. 그는 플라톤적 사상가다. 알려졌다시피 플라톤은 서양 철학의 역사에서 자연의 주기로부터 벗어나기 위한 근본적 몸짓을 보여준 사람이다. 그가 개념화한 이데아는 현상계에 속하지 않으며 영속한다. 이데아는 현상의 구속으로부터의 탈출, 즉 현상의 외부를 의미한다. 플라톤이 서구 철학이 본격적으로 전개되는 지점에 위치하는 가장 핵심적인 철학자의 하나인 이유가 여기 있다.

물질에 대한 사유로부터 이데아로 나아가는 과정은 철학적 사유가 다음과 같은 질문의 형태를 취하고 있다는 것을 보여준다. '한낱 저열하며 무거운 지상의 물질은 어떻게 그 자체로 천상적으로 가벼울 수 있는 것인가?' 실용적·경험적이기보다 형이상학적인 질문이다. 20세기 들어 인문학 내부에서 형이상학적 사유의 해체가 유행하게 되었던 것은 존재론적 사유가 지닌 바로 이 비실용성에 대한 반발과 같았다. 20세기 동안 해체론적 기획이 삶의 역동성으로 돌아가고자 하는 긍정적 측면을 지녔던 것이 사실이다. 그러나 형이상학이 사라지자 인문학 일반은 세계에 대한 사유의 중심에서 주변부로 밀려나게 되었다. 세계에 형이상학적 중심이 없다면 전혀 이상할 것이 없는 현상이다. 문제는, 인문학자들과 달리, 정작 일반인들은 본질적 질문을 던지는 것을 포기하지 않았다는 데 있다. 다만 근래 사람들은 인문학자가 아니라, 과학자에게 철학적 질문을 던지고 있다. 형이상학에 대한 반발 속에서 삶의 경험세계를 다만 소박하게 이야기하고자 할 뿐인 인문학자들에게 어떻게, 예컨대 '시간의 본질이 무엇입니까?'라는 근본적 질문을 던질 수 있을 것이란 말인가? 그러나 역설은 20세기 동안 인문학이 해체하고자 했던 거대한 질문들이 21세기에 의외로 과학과 함께 되돌아오고 있다는 것이다. 이는 물질에 대한 사유가 있는 곳에는 늘 최소한도의 형이상학이 필연적으로 개재한다는 것을 뜻한다. 형이상학은 해체됨과 동시에 다른 형태로 되돌아온다. 전체, 하나, 무한 등에 대한 사유는 계속해서 새로운 형태로, 예컨대 수학과 과학의 형태로 우리에게 되돌아온다. 여기서 21세기에 인문학의 임무가 형이상학을 해체하는 것이 아니라, 물질과 함께 형이상학을 재구성하는 것이라고 말해본다면 어떠할 것인가?

오늘날 진리 담론의 역설은 무겁게만 들리는 이데아에 관한 이야기가 사실은 훨씬 더 가벼울 수 있다는 데서 발견된다. 사실 이 역설을 인지하게 해준 것이 자연과학이다. 이데아가 무겁지 않으며 가볍다는 사실을, 철학이 아니라 과학이 우리에게 알려주자 진리 담론이 인문과학에서 자연과학으로 넘어가게 된 셈이다. 진리가 무겁지 않다면 얼마든 그와 함께 머물 수 있다. 그리고 만약 그것을 자연과학이 보여준다면, 인문학보다는 자연과학을 통해 진리에 대해 이야기하고자 할 것이다. 양자역학이 사람들 사이에서 호소력을 지니는 이유가 여기 있다. 물질을 이루는 원자가 결국 물질의 결여를 지시하는 공백void에 다름 아니라는 새로운 형이상학적 정황을 양자역학이 말해주고 있기 때문이다. 현대 물리학은 물질이 결코 그 자체로 두텁지 않다는 새로운 형이상학의 가능성을 보여주고 있다. 물질은 물질적이지 않다. 양자역학에서 관찰의 개입과 동시에 잠재성의 영역인 파동이 입자로 붕괴하며 형식을 부여받는 방식을 떠올려보라. 관찰-개입이라 불리는 얽힘이 있기 전에 물질 자체는 아무것도 아니다. 물질은 무nothing와 같은 반면 객관적인 물적 현실은 무에 다름 아닌 물질로부터 발생하는, 관찰된 형상-이데아와 같다. 이러한 이유로 오늘날 우리는 플라톤을 양자역학적으로 독해할 필요가 있다. 실은 플라톤 자신이 파르메니데스Parmenides의 입을 빌려 이렇게 말하고 있기도 하다. "만약 하나가 있지 않다면, 무가 있다." 흔히 이 구절은 '만약 하나가 있지 않다면, 아무것도[예컨대, 경험적 현실은] 없다'는 전통적 형이상학의 관점에서 이해되었다. 그러나 양자역학적 관점에서 해당 구절은 하나가 없기에 '없음이 있을 수 있다'는 뜻으로 읽힐 수 있다. 무의 긍정이 곧 물질의 사변성을 긍정하는 일이다. 기존에 인문학이라 불렸던 것이 21세기 자연과학과 조우하는 것은 바로 이 물질

내 비물질적 공백을 통해서다.

언어적 현실 혹은 가짜뉴스의 세계

그러나 이제 천상에서 지상으로 내려가야 한다. 전세계의 인구가 모이는 유튜브 내 과학자들의 대중 강연 영상에 달린 댓글을 한번 보자. 그곳에서 종종 사람들은, 예컨대 김상욱과 같은 과학자가 정치를 한다면 세상이 얼마나 올바르게 변할지에 대해 이야기하곤 한다. 사실 김상욱 자신도 과학적·합리적 사고를 좀 더 많은 사람들이 행할 수 있게 된다면 사회가 발전하지 않을까 하는 생각에 과학자로서 대중 강연 등을 하는 것이라는 취지의 말을 남긴 바 있기도 하다. 여기서 우리가 보는 것은 현실에 존재하지 않는 천상적·과학적 정치에 대한 열망이다. 과학적 정치에 대한 열망은 가짜뉴스에 기반한 세속적 정치 행위와 비교할 때 그 의미가 명확해진다. 가짜뉴스는 특정한 인간의 이해에 복무하는 언어적 현실을 하나 구성한 후 그것으로 물리적 현실을 대체하고자 하기 때문이다. 반면 물리학은 언어적 재현을 다루지 않는다. 양자역학이 제시하는 물질의 비결정성은 인간 주관이 일으키는 심리적 변덕을 언어적으로 포착하는 일과 같은 것이 아니다. 물질의 비결정성은 물질적 진리 자체에 내속하며 그러한 한에서 세속을 초월해 있다. 오늘날 우리가 가짜뉴스 등을 통해 접하는 언어적 현실의 문제가 무엇인지 여기서 드러난다. 가짜뉴스로 대변되는 언어적 현실은 물리성을 결여하고 있다.

과학자들이 말하는 과학적 사고가 물질에 대한 사고를 뜻한다는 점을 분명히 할 필요가 있다. 사실 과학적 사고는 단순히 합리적 사고를 뜻하지 않는다. 가짜뉴스도 얼마든 합리적 사고에 기반할 수 있다. 합리성은 그저 내적 정합성을 의미할 뿐이며 그 어떤 물질성에 기반하지 않고서도 작동할 수 있다. 예컨대, 오늘날 우리가 보는 언론 현실은, 비유하자면, 길가에 지나가는 사람이 기침을 하자 그가 코로나에 걸렸을지 모른다며 나름의 논리를 가지고 끝도 없이 추측성 기사를 써대는 식이다. 요점은 내적 정합성을 지닌 말이 물적 사실에 근거하지 않더라도, 얼마든 듣기에 그럴싸할 수 있다는 것이다. 여기서 한국 사회의 언어적 현실, 즉 언론이 그려내는 한국사회에 결여된 것이 합리성이 아니라 물질성이라는 점이 드러난다. 달리 말하면, 과학이 말하는 합리성은 인간의 주관성에 기반한 언어적 정합성이 아니라, 그로부터 절연된 물질의 객관성을 가리킨다. 여기서 물질은 그 자신의 결정력을 지닌다. 예컨대, 누군가가 코로나에 걸렸는지 아닌지는 단순한 합리적 의심, 추론, 믿음의 문제가 아니라, PCR 테스트가 물질적으로 수행하여 판단할 일이다.

　　말잔치를 침묵시키는 PCR 테스트는 인간의 주관적 언어를 침묵시키는 물질의 비주관적 힘을 보여준다. 만약 여기에 언어적인 것이 있다면, 그것은 인간의 믿음이나 추론이 아니라 물질 자체로부터 나온다. 여기서 인간의 바람과는 상관없이 작동하는 기계적 인과율이 도드라져 나오게 된다. 그렇다면 이는 기계적 인과율에 갇혀 사는 게 정답이라는 뜻인가? 예컨대, 언어는 인간의 주관이 제거된 수학적 구조물로 환원될 때 가장 바람직한 모습이 되는가? 과학자라면 수학적 정합성보다 아름다운 구조는 없다고 말하며 '그렇다'고 답변할 것이다. 그러나 과학자들이 수학적 아름다움을 이야기하는 곳에서, 인문학자는 기계적 인과율로서 물질이 지닌 객관적 구조물 및 그에 대한 언어적 기술과 비물질적인 것the incorporeal 사이의 관계라는 철학적 문제를 전경화한다. 질 들뢰즈Gilles Deleuze를 생각해보자. 그의 관심사 중 하나는 어떻게 언어가 물질로부터 발생하는 비물질적인 것을 표시하는 장소로서 작동하는지 살피는 것이다. 그에게서 언어는 인간의 주관성을 담는 그릇으로서가 아니라, 물질적 세계 자체의 비현실성irreality을 기록하는 지표로서 작동한다. 퀑탱 메이야수Quentin Meillassoux와 같은 철학자는 아예, 언어가 아니라 수학에 관심을 갖는다. 언어와 달리 수학은 태생부터 개별 인간의 발화 행위 및 위치를 전혀 고려하지 않기 때문이다. 인간은 그 자신의 주관으로 수학을 채색할 수 없다. 수학은 인간을 인간 이전의 선조성ancestrality이 있는 곳, 즉 인류가 존재하기 훨씬 이전에 위치한 물질성의 시간으로 이끈다. 그러나 메이야수에게서 수학은 '아름다운 비율-전체'가 아니라, '비-전체'에 대한 사유를 개방하기 위한 것으로 다루어진다. 그의 철학이 단순한 객관주의 유물론이 아니라 사변적 유물론speculative materialism이라 불리는 것은, 수학을 통해 '아름다운 전체'가 아니라 '비-전체'에 이르고자 하기 때문이다. 요점은 21세기 사유의 영역에 20세기 내내 천덕꾸러기 취급을 받은 형이상학이 과학과 함께 되돌아오고 있다는 것이다. 기존의 형이상학과의 차이는 분명하다. 오늘날 되돌아오는 형이상학은 내재성immanence이라는 모습을 취한다. 즉, 비현실적인 것은 현실 자체다. 현실의 외부에 초현실이 있는 것이 아니다. 21세기 사유의 관건은 물질 자체의 사변성을 새롭게 개념화하는 데 있다.

사변적 물질의 관점에서 오늘날 한국사회가 누리는 언론의 자유에 대해 생각해보자. 18세기에 계몽주의 철학으로서 비판은 물질 자체와 거리를 둠으로써 미혹에 빠지지 않고자 했다. 비판철학의 목적은 물질의 형이상학으로부터 퇴거하여 인간 인식론의 기초를 닦는 데 있었다. 그러나 오늘날 우리가 형이상학 비판이란 이름하에 보는 것은 그와는 정반대다. 지금 우리는 비판이라는 이름하에 인간의 주관성이라는 미혹의 수렁 속으로 빨려 들어가는, 현실의 반계몽적 모습을 보고 있다. 가짜뉴스가 범람하며 도대체 누구의 말을 믿어야 좋을지 혼란스러웠던 경험을 기억해보라. 어떤 면에서 오늘날 모든 기사는 다른 기사를 복제한 것이거나 반박하기 위해 쓰여 있다고 말해볼 수 있다. 요점은 언어가 또 다른 언어를 지시할 뿐이라는 데 있다. 언어 외적 현실은 애당초 존재하지 않는 듯이 느껴진다. 이 때문에 '팩트 체크'라는 것이 주목을 받게 된다. 그러나 그 또한 반박의 대상이 된다. 21세기 한국사회에서 언어적 비판은 주어진 삶의 기본값이다. 더 이상 대지에 뿌리내린 삶이란 것은 남아 있지 않은 듯이 보인다. 그저 비판을 위한 비판의 언어만이 있을 뿐이다. 이러한 조건 속에서 사람들이 원하는 것은 더 이상 미몽의 형식으로서의 비판일 수 없다. 사람들이 원하는 것은 공감이라 불리는 형이상학이다. 공감이 형이상학의 형식인 것은 공감이 단순히 인간 개인의 경험을 총합한 것을 뜻하지 않기 때문이다. 21세기에 공감은 인간과 인간 아닌 것 사이에서 이루어진다. 오늘날 생태학적 공감의 능력이 주목받는 이유가 여기 있다. 그러나 이는 인간과 동물 사이의 평등을 기계적으로 주장하는 속류 생태학을 옹호하기 위함이 아니다. 그보나는 농물로서 인간이 동물 이상 혹은 이하가 된다는 뜻이다. 인간은 인간 이하인 원자의 층위로 되돌아갈 때 무로부터 다시 인간 이상의 것으로서 재구성된다. 오늘날 인문학이 물질에 대한 사유를 행하는 과학에 주목하는 이유가 여기 있다. 과학적 사고가 지구를 포함한 우주적 시공간 전체를 21세기에 인간이 살아갈 새로운 사회적 공간으로서 사유하는 방법을 보여주기 때문이다.

언어의 시대에서 물질의 시대로

이번에는 문학 연구 영역으로 가보자. 언어의 자기지시성이 물질을 대체하는 현상은 문학 연구사에서도 발견된다. 한 예로, 문학 연구의 영역에서 21세기는 '이론의 시대는 끝났다'는 담론과 함께 시작되었다고 말해볼 수 있다. 영국의 비평가 테리 이글턴 Terry Eagleton의 2003년작 『이론 이후』의 제목이 대표적이다. 당시 이론은 이미 과거지사로 다루어졌다. 문학 연구의 영역에서 1980~90년대에 정점을 찍게 되는 이론의 시대가 본격적으로 시작된 것은 대략 1960년대. 여러 기라성 같은 이론가들이 있었으나 센세이션을 일으킬 정도로 영향력을 미친 사람은 자크 데리다 Jacque Derrida였다. 데리다는 언어의 시대를 대표하는 철학자의 하나다. 그의 철학이 철학과가 아니라 문학과에서 흥행한 이유가 여기 있다. 절대적인 것에 관심을 두고 있었던 철학과와 달리 문학과는 언어를 주된 대상으로 다루기 때문이다. 마찬가지로 데리다의 해체론적 기획은 서구 철학의 형이상학 전통을 극복해보겠다는 문제의식에서 시작됐다. 예컨대, 플라톤의 이데아는 본질을 설정함으로써 현상을 경시한다. 플라톤에게서 문자writing는 말speech보다 상위에 위치한다. 해체론은 이 위계질서를 뒤집고자 한다. 요점은 이 모든 해체의 작업이 정확히 언어 혹은 텍스트 내부에서 일어난다는 데 있다. 예컨대, 해체는 의미의 차연différance에 초점을 맞춘다. 여기서 기표 혹은 문자는 의미를 고정시키는 것이지 않다. 하나의 기표는 또 다른 기표로 미끄러지며 의미가 지연되는 텍스트의 세계를 이룬다.

세계의 텍스트성을 강조하는 해체론의 특징은 언어의 외부, 예컨대 절대적인 것에 대해 말하지 않는다는 데 있다. 혹은, 직접적으로 말할 수 없다고 느낀다.『문법학에 관하여』Of Grammatology라는 책에서 데리다는 다음과 같이 말한다. "텍스트의 밖은 없다." 데리다에 앞서 이미 1920년대에『논리-철학 논고』를 통해 루트비히 비트겐슈타인Ludwig Wittgenstein은 다음과 같은 말을 남긴 바 있기도 하다. "말할 수 없는 것에 대해서는 침묵해야 한다." 만약 언어의 밖에 아무것도 없거나, 혹은 있다고 해도 말할 수 없기에 없는 것이나 다름없다면, 언어 내부에서 일어나는 차연과 같은 현상에 주목하게 되는 것은 당연한 결론이다. 즉, 모든 것이 언어적이라면 언어의 구속을 피하기 위해 언어의 의미를 끊임없이 분화 및 재분화시키는 것이 가장 중요한 일이 될 것이다. 가짜뉴스에 대한 팩트 체크가 끝없이 논란을 낳으며 계속해서 언어적 현실에 대한 체크라는 형태로 텍스트-굴레의 내부에 갇히게 되는 경우를 생각해보라.

　사실 1970년대에 프레드릭 제임슨Fredric Jameson과 같은 사람이 세계의 텍스트성을 강조하는 당대의 경향을 "언어의 감옥"에 갇힌 것으로 묘사한 것은 자연스러운 일이었다. 언어가 언어를 지시하고, 한 언어가 다른 언어로 전치되는, 언어가 모든 것을 잡아먹는 현상이란, 오늘날 우리가 가짜뉴스를 통해 경험하듯 결코 즐거운 일이기만 하지는 않기 때문이다. 여기서 흥미로운 사실은 바로 이 언어의 감옥 시기야말로 실은 인문학의 전성기와 일치한다는 것이다. 언어철학의 시대와 함께 20세기 중후반 인문학 내부에 찾아왔던 이론적 활기를 기억해보라. 어쩌면 그 시절 이론적 활기는 당연한 것이었는지도 모른다. 인문학이 언어를 다루지 않는다면 무엇이 다룰 것이란 말인가? 문학 및 철학의 영역에서 이론은 곧 언어이론을 뜻했다. 그러나 이는 거꾸로 말하면, 20세기 말에 끝나게 되는 것이 이론 자체가 아니라 언어이론이라는 뜻이기도 하다. 사실 "이론 이후"의 시대에도 이론은 여전하다. 다만, 오늘날 이론은 이론물리학이라 불린다.

　그렇다면 어떻게 자연과학은 전통적 의미의 이론이나 철학을 대체하게 된 것일까? 여기서 인문학이 언어의 감옥에 갇혀 지내는 동안 그 골방의 외부에서 자연과학이 존재의 물질성이 경험되는 방식을 새롭게 바꾸어놓고 있었던 것은 아닌지 의심해보아야 한다. 사실 오늘날 서구의 인문학계에서 '언어의 감옥'은 더 이상 중요한 이슈이지 않다. 그 배경의 하나가 21세기 들어 생태학적 위기의 형태로 찾아오게 된 물리적 지형의 변화 및 4차 산업혁명이라는 형태를 취하는 과학적·테크놀로지적 지형의 변화다. 인문학 내부에서 이러한 지형의 변화는 흔히 포스트휴머니즘적 관점에서 인간이 아닌 것the nonhuman을 발굴하고자 하는 시도로서 현상하고 있다. 생태학적 포스트휴머니즘이든 인공지능에 기반한 트랜스휴머니즘이든 이들은 모두 오늘날 인간과 인간이 아닌 것이 서로 통합되고 있다는 판단을 공유하고 있다. 이는 인간이 인간 주관성에 기반한 언어의 감옥으로부터 풀려나고 있다는 뜻과 같다. 이것이 오늘날 인문학이 마주하고 있는 새로운 현실이다.

그렇다면 어째서 20세기 동안 한국의 인문학은 자연과학 혹은 물질을 사유의 대상으로 삼지 않았던 것일까? 여러 맥락이 있겠지만 한국 인문학의 서구 이론 수용이 20세기 중반 이후에야 본격적으로 시작된다는 점에 주목할 필요가 있다. 한국 인문학 내 이론적 경향은 언어의 시대에 속하는 서구 철학가들을 공부하는 것으로부터 시작된 면이 있다. 내 공부의 과정을 예로 들어보자. 나는

1980~90년대 절정에 오르며 끝나게 되는 언어의 시대에 기초한 이론을 2000년대 초반에 접하면서 공부의 여정을 시작했다. 그러나 2010년대 중반 미국에서 공부를 시작한 후 미국 문학 연구계의 분위기가 예상했던 것과 다르다는 사실을 알게 됐다. 그들 사이에서 가장 큰 이슈는 생태학이었고 교수들은 이론의 종언에 대해 이야기하고 있었다. 돌아보니 실제로 세계의 지형 자체가 변해 있었다. 기상이변이 일어나고 있었고, 2020년에는 코로나 대유행이 터졌다. 이러한 분위기 속에서 한국에서도 분야별 과학자들이 방송을 타기 시작했다. 그러나 정작 인간에 대해 가장 잘 알고 있으며 따라서 세계에 대해 가장 잘 안다고 자부해왔던 인문학자들은 보이지 않았다. 마치 지금 돌아가는 사태에 대해 인문학이 실질적 도움을 줄 수 있는 것이 없다는 듯이 말이다. 21세기에 인문학은 황망함을 느끼고 있다. 이는 20세기 동안 인문학을 떠받쳤던 언어적 혹은 언어-해체적 기획의 바탕이 사라진 결과다.

　　여기서 궁금해지는 것이 하나 있다. 어찌하여 한국의 인문학과 달리 미국의 인문학은 정세의 변화에 맞추어 자연과학적 발견을 보다 자연스럽게 받아들여 논할 수 있었던 것일까? 그 바탕에 있는 것은 그들의 자연과학적 사고의 전통이다. 사실 서구에서 인문과학과 자연과학은 애당초 근본적으로 분리된 것이 아니었다. 지난 20세기 동안 강화되기는 했지만 2천 년 넘게 이어져온 사유의 전통에서 그러한 현상은 오히려 국지적인 일에 가까웠다. 그에 비해 한국에서 자연과학은 오랜 시간을 두고 자생적으로 발전한 것이 아니라 20세기 중반 이후에 서구로부터 급하게 수입해온 것이었다. 그 과정에서 여러 분과학문들이, 예컨대 자연과학 따로 인문학 따로 수입되었다. 20세기 중후반 서구의 인문학이 언어이론 및 비판이론 등 몇 가지에 경도되어 있었을 적에 들어온 그러한 이론들이 마치 인문학의 모든 것인 듯이 여겨진 면이 없지 않았다. 이러한 관점에서 볼 때 비록 최근의 일이긴 하지만 일반인이 한국인 과학자의 목소리를 대중 강연 및 저술 등을 통해 보다 쉽게 들을 수 있게 됐다는 사실은 주목할 만하다. 왜냐하면 그들이 직접 전해주는 과학적 사유를 통해 한국인도 이제는 우리 자신의 것으로서 물질계에서 일어나는 일을 직접 사유할 수 있게 되었기 때문이다. 사유는 물질로부터 시작된다. 한국사회도 이제 스스로 사유할 기본 토대를 얻게 된 것이다. 한 나라의 자연과학의 수준이 올라가야 인문학자들이 그 위에서, 외부로부터 인문학 이론을 수입해오는 일 없이, 시대에 뒤처지지 않는 사유를 전개하는 것이 가능해지기 때문이다. 물질의 시대가 도래했다는 것은 이렇듯 사회 내 사유의 조건이 변화하고 있다는 것을 의미한다.

　과거에 사람들은 시 혹은 문학을 읽는 것을 통해 삶의 의미에 대해 배울 수 있다고 믿었다. 시의 중심은 언어다. 그러한 이유로 20세기에 절대 진리 혹은 형이상학 비판이란 것이 개진되고 언어유희에 대해 이야기하게 된 맥락 속에서도 언어 자체를 건너뛰고자 하는 일은 벌어지지 않았다. 어쨌거나 언어는 인간 삶의 알파이자 오메가였다. 언어의 중심에 문학이 있듯 언어에 대한 존중이 문학에 대한 존중을 뒷받침하는 동력으로 작동했다. 그러나 오늘날 사람들은 언어 없이 살아간다. 이는 과학의 시대가 문학의 시대를 대체하고 있기 때문이다. 컴퓨터 발전의 역사를 생각해보자. 도스DOS 시절 우리는 명령'어'라는 것을 사용하여 컴퓨터를 움직였다. 그러나 오늘날에는 아이콘이라는 형상을 클릭함으로써 컴퓨터와 소통한다. 이러한 맥락에서 가라타니 고진柄谷行人이 '근대문학의 종언'을 선언했을 때 그가 빠뜨리고 이야기하지 않은 것이 바로 이 새롭게 도래한 과학의 시대라고 말해볼 수 있다. 이미 도래한 과학의 시대를 고려하지 않을 때 인문학이 대중 사이에서 영향력을 잃고 학자들만의 리그로 전락하게 되는 것인지 모른다. 이것이 문학이 죽었는지 아니면 아직 살아 있는지 그 생물학적 바이탈 사인vital sign을 찾고자 목을 매는 전문가들의 이야기가 정작 대중 사이에서는 큰 관심사가 아닌 이유일 것이다. 따라서 오늘날 문학 연구자가 취해야 할 자세는 다음과 같다. '그래? 문학이 죽었다고? 그렇다면 새로운 신체를 부여하여 다시 살려낼 방도를 생각해보면 될 것 아닌가?' 메리 셸리Mary Shelley가『프

259

랑켄슈타인』이라는 소설을 통해, 낭만주의 문학 전통 속에서는 결코 기대할 수 없을 것이라 여겨졌던, 자연과학적 괴물을 만들어낸 방식을 생각해보라. 어떤 면에서 우리에게 주어진 모든 것은 이미 충분히 공상과학적이며 그러한 한에서 문학적이다. 문학은 이제 단순히 언어의 문제가 아니다. 문학은 새로운 신체를 공상과학적으로 다루는 문제다.

윤리적 신체들
: 곰, 호랑이, 인간, 그리고 자동기계

21세기 과학의 시대가 한국사회에 지니는 의미는 두 가지다. 첫째로, 21세기는 4차 산업혁명 등으로 대변되는바, 전지구적 차원에서 새로운 과학의 진전을 보고 있다. 여기에 특별히 한국적인 것은 없다. 한국은 지구의 한 구성원으로서 새롭게 도래하는 시대의 변화를 체감하고 있을 뿐이다. 그러나, 둘째로, 동시에 작금의 과학적 진전은 르네상스 시기부터 시작하여 20세기를 거치며 서구사회가 직면했던 것과 같은 물질과 신체에 대한 사유를 한국사회로 하여금 직접 수행하도록 할 여건을 조성하고 있기도 하다. 한국인으로서 두 번째 의미에 더 주목하게 되는 것은 당연한 일이다. 거꾸로 말하면, 인문학의 상류화는 물질과 신체를 직접 바라보기 시작한 한국의 위상을 고려하지 않을 때 인문학 내부에서 일어나는 국지적 현상에 불과하다.

여기서 2017년 촛불혁명이 물질에 대한 사유를 진전시키는 바탕이라는 그다지 잘 인지되지 않는 사실을 하나 지적할 필요가 있다. 2018년 말, 한 방송에서 유시민이 남긴 진술을 떠올려보자. 그는 젊은 시절 리처드 도킨스 Richard Dawkins의『이기적 유전자』가 아니라 마르크스의『공산당 선언』을 읽었던 기억을 이야기한다. 동시에, 젊어서 과학을 심도 있게 공부하지 못한 것에 일말의 아쉬움을 표한다. 그가 젊은 시절을 자연과학적·우주적·생태학적 정의가 아니라, 사회·정치적 정의에 바쳤던 까닭이다. 여기서 도출해야 할 교훈은 무엇일까? 그것은 물질에 대한 사유가 정치에 대한 비판적 사유 이후에 온다는 것이다. 거꾸로 말하면, 언어적·비판적 사고의 토대가 마련된 선진적 사회만이 물질에 대한 사유를 본격적으로 진전시키는 것이 가능하다. 사회 정의가 무너진, 예컨대 권위주의적 철권통치가 횡행하는 사회에서는 선비와 같이 한가롭게 물질에 대한 이야기를 철학적·과학적으로 나누고 있을 여유를 상실하게 되기 때문이다. 인간이 되어서 어떻게 인간이 인간을 짓누르는 광경을 객관적 과학이라는 이름하에 무심히 지켜보고 있을 수 있단 말인가?

정치적 사물-괴물이 현상계로 들어오게 되면 고요

속에서 세계를 수 혹은 기하학적 점·선·면 및 그것들의 운동이라는 형태로 사유할 수 없게 된다. 이렇게 말해볼 수 있을 것이다. '수학적 고요가 허락되는 사회야말로 좋은 사회다.' 일상적 경험세계에서 벗어나 수학적 공간을 가로지르는 경험은 특권화된 일이다. 그러나 경험세계의 와해는 수학적 고요가 아니라 정치적 소요라는 형태로 찾아오기도 한다. 달리 말하면, 수학적 고요는 누구에게나 혹은 어느 사회에나 허락되는 것이지 않다. 오직 선진사회만이 수학적 고요를 누릴 수 있다. 수학적 고요가 정치적 소요 앞에서 나약하게 무너지는 일, 그것이 지난 20세기에 서구의 기술 문명이 세계사적 폭력의 형태로 한반도에 찾아왔던 방식이지 않은가? 즉, 제국주의의 형태를 띤 테크놀로지의 지배 앞에서 좌절되어야만 했던 한반도 내 민중적·다중적 희망은 정치적 사물 앞에서 굴욕을 당하는 수학의 처지와 별로 다르지 않다. 여기서 인문학이 추상적인 수학적 공간을 붕괴시키며 침식해 들어오는 사물을 포착하는 사유의 방식이라는 사실을 볼 수 있지 않은가?

칸트의 수학적 및 역학적 숭고라는 개념에 대해 생각해보자. 칸트는 무한 앞에서 현상이 붕괴하는 두려움을 느꼈다. 그는 수학적 무한이 선사하는 두려움 안에서 어떻게든 다시 인간성의 흔적을 발견하고자 했다. 그렇게 해서 그가 찾아낸 것이 도덕성이다. 그에게 자연 앞에서 느끼는 두려움은 무한한 우주가 유한한 인간의 도덕성을 일깨우는 계기로서 작동한다. 여기서 경험은 지극히 인간적이다. 그것은 물질의 물질성 자체의 문제가 아니다. 인간의 도덕성은, 예컨대 신의 육화된 존재로서 예수의 삶이 보여주는바, 물자체의 비규정성을 몸소 구현하여 실천에 옮기는 것을 뜻하지 않는다. 도덕적 행위는 물자체에 대한 인간의 성찰에 기반하여서, 즉 물자체와의 반성적 거리 속에서 작동한다. 사실 칸트의 사례를 통해 보게 되는 인문학의 처지는 단군신화에서 인간이 되고자 하는 짐승의 처지와 유사하다. 『삼국유사』가 전하다시피, 곰과 호랑이는 환웅을 찾아가 어떻게 하면 인간이 될 수 있는지 자문을 구한다. 그들은 백 일 동안 쑥과 마늘을 먹으며 굴속에서 빛을 보지 않으면 인간이 될 것이라는 말을 듣게 된다. 여기서 요점은 짐승이 인간이 되기 위해서는 짐승으로서 익숙히 느끼는 경험세계와 단절해야 한다는 데 있다. 칸트와 함께 도래한 인문학의 모습을 떠올려보라. 인문학은 주어진 자연적 인간성에 만족하지 못한 채 자신의 머리 위에 있는 우주를 꿈꾼다. 경험세계에서 벗어나 무한과 하나 되고자 한다. 인간 이상의 것이 되고자 한다. 그러나 무한에 대한 사유는 인간에게 두려움을 선사한다. 그 결과 인문학은 여전히 최초 주어졌던 모습에서 벗어나지 못한 채 천상의 것에 대해 단지 성찰만을 해가며 지상에서 나뒹구는 절반의 수학과 같은 모습으로 남겨지게 된다. 여기서 인문학은 자신이 원하는 무한을 인간적 형태로 성취하게 되는 곰이 아니라, 중간에 동굴을 뛰쳐나가 짐승의 상태로 머물게 되는 호랑이와 더 비슷하다.

물론, 때때로 인문학은 곰이 되기도 한다. 사실 다음의 멋진 구절은 환웅이 내린 신성한 뜻을 몸에 새롭게 각인한 결과 인간이 되는 데 성공한 곰이 내놓는 말로 읽힐 수 있다. "자주 그리고 계속해서 생각할수록, 한층 더 새로워지고 커져만가는 감탄과 경외심으로 내 마음을 채우는 두 가지 것이 있다. 내 머리 위 별이 빛나는 하늘과 내 안의 도덕 법칙이 그것이다." 칸트가 『실천이성비판』의 결론부를 시작하며 쓴 문장이다. 이 문장은 칸트가 내놓은 가장 시적인 문구라고 알려져 있다. 그는 시인은 못 되는 사람이었다. 그러나 그의 문장은 인간성의 한 극치를 보여줄 만큼의 시적 면모를 지니고 있기도 하다. 그의 무미건조하고도 때로는 과도하게 치밀한 사고방식 때문에 '쓸데없이 고퀄리티'라 여겨지게 되는 그의 저서를 읽다 해당 문장을 만나게 되면 심지어 감동적이라고 느끼게 된다. 마치 그의 마수에 걸려든 느낌이다. 저 정도 시심에 감동을 하게 된다니 말이다. 그 이유는 간단하다. 칸트의 시심 뒤에 있는 것이 신화가 아니라 수학이기 때문이다. 수학의 건조함이 우리로 하여금 역으로 시적인 것에 감동하도록 만드는 것이다! 그러나 여기서 우리는 인간화된, 시심을 지니게 된, 곰의 관점 자체를 다시 뒤집어 볼 수 있어야 한다. 즉, 인문학이 자연과학과의 연계성을 잃고 인간 삶의 의미론적 구조의 핵심인 도덕성에 관한 논의를 독점적으로 행하는 영역인 듯이 발전해가는 경향을 띠게 되는 것은, 오직 철학이 인간의 도덕성을 비판적 거리를 통해 세공해낸 이후다. 과학으로부터 도덕적 인간이 태어날 때 마침내 '인간은 물질계에 속하지 않는다. 인간은 특별하다'는 생각이 가능해지는 것이다.

인간계 고유의 논리는 바로 이 물질계로부터 분리되어 나오는 인간적 특별함에 대한 믿음으로부터 나온다. 신에 대한 믿음, 법에 대한 믿음, 화폐에 대한 믿음 등 물질의 논리에 기반하지 않고도 작동하는 언어적 구조 혹은 상징계의 논리가 인간계의 특성을 잘 보여준다. 이러한 사고의 배경에 있는 것이 인문과학과 자연과학의 분화라고 할 수 있다. 믿음의 문제도 최초에는 물질로부터 시작된다. 그러나 어느 순간 물질은 사라지게 되고 형이상학적 믿음만이 남아 거꾸로 인간의 인간성을 규정하게 된다. 다시 말하면, 신념체계를 지닌 인간과 기계론적 자연과학의 대립이라는 틀은 인문적 사유와 자연과학적 사유가 분화될 때 만들어져 나오는 파생물과 같다. 따라서 그 둘 사이의 외적 대립은 외부적인 대립인 동시에 자연과학 자체에 내속하는 대립으로서 이해되어야 한다. 여기서 과학이 어째서 결국에는 확률의 문제라는 형태를 띠게 되는지에 대해 생각해볼 필요가 있다. 첫째로 확률은 원칙이 있다는 것을 의미한다. 그러나 그 원칙은 오직 이론적으로만 존재한다. 즉, 경험적 층위에서 원리는 존재하는 순간이 있는가 하면 그렇지 않은 순간이 있다. 예컨대, 사고가 나지 않고 비행기가 운행될 확률이 99퍼센트라고 해보자. 100번의 운행 중 99번은 안정성이라는 원리가 지배한다. 그러나 사고가 발생하는 그 단 한 번의 경우에는 해당 원리가 존재하지 않는다. 물론 전체의 관점에서 보면 여전히 안전하다는 원리가 작동한다. 그러나 사고가 난 비행기에 탄 사람에게 그 원리는 존재하지 않는 것으로 경험된다. 말하자면, 물질계 내에 이미 법칙-신은 있는 동시에 없다. 인문과학과 자연과학을 나누어 보기 좋아하는 사람들은 흔히 '물질계에는 분명한 원칙이 있는 반면 어리석은 인간들이 그 원칙을 무시한 채 가짜 신념의 체계를 폭력적으로 강제한다'고 생각한다. 많은 경우 맞는 말이다. 그러나 근본에서 그러한 이분적 생각이 언제나 맞는 것은 아니다. 물질의 원칙이 이미 그 자체로 확률의 문제라는 형태를 띠고 있기 때문이다. 다시 말해, 인간의 개입-선택을 요구하는 것은, 인간 고유의 신념이 자격도 없이 끼어든 결과이기 이전에, 물질의 확률성이라는 문제 자체다. 즉, 비행기를 탈지 말지를 결정하는 인간의 자유의지 혹은 선택이란 것은 물질의 확률성 자체에 내속하는 물질성의 일부로서 다시 이해되어야 한다.

물질에 대한 고려 없이 자율적으로 작동하는 인간 믿음의 체계라는 20세기적 문제는, 21세기 사유의 관건이 거꾸로 물질적 바탕으로 돌아가 우리의 삶을 지배하는 질문 자체를 다시 세공하는 데 있다는 사실을 보여준다. 오늘날 우리가 20세기식 인간성과 인간적 의미론의 체계 자체를 버리고 보다 과감하게 물질로 되돌아가야 하는 것은 이 때문이다. 이는 물질의 층위가 흔히 실천이라 불리는 영역과 보다 근본적으로 연결되어 있기 때문이다. 데모크리토스Democritus의 원자론에 기반했던 에피쿠로스학파를 생각해보라. 그들이 말하는 쾌락은 광기에 찬 쾌락을 뜻하지 않는다. 오히려 그 반대다. 삶의 소소한 물리적 측면에 대한 충실함이 삶의 즐거움이다. 그들에게 마약을 하거나 과도한 섹스 등을 추구하는 것은 원자론이 제시하는 유물론적 삶의 층위를 벗어나 거꾸로 이데아적인 것과 만나고자 하는 광기의 산물이라 여겨질 것이다. 스토아학파의 사고가 제시하는 삶의 태도도 기본적으로 크게 다르지 않다. 그들에게서는 물질의 작용으로 이루어진 인과율의 세계 속에서 비물질적인 것이 발생한다는 것이 차이다. 인간 특유의 상징적 체계에 대한 믿음은 주관과 객관 사이의 거리를 전제하는 이론의 문제로서가 아니라, 우리의 존재를 항상 이미 포괄하는 것으로서의 물질을 어떻게 다루느냐에 따라 그 답이 달라지는, 윤리의 문제로서 이해되어야 한다.

그러나 이 지점에서 다시 한 번 강조해야 하는 것은 우리는 여전히 물질의 시대로 바로 이행할 수 없기도 하다는 사실이다. 이미 작동하고 있는 언어적 구조물로서의 세계 혹은 상징계의 논리에 구속되어 있기 때문이다. 예컨대, 가짜뉴스는 뉴스 유포자의 이해에 복무하는 언어적 구조-틀이라는 전제 위에서 작동한다. 이렇듯, 우리는 직접 물질에 이르지 못하며, 언어구조를 통해서 세계를 간접적으로 인식한다. 이 언어적 구속이 우리로 하여금 새로운 사고를 낳는 바탕인 물질로 되돌아가지 못하게 만들고 있다. 마치 중력이 우리 몸을 끌어당기듯이 인간계의 상징적·언어적 논리가 우리의 몸을 끌어당긴다. 바로 이, 흔히 사회라 불리는 언어적 구조물과 맞서 싸우는 것이 보다 중요한 단계에서는, 예컨대『이기적 유전자』를 읽을 시간을 박탈당하게 된다. 그러한 조건 속에서는『공산당 선언』을 읽는 것이 더 적절한 일이라 여겨지기 때문이다. 다시 말하면, 최근 도래한 물질의 시대가 감옥 문을 뒤틀어 열어놓기는 했지만, 언어의 감옥은 여전히 존재한다. 그러한 의미에서 '물질의 시대는 인간의 시대 이후에 온다'고 말해야 한다. 즉, 인간 이후posthuman의 생태학적 시대로 가기 위해 인간으로서 마무리지어야 할 한 가지 행위가 있다면 그것은 언어적 구조물이 우리에게 가하는 구속을 직시하기 위한 인문적 제스처다.

발터 벤야민Walter Benjamin의 「역사철학테제」로 마무리하자. 흔히 그의 「역사철학테제」는 '역사적 유물론' 혹은 역사 자체에 관한 것으로 읽혀왔다. 그러나 그는 의외로 역사에 접근하기 위해 자동기계를 택하고 있기도 하다. 다음은 그의 첫 번째 테제 전문이다.

상대가 놓는 수를 상쇄하는 수를 둠으로써 체스 게임에서 승리하는 자동기계에 관한 이야기가 있다. 터키식 옷을 입고 입에는 담배 파이프를 문 인형이 큰 탁자 위에 놓여진 체스판 앞에 앉아 있었다. 거울로 된 일련의 장치가 있어서 이 탁자가 모든 방향에서 훤하게 보인다는 착각을 하게 만들었다. 사실은 체스 전문가인 곱추가 탁자 안에 숨어서 인형의 손을 줄로 조종했다. 이 장치에 대한 철학적 대응물을 하나 상상해볼 수 있을 것이다. "역사적 유물론"이라 불리는 인형은 언제나 승리한다. 알다시피 오늘날 쭈그러들어 시야에서 사라져야만 하는 신학의 도움을 받을 수만 있다면, 누구와도 한판 대결을 해볼 만하다.

20세기 초에 벤야민은 의외로 곱추와 같이 말라비틀어진 신학만이 역사적 유물론이라는 자동기계를 작동시킬 수 있다고 믿었다. 21세기의 인문학자는 이렇게 말한다. '알다시피 오늘날 쭈그러들어 시야에서 사라져야만 하는 물질 자신이 지닌 사변적 상상력의 도움을 받을 수만 있다면 역사적 유물론은 자연과학이라는 자동기계를 사용하여 누구와도 한판 대결을 해볼 수 있다.' 다수적 기계-신체를 지닌 상상력, 이것이 인문학적 사유가 21세기에 그 자신을 재생시키는 한 가지 동력이다.

사회에 대해 말하지 않기, 보는 나를 보기

김정환

김정환 : 서울대학교 사회학과에서 학부와 석사를 마치고 박사과정을 수료했다. 전공 분야는 사회이론과 문화사회학이다. 한국예술종합학교, 한국방송통신대, 서울시립대, 청주교대에서 강의를 했다. 「문화사회학과 실천의 문제」「사회학의 소설적 전통」 등의 논문을 썼고, 『사회론: 구조, 연대, 창조』를 옮겼으며, 『마스크가 말해주는 것들』을 함께 썼다. 한국 민주주의의 상상계와 민중의 신체 이미지에 대한 박사학위논문을 집필 중이다.

지난 몇 년간 지방 소재 교대에서 1학년 학생들을 대상으로 '인간과 사회'라는 과목을 가르쳤다. 수업을 준비하다 보면 공부의 부족함을 느끼기도 하고 체력적인 부담도 있지만, 아직 경력이 오래되지 않아서 그런지 나는 강의하는 것이 즐겁고 재미있다. '인간과 사회'는 어지간한 대학이라면 한두 개는 있을 법한 평범한 과목명이지만 내게는 그것이 진부하지 않고 퍽 의미심장하게 여겨진다. 인간과 사회 사이의 긴장 관계야말로 내가 학생들과 공유하고 싶은 사회학의 어려움이자 재미이기 때문이다. 그리고 이 어려움과 재미를 공유하고자 하는 마음이야말로 내가 공부를 하는 동력인 것 같기도 하다. 물론 공감은 쉽게 확인되지 않는데, 대부분의 학생들은 수업시간 내내 알 수 없는 표정을 장착한 채 침묵을 지키기 때문이다. 처음 강의를 시작했을 때에는 이런 학생들의 태도가 마치 벽처럼 느껴져서 당혹스럽기도 했는데, 이제는 그것이 무관심이나 냉담함의 표시가 아니라는 것을 안다. 이들은 모두 자신이 살고 있는 이 세상에 대한 지적 욕구를 가지고 있으며, 새로운 것을 알아감으로써 더 나은 사람이 되고자 하는 열망을 품고 있다. 강사로서 나의 역할은 일말의 지적 자극이라도 제공하여 이들이 세상에 대한 나름의 탐구를 계속해나가도록 하는 것일 테다.

　　나는 중간·기말고사를 실시하는 대신에 학생들에게 몇 차례의 글쓰기 과제를 부과하는데, 학기 말에는 자기 자신에 대한 사회학적 에세이를 작성하게끔 한다. 제출받은 글을 읽어보면 강의실에서는 그토록 잠잠했던 수강생들이 사실은 자기 자신에 대한 열정적인 이야기꾼이었음을 확인하게 된다. 그리고 초등교사라는 안정적인 직업을 기대하고 교대에 들어온, 수업시간에 과감한 주장 한 번 제대로 펴지 못했던 이들이 사실은 각자에게 던져진 삶의 조건과 문제로부터 살아남기 위해 전력을 다했던 열렬한 행위자들이었음을 확인한다. 또한 이들이 각자의 인생을 살아오며 자기 자신과 세계 그리고 이 둘의 관계에 대해 깊이 탐구해왔으며 이미 많은 것을 알고 있는 지적이고 문화적인 존재임을 확인한다. 학생들은 강사가 학기 내내 여러 가지 방식으로 말해왔던 인간과 사회 사이의 복잡한 관계가 이미 자신들의 삶에 배어 있음을 확인하고 그런 자신의 삶에 대해 성찰하는 지성을 발휘하면서 학기를 마친다. 어떤 학생들은 수업을 들으며 느낀 자신의 무지에 부끄러워하기도 하지만, 오히려 나는 이들의 글을 읽으며 "세계에 의미를 부여"하는 문화적 존재로서 우리 모두가 갖고 있는 '지적 능력의 평등'을 확인하고 자못 경건해지기도 한다.[1]

자연과학자들이 종종 자연과 우주의 신비를 말하지만, 나는 사회 또한 신비롭고 개연적이지 않은 일들로 가득하다고 매 수업시간마다 말한다. 성실하고 선량하게 살아온 사람에게 닥쳐오는 인생의 불행은 무엇 때문인가? 그러한 고통 속에서도 귀한 가치를 지켜내며 누군가의 삶을 구원하기까지 하는 이들의 원동력은 무엇인가? 왜 세상에는 부모와 선생, 남자 혹은 여자 등 내가 이해할 수 없는, 나와 다른 인간들로 가득 차 있는가? 이렇게 서로 다른데 과연 우리가 같이 살아갈 수 있는가? 혹은 어떻게 이미 함께 살아가고 있는가? 이 모든 의문들은 우리가 당연하고 익숙하게 여기며 살아가는 세계의 질서가 사실은 전혀 자연스럽지 않고 낯선 것임을 시사한다. 사회는 자연상태와는 구별되는 또 다른 신비를 품고 있다.

그 수많은 현상 중에서도 계급과 계층의 분화differentiation라는 문제, 그러니까 누가 의도하거나 강제한 것이 아

님에도 불구하고 사람들 사이에서 차이가 생겨나고, 급이
나누어지고, 위아래로 층이 형성되는 것은 불가사의한 일
이다. 그리고 사람들이 이러한 차이를 수용하고 감수하거
나, 이런저런 불만과 갈등이 있음에도 불구하고 이 체제
가 붕괴하지 않고 그럭저럭 유지되는 것 역시 놀라운 일
이다. 하지만 수업에서 다루는 여러 주제 가운데서도 계
급, 계층, 신분에 대한 학생들의 반응은 단순한 호기심의
차원을 넘어선다. 계급을 주제로 이야기를 꺼내게 되면
어떤 식으로든 자기 자신 혹은 부모의 위치와 인생의 궤
적을 "냉정한 눈으로 바라보지 않을 수 없"[2]는 지점이 등
장하게 마련이며, 그로부터 억울함, 피해의식, 부채감, 분
노, 원한, 체념, 연민 등의 감정적 동요가 일어나기도 한
다.[3] 사실 이렇게 불편한 감정을 불러일으키는 주제들이
야말로 사회학의 핵심일 텐데, 사회는 계급뿐만 아니라
젠더, 인종, 이념, 세대, 지역, 직업집단 등의 차이difference
를 통해 구성되는 역설적 범주이기 때문이다. 이런 점에
서 사회는 동일성identity에 기초하여 성립하는 공동체와 구
별된다.

　　자연상태도 아니고 공동체도 아닌 이 애매한 영역에
서 생겨나는 차이들은 신비로울 뿐만 아니라 대단히 복잡
하고 풀어내기 어려운 문제의 형식으로 나타난다. 대표적
인 예로 교육 문제를 떠올려보자. 같은 교실에서 함께 지
내는 친구들 사이에는 얼마나 많은 균열선이 숨겨져 있는

가? 다년간의 교육 과정을 거치며 이 간극을 확인하고 사회를 간파하게 되는 순간은 얼마나 많은가?[4] 그런데 이 미묘한 문제에 대하여 수강생들이 제시하는 대안이란 비교적 단순하고 명확하다. 지나친 경쟁을 지양하고, 성적과 입시 위주의 교육에서 탈피하여 다양한 재능과 적성을 존중하면서 자아를 계발할 수 있는 교육을 해야 하며, 교육을 통해 가난이 대물림되지 않도록 취약계층에 대한 적절한 지원이 이루어져야 하고, 공교육의 혁신과 강화가 이루어져야 하며, 선발과 평가에서 공정성이 담보되어야 한다는 것. 모두 맞는 말들이고 논박할 수 없는 의견들, 즉 정답이다. 하지만 이런 주장들이 공허한 것임은 말하는 학생들 역시 알고 있다. 선의를 표명하고 이상적인 지론을 펴는 것만으로는 사회가 달라지지 않기 때문이다.

이렇게 말과 현실이 겉도는 현상은 교육 문제에 국한된 것도 아니고 사회학 교양 강의를 듣는 대학 1학년 학생들에게만 해당하는 것도 아니다. 수많은 사회 문제에 대하여 사람들이 공론장에서 표명하는 의견들을 살펴보면 우리 사회에 그러한 문제들이 생겨날 이유가 없는 것처럼 보인다. 집을 사는 것이 아니라 사는 곳으로 여겨야 하고, 서울 공화국에서 탈피해야 하며, 속도와 성과 위주의 삶에서 벗어나야 하고 운운. 모두가 답을 알고 있다. 하지만 서울의 집값은 계속해서 오르고, 지방은 쇠락을 넘어 황폐해지며, 아이들은 어렸을 때부터 치열한 경쟁 속에서 살아간다. 나는 그러지 않으려고 하지만 주변에서 다들 서울로, 강남으로 가니까, 다들 영어유치원을 보내니까, 사회 분위기가 그러니까 어쩔 수 없다는 것이다. 이처럼 사회는 모두의 관심이지만 온전히 공적인public 방식으로 다루어지지 않고 종종 '부모 된 심정' 같은 사적인private 인지상정에 휩쓸리는 문제들의 공간이다.

　사회는 공과 사가 뒤섞인 공간으로서 그 속에서 살아가는 개인들은 양쪽을 기웃거리며 끊임없이 흔들린다. 사회는 우리를 가만히 내버려두지 않는다. 유혹에 빠지게 하고 시험에 들게 한다. 몇 달 사이에 1억이 오른 건너편 아파트 단지의 시세, 오랜만에 가진 모임에서 주식 투자 이야기뿐인 대학 시절 친구들, 아는 이름들이 포함된 동네 학원의 입시 실적 현수막, 어릴 때 영어를 끝내놔야 수학 선행학습을 시킬 수 있다는 주변 학부모들의 조언, 성과를 내고 승승장구하는 동료들…. 이 모든 것들은 우리를 평온한 상태로 놔두지 않고 불안하고 조급하게 만들며, 가만히 있지 말고 뭐라도 하도록 몰아세운다. 생애의 모든 국면에는 진학, 시험, 채용, 선거, 투자, 공모, 선발, 데뷔, 유행 등 우리를 유혹하고 빨아들이는 소용돌이가 자리 잡고 있다.[5] 우리는 모두 이 "사회의 소용돌이"tourbillon social[6]로부터 자유롭지 못하다. 누군가는 이 바람에 편승하여 일시적으로 순항할 수도 있겠지만, 많은 이들에게 그것은 자신의 몸과 마음을 휘몰아가는 폭풍이

다. 발터 벤야민Walter Benjamin이 파울 클레Paul Klee의 작품을
참조하여 묘사한 역사의 천사는 이러한 장면을 잘 표현하
고 있다. 그런데 이 바람은 대체 어디에서 불어오는 것인
가? 소용돌이를 만들어내는, 사회라는 것의 정체는 무엇
인가?

　이 물음에 어떻게 답할 수 있을까? 사회란 무엇인가?
구조인가? 관념인가? 마음인가? 그것은 볼 수 있는가? 만
질 수 있는가? 보고 만져볼 수 없다면 그것은 어디에 있
는가? 우리는 사회의 정체가 무엇인지, 그것이 발휘하는
힘의 원천은 무엇인지 생각해보지만 마치 카프카의 주인
공이 성에 도달하지 못하듯 좀처럼 그 실체에 다가서지
못한다. 그것은 연구 방법의 미비나 저발전 때문이 아니
다. 그것은 자연상태와 공동체, 공과 사 사이에서 경제적
인 것도, 심리적인 것도, 생물학적인 것도 아닌 부정의 방
식으로만 규정될 수 있는 사회 자체의 특성 때문이다. 여
러 사회현상의 배후에 사회의 자리로 상정되어 있는 곳에
서 우리가 발견하는 것은 아무것도 없다. 그곳은 그냥 비
어 있다. 어떤 사회현상에서 우리가 발견하는 것은 그것
을 규정하는 이면의 실체나 본질이 아니라, 그 현상을 구
성해내는 우리 자신의 실제적인 활동들, 즉 실천practice뿐
이다.

　실천이란 "일상에서 반복적이고 관행적으로 이루어
지는 활동들"로서, 살아가며 부닥치는 문제에 대처하는

실용적인practical 해법들이다.[7] 너도나도 대출을 받아서라
도 집을 사게 만드는 원인이 있는가? 집값이 상승하리라
는 기대 때문에? 집값이 상승할 것이라면 집을 사야 한다
고 생각하게 만드는 원인이 있는가? 공유되어 있는 경제
상식 때문에? 그런 상식이 공유되어 있어야 할 이유가 있
는가? 물음을 반복하여, 세상이 이렇게 돌아가야 할 이유
가 있을까? 그런 것은 없다. 그냥 세상은 이렇게 되어 있
을 뿐이고 우리는 그냥 이렇게 살아갈 뿐이다. 그리고 세
상은 계속 같은 식으로 돌아간다. 우리가 경험하는 현상
의 원인으로서의 사회 같은 것은 없다. 우리의 삶이 힘겨
운 것은 우리를 강제하는 구조나 우리가 갖고 있는 이데
올로기 때문이 아니며, 우리가 이렇게 살아가는 이유는
그저 우리가 이런 방식으로 살기 때문이다.[8]

그렇다면 우리를 몰아치는 힘의 정체를 파악하기 위
해서는 한국사회의 성격이나 우리 문화의 특성 같은 것이
아니라 우리가 무엇을, 어떤 방식으로 하고 있는지 물어
야 한다. 우리에게 강제력을 행사하는 사회란 기실 우리
가 무언가를 "행하고 생각하고 느끼는 양식들"[9]이며, 생
활양식의 총체라는 의미에서의 문화 역시 결국에는 "실
천의 체제"[10]에 다름 아니다. 그것을 사회라 하건 문화라
하건, 우리 바깥의 어떤 것이 있어서 우리를 이렇게 살게
만드는 것이 아니라, 우리가 살아가는 방식이 사회를 그
리고 문화를 구성한다. 따라서 관건은 사회를, 문화를, 또

는 내가 알지 못하는 어떤 존재의 악함을 비판하는 것이 아니라, 나의 실천을, 즉 내가 생각하고 말하고 행동하는 방식을 바꾸는 것에 있다. 마치 이미 다른 세상에 살고 있는 것처럼 "실천적으로 비약하지 않고서는"[11] 세상은 달라지지 않기 때문이다. 그런데 내가 무슨 짓을 하고 있는지, 어떻게 나 자신을 힘들게 하는지 아는 것이란 얼마나 어려운가?

몇 년 전 인기를 끌었던 드라마 〈SKY 캐슬〉을 떠올려보자. 사람들은 종종 그로테스크하기까지 한 '캐슬' 속 장면들을 보면서 그것이 과연 현실인지 호들갑을 떨기도 하였고, 과거에 자신을 괴롭혔고 이제는 자기 자녀들을 괴롭히고 있는 한국의 교육에 새삼스럽게 개탄하기도 했다. 마치 감추어져 있던 우리 사회의 모순이 드라마를 통해 비로소 폭로되기라도 한 것 같았다. 하지만 드라마가 보여주는 '캐슬'은 '암흑의 핵심'이라기엔 현실의 어두움을 충분히 담아내지 못하였다. 극이 조금이라도 바꾸어보려 했던[12] 극 바깥의 문제적 현실을 만들어내는 것은 '캐슬'의 부모들이 아니라, 바로 그 현실 속에 살며 극을 바라보는 다수의 시청자였기 때문이다. 드라마의 인기는 '입시 코디'에 대한 문의로 이어졌고, 호기심에 편승한 언론에서는 대치동 학부모와 학원 강사들을 찾았으며, 의대생들은 유튜브 채널을 개설하여 자신들의 경험과 목격담을 풀어놓기도 했다. 주연을 맡았던 배우는 학습지 광고 모델이 되었고, 쇼핑몰에서는 '예서 책상'의 주문이 폭증했다. 괴물은 문을 걸어 잠근schließen 채 저 높은 곳에 솟아 있는 '캐슬' 속에 있는 것이 아니다. 산 밑의 마을bourg에서 성으로 가는 길을 찾아 기웃거리는 시민들Bürger이야말로 이미 성 안에 있는 자들bourgeois이다.[13] 그렇다면 문제적 현실에 대한 재현에는 그 현실을 기괴하다는 듯이 바라보고 혀를 차기도 하는 우리 자신의 모습이 포함되어 있어야 했을 것이다.

우리는 사회를 살아가는 생활인으로서 나날의 과제 속에서 허우적대면서 우리를 휩쓸고 덮치는 풍파를 만드는 데 기여한다. 우리는 무언가 하는 자doer, actor이자 그것을 겪는 자sufferer이다.[14] 하지만 그와 동시에 우리는 관찰자로서 우리를 휘감고서 요동치는 이 세계를 이해하고자 하며, "이 세계를 구성하는 우리 자신의 문제적 관행을 돌아봄으로써 스스로의 변화를 추구"[15]할 수도 있다. 우리는 사회적 조류의 "객체일 뿐만 아니라 주체"[16]이기도 한 것이다. 그런데 야콥 부르크하르트Jacob Burckhardt가 말하듯, 우리는 우리가 표류하는 대양의 파도에 대해 알고 싶어 하지만, 사실 우리 자신이 바로 그 파도이다.[17] 그렇다면 사회 속에서 흔들리며 사는 내가 나를 흔들고 있는 사회를 들여다보는 것, 그리고 그 속에 있는 나의 모습을 발견하는 것이 가능할까? 눈앞의 문제들을 처리하는 데 몰두하면서도 그런 나를 관찰하고 바꿔내기까지 하는 지식이 가능할까? 지식의 생산이 곧 자기변환의 실천이 되며, 나를 보는 것이 결국 사회를 보는 것이 되는 이런 시선은 어떻게 가능할까? 그것이 세계의 안 또는 바깥의 한 지점에서, 능동과 수동 사이의 한 입장만을 택하는 단순하고 소박한 관점으로는 불가능하다는 것은 분명하다. 물질이 입자이자 파동이듯, 인간도 사회도 이중적이다. 클레가 그린 〈새로운 천사〉의 두 눈은 초점이 어긋난 채 각각 다른 곳을 바라보고 있다.

무너진 사회의 풍경을 보면서 망가진 자신의 모습도 발견한 시민들이 모였던 2016년과 2017년 사이의 광장에는 분명히 어떤 다짐 같은 것들이 있었다. 그것은 이제까지 우리 스스로를 괴롭혀왔던 삶의 방식, 자녀의 입시와 부동산 앞에서 작아지고 비굴해지던 삶의 태도와는 다른 어떤 새로운 삶의 방식에 대한 것이었다. 적당히 타협하며 살아가던 시민들이 집합적 성찰을 통해 산출해낸 이 희망이야말로 촛불집회의 사상이 도달한 정점이었다. 시민들로 가득 찼던 광장의 시간은 이 씨앗처럼 작은 다짐이 공유되는 한에서만 "사랑이 이어져가는 밤"[18]일 수 있었다. 유체이탈을 통해 스스로를 비판에서 면제해왔던 정권을 몰아냈던 것은 이처럼 자신을 돌아보고 바꾸려 했던 시민들의 지성이었다. 한편, 광장의 열망에 힘입어 출범한 소위 '촛불 정부'의 몇몇 인사들은 자녀 입시, 부동산 문제와 관련하여 공론장에서의 발언과 배치되는 행태로 논란의 중심에 섰다. 지지자들은 이들이 광장의 요구를 구현할 적임자라며 옹호했는데, 그렇게 해서 새로운 사회에 대한 시민들의 꿈은 고작 검찰개혁 수준으로 축소되어 버렸다. 나는 위선보다도 이 퇴행에 여전히 분노한다.

그것이 퇴행이건 진보이건 이 세상에 어떤 일이 벌어져야 할 필연적인 이유는 없을 것이다. 그럼에도 불구하고 아무 일도 벌어지지 않는, 기삿거리가 없어서 뉴스가 결방하는 날은 왜 없는가? 이 세상에 날마다 크고 작은 어떤 일이 벌어지는 이 신비는 실천을 발견할 때 비로소 이해된다.[19] 지금 이 순간에도 어디선가 사람들은 계약서를 작성하고, 세무서에 찾아가고, 흥정을 하고, 차선을 변경하고, 고백을 하고, 대출 상담을 받고, 수사를 하고, 영상을 공유하고, 엉뚱한 답안을 쓰고, 기자들에게 호소하고, 단식을 한다. 엄청나게 많은 정념, 감각, 생각, 말, 행위가 뒤얽혀서 수많은 사건을 만들어내고 이것이 다시 새로운 정념과 감각과 생각과 말과 행위로 이어져 또 다른 사건을 만들어낸다. 이렇게 해서 사회는 멈추지 않고 돌아간다. 사회를 규정하는 것은 어떤 본질이 아니라 작동이다.[20]

우리는 이러한 사회의 역동성에 현기증을 느끼거나 소진되기도 하지만 어느 순간 이 모든 것이 너무나 지겹고 뻔해서 권태를 느끼기도 한다. 대한민국이 생사의 기로에 서 있다는 정치인들의 으름장보다 한가한 것은 없으며, 문명의 대전환이 이뤄지고 있다는 학자들의 호들갑보다 지루한 것은 없다. 수많은 논쟁, 토론, 설득, 연구, 제보, 입법, 협박, 분신, 농성, 절규, 항의, 건의, 다짐, 결의가 있었지만, 그토록 치열했던 말과 행위의 엄청난 누적에 비추어보면 우리 삶은 크게 변하지 않은 것 같기도 하다. 여러 제도적·기술적 발전이 있었지만, 여전히 사람들은 꾸역꾸역 출근을 하고, 겨우 수업을 듣고 시험을 보며, 하루 몇 푼을 남기기 위해 물건을 판다. 하지만 남들은 나와는 달리 걱정 없이 순조롭게 살아가는 것처럼 보이며, 파렴치하고 약삭빠른 자들은 세상의 인정을 받는다. 내년에도 경제는 어려울 것이고, 예나 지금이나 사람들은 살인범의 흉악함에 치를 떨며, 빙하가 녹고 물고기가 배를 드러낸 장면에 잠시 아이의 미래를 걱정한다. 많은 것이 바뀐 것 같지만 어쩌면 변한 것은 아무것도 없을지 모른다. 엄청나게 많은 일이 있었던 것 같지만 사실 아무 일도 없었던 것이 아닐까? 그렇다면 우리는 끈질기도록 아무것도 안 한 것이 아닐까? 엄청나게 많은 말들이 있었던 것 같지만 그 말들이 사실은 전혀 새롭지 않은, 같은 내용의 중얼거림은 아니었을까? 그렇다면 우린 아무 말도 하지 않은 것이 아닐까?

나는 가끔 이 침묵과 무위를 급진화하면 어떨까 하는 상상을 한다. 무용한 움직임을 멈추고 무의미한 말을 만들지 않는 것. 세상을 바꾸고 있다고 착각하면서 이 세계를 지속시키거나 더 나쁘게 만드는 일들을 멈추는 것. 미궁 속으로 전진하는 것이 아니라 "비상 브레이크"[21]를 잡아당기는 것. 보이지 않았던 것을 드러내 보이겠다면서 같은 방식으로 보는 것이 아니라 보는 나를 보는 것. "눈을 떴다 감는 기술"[22]을 발휘하는 것.

이 세상에 대해 나도 한마디 해야겠다는 의지, 너도 한마디 하라는 유혹은 얼마나 강한가? 그렇게 만들어진 말들은 얼마나 빽빽한가? 이 말들을 애써 일일이 들으려 하지 말고 그 모양을 볼 것.[23] 그러면 그렇게 만들어진 말들은 얼마나 희박한가? 같은 말을 더하지重言復言 말고 멈추어서 말하려는 순간의 나를 볼 것. 말하지 않기와 글 쓰지 않기.[24] 말과 글에 관하여 바틀비가 되는 것.

사회에 대한 지식을 생산하라는 권유와 압력, 사회를 분석하고 비판하고 계몽하려는 의지들은 또 얼마나 강한가? 하지만 그럼에도 불구하고 사회에 대해 말하거나 사회에 대해 쓰기를 멈추고서 나를 봄으로써 동시에 사회를 보는 것. 이것은 누군가의 지시와 강압은 물론 강의와 교습을 통해서도 이루어질 수 없을 것이다. 그럼에도 불구하고 만약 각자가 그리고 모두가 이러한 실천에 나선다면, "이 단단한 고요함"[25]으로부터 세상은 새롭게 시작될 수도 있지 않을까? 계몽이란 "스스로의 잘못으로 초래한 미성년 상태로부터 벗어나는 것"[26]인바, 사회학적 계몽이란 사회를 가르치는 것이 아니라 내가 힘겹게 살아가는 이 사회가 어떻게 나로 인해 초래되었는지 보는 것, 내가 어떻게 달라져야 할지 내가 만든 사회로부터 배우는 것이다.

[1]   막스 베버, 「사회과학적 그리고 사회정책적 인식의 '객관성'」, 『막스 베버
       사회과학방법론 선집』, 전성우 옮김, 나남, 2011, 76쪽; 자크 랑시에르,
       『무지한 스승』, 양창렬 옮김, 궁리, 2016.

[2]   칼 맑스, 「공산주의당 선언」, 『칼 맑스·프리드리히 엥겔스 저작 선집 1』, 박
       종철출판사, 1991, 403쪽.

[3]   나는 한동안 수강생 대부분이 중장년 이상인 방송통신대학교에서도 강
       의를 했는데, 학력 등 문화자본을 통해 현재의 계급을 (다음 세대에서라
       도) 만회해보려는 노력이 어떻게 실패하는지 보여주는 부르디외의 논의
       를 소개할 때의 숙연하고 침통한 분위기를 기억한다. 그리고 이 대목을
       이야기할 때면 (역시 방송통신대학교에 다녔던) 나의 부모가 지금까지
       살아오며 경험했을 기대와 좌절을 떠올리지 않을 수 없었다. 이 글을 구
       상하고 쓸 무렵 디디에 에리봉이 쓴 『랭스로 되돌아가다』를 인상 깊게 읽
       었다. 노동계급 출신의 지식인인 저자가, 자신이 부정하며 떠나고자 했지
       만 자기 안에 깊이 새겨져 있는 가족과 계급의 흔적들을 성찰적으로 분석
       한 작품이다. 물론 나는 저자와 달리 노동계급 출신도, 게이도, 대단한 지
       식인도 아니었지만 그 책을 평온한 마음으로 읽을 수 없었다. 특히 1, 2장
       을 읽으면서 거의 모든 페이지의 거의 모든 문장에 밑줄을 쳤다. 유년시
       절의 풍경, 집안의 분위기, 학창 시절의 경험, 아버지와의 관계, 대학에서
       만난 뛰어난 동료들, 신문에 이름이 실리는 그들의 아버지, 부르디외를
       처음 읽었을 때의 느낌 등이 마구 펼쳐졌는데, 이 글의 첫 번째 버전은 그
       런 어설픈 회고와 감상으로 범벅이 될 뻔했다가 다행히 폐기되었다.

[4]   물론 학교를 마치고 밖으로 나가 사회생활을 시작하면 이 차이들이 더 분
       명해지고 행로의 거리가 더 멀어진다. 졸업식 배경음악으로 많이 깔리곤
       했던 015B의 〈이젠 안녕〉은 사회학의 언어로 말하자면 공동체를 떠나
       사회로 나가는 이들의 분화에 대한 노래. "어느 차가웠던 겨울날 작은
       방에 모여 부르던 그 노랜 이젠 기억 속에 묻혀진 작은 노래 됐지만 (…)
       함께했던 시간은 이젠 추억으로 남기고 서로 가야 할 길 찾아서 떠나야
       해요." 나는 이 징후적인 노래가 출시된 1991년이 한국사회의 변화와 분
       화가 가속화된 매우 중요한 해라고 생각한다. 이 밖에도 해바라기, 전람

회, 브로콜리너마저 등이 졸업에 대한 노래를 불렀는데, 여기에는 공동체의 가상이 벗겨진 사회의 모습이 어떤 식으로든 담겨 있다.

[5]　일례로 (지금은 폐지된) 사법시험은 "행위자들을 유인하고 끌어들이며" '고시패스'가 가져오는 막대한 보상을 향해 "수많은 청년들을 휘몰아갔던" 제도이다. "사법시험에의 투신은 의지적 결단이라기보다, 시험의 강한 인력과 매력에 끌려 들어가는 '수동적' 체험에 훨씬 더 가깝다."(김홍중·김유하·김정환·류연미, 「고시패스의 욕망과 수험의 페이션시: 『고시계』(1980~2018년) 사법시험 합격 수기를 중심으로」, 『경제와 사회』 126, 2020, 444쪽, 449~50쪽.) 이와 같은 사법시험의 기능은 로스쿨, 대기업 정규직 공채, 공사·공기업을 비롯한 공무원 시험 등으로 분산·이전되었으며, 각종 오디션과 경연대회는 청(소)년들을 흡입하는 새로운 장치가 되었다.

[6]　장 자크 루소, 『에밀 또는 교육론 2』 이용철·문경자 옮김, 한길사, 2007, 102쪽.

[7]　김정환, 「문화사회학과 실천의 문제: 실천적 전환을 중심으로」, 『문화와 사회』 20, 2016, 292쪽.

[8]　이 동어반복이 주는 허무함은 양자(量子) 세계의 신비를 연상시킨다. 우리가 보고 만지는 모든 사물은 원자로 되어 있는데, 원자는 원자핵과 전자 그리고 그 사이의 텅 빈 공간으로 이루어져 있을 뿐이다. 사회현상의 배후에도 그 어떤 추상적이고 거창한 것은 존재하지 않으며 실재하는 것은 오직 실천뿐이다. 파동성을 띠던 원자는 그것을 관측하는 순간 입자의 성질을 보인다. 사회 문제에 대한 답을 물을 때에도 우리는 모두 답을 알고 있다. 하지만 이러한 질문이 던져지지 않는 나머지 대부분의 시간에 우리는 실제로 그렇게 살아가지 않으며 세상은 달라지지 않는다.

[9]　Emile Durkheim, *The Rules of Sociological Method and Selected Texts on Sociology and its Method*, edited by Steven Lukes and translated by W. D. Halls, Free Press, 1982, p.52.

[10]　미셸 푸코, 「방법에 관한 질문들」, 『푸코 효과』, 그래엄 버첼·콜린 고든·피터 밀러 엮음, 심성보·유진·이규원·이승철·전의령·최영찬 옮김, 난장,

2014, 116쪽.

[11] 박권일, 「'김의겸 사태'는 세 가지 실패를 의미한다」 『뉴스민』 2019. 4. 1.

[12] 극본을 쓴 유현미 작가는 아들이 고3이던 2010년에 처음으로 입시 컨설턴트의 존재를 알게 되어 충격을 받았다고 한다. 이후 반복되는 입시 실패로 인해 화목했던 가정에서 지옥을 경험했다면서, "자식의 대학 입시를 치른 선배 엄마로서, 드라마 작가로서, 한 아이라도 (…) 한 가정이라도 살려야겠다는 절실함으로 작품에 매달렸다"고 집필 동기를 밝혔다. (「"자녀 4수로 지옥 겪어" SKY캐슬은 작가 경험에서 나왔다」 『한국일보』 2019. 3. 8; 「'SKY 캐슬'은 어떻게 탄생했나…유현미 작가 "'금수저 전형' 학종에 대한 불만 반영"」 『경향신문』 2019. 9. 5.)

[13] 카프카의 소설 제목인 "Das Schloss"는 '잠그다', '문을 닫다' 등의 의미를 가지는 schließen을 동사형으로 가지는데, 영어로는 "The Castle", 불어로는 "Le Château"로 번역된다. 한국어로 역시 '성'으로 번역되는 'Burg'는 시민권의 정치경제적 범주를 드러내는 공간적 경계인데, 이로부터 파생된 'Bürger'는 공적·정치적 주체인 시민(citoyen, citizen)과 사적·경제적 주체인 부르주아(bourgeois)의 의미를 함께 가지고 있다. 이를테면 헤겔은 자신이 사용하는 시민 개념의 의미를 "부르주아로서의 시민"(Bürger(als bourgeois))으로 특정한다(게오르그 빌헬름 프리드리히 헤겔, 『법철학』 임석진 옮김, 한길사, 2008, 368쪽). 성(Schloss/Burg)은 궁정(Hof, cour)과 함께 서구 근대성의 한 기원이 전근대의 귀족적 공간에 있음을 보여주는 흥미로운 사례이다(Norbert Elias, *The Court Society*, translated by Edmund Jephcott, Basil Blackwell, 1983).

[14] Hannah Arendt, *The Human Condition*, The University of Chicago Press, 1998, pp. 181~190.

[15] 김정환, 「사회학의 소설적 전통」 『사회와 이론』 34, 2019, 65쪽.

[16] Marshall Berman, *All That Is Solid Melts into Air: The Experience of Modernity*, Verso, 2010, p.16.

[17] Jacob Burckhardt, *Judgements on History and Historians*, translated by Harry Zohn, Routledge, 2007, p. 245.

[18] 김수영, 「사랑의 변주곡」, 『김수영 전집 1: 시』, 민음사, 2003, 344쪽.

[19] "이론을 신비주의로 오도하는 모든 신비는 인간 실천에서 그리고 그 실천의 이해로부터 합리적 해법을 찾는다."(Karl Marx, "Theses on Feuerbach," in Robert C. Tucker (ed.), *Marx-Engels Reader*, Norton, 1978, 145쪽.)

[20] 니클라스 루만, 『사회의 사회』, 장춘익 옮김, 새물결, 2012, 94쪽.

[21] 발터 벤야민, 「『역사의 개념에 대하여』 관련 노트들」, 『발터 벤야민 선집 5』, 최성만 옮김, 길, 2008, 356쪽.

[22] 김수영, 앞의 책, 344쪽.

[23] 예컨대 푸코에게 담론이란 그 의미가 해석되어야 할 텍스트나 사상이라기보다는 고고학 유적지에서 발굴된 기념물(monument)에 더 가까운 것이다. 사물은 듣는 것이 아니라 보는 것이다. 푸코의 사상에 대하여 독창적이고 흥미로운 논문들을 여럿 제출한 최정운은 푸코의 고고학을 강의할 때면 이를 관세음(觀世音)에 비유하곤 했다. 중요한 것은 이 세상의 온갖 목소리를 모두 듣고 이해하는 것(해석학)이 아니라, 세상에서 그 말이 만들어지는 방식, 그 말이 만들어내는 세상의 모양을 관찰하는 것이다.

[24] 김정환, 2017, 「글쓰기를 말하기에 앞서」, 『가르침과 배움』 34, 서울대학교 교수학습개발센터, 2017.

[25] 김수영, 앞의 책, 345쪽.

[26] 임마누엘 칸트, 「계몽이란 무엇인가 하는 문제에 대한 답변(1784)」, 『계몽이란 무엇인가』, 임홍배 옮김, 길, 2020, 28쪽.